Fritz Reheis

Wo Marx Recht hat

Fritz Reheis

Wo Marx Recht hat

Die Deutsche Nationalbibliothek verzeichnet diese Publikation
in der Deutschen Nationalbibliografie;
detaillierte bibliografische Daten sind im Internet über
http://dnb.d-nb.de abrufbar.

2., durchgesehene Auflage 2012

1. Auflage 2011
Die Herausgabe des Werkes wurde durch die Vereinsmitglieder
der WBG ermöglicht.
Satz: SatzWeise, Föhren
Umschlaggestaltung: Finken & Bumiller, Stuttgart
Umschlagmotiv: Karl Marx (1818–1883). Porträtaufnahme, um 1880. Foto: akg-images
Gedruckt auf säurefreiem und alterungsbeständigem Papier
Printed in Germany

Besuchen Sie uns im Internet: www.wbg-wissenverbindet.de
ISBN 978-3-534-25353-1

Die Buchhandelsausgabe erscheint beim Primus Verlag.
Umschlaggestaltung: Christian Hahn, Frankfurt a. M.
ISBN 978-3-86312-327-7
www.primusverlag.de

Elektronisch sind folgende Ausgaben erhältlich:
eBook (PDF): 978-3-534-73093-3 (für Mitglieder der WBG)
eBook (epub): 978-3-534-73094-0 (für Mitglieder der WBG)
eBook (PDF): 978-3-86312-808-1 (Buchhandel)
eBook (epub): 978-3-86312-809-8 (Buchhandel)

Inhaltsverzeichnis

Einleitung
Die Zweifel mehren sich

„Marx ist tot, Jesus lebt!", hatte Norbert Blüm, Minister für Arbeit und Soziales in der Regierung Kohl, Werftarbeitern in Danzig triumphierend zugerufen.[1] Das war 1989. Hat Blüm in Bezug auf Marx Recht behalten? Tatsache ist: Nicht erst seit Beginn der 2008 ausgebrochenen Finanz- und Wirtschaftskrise interessieren sich viele wieder für Karl Marx. Besonders der erste Band seines Hauptwerks „Das Kapital" aus dem Jahr 1867 ist gefragt wie seit Langem nicht mehr.[2] Der Dietz-Verlag in Berlin, der die Marx-Engels-Werke schon in der DDR herausgegeben hatte, kam im Spätherbst 2008 mit dem Drucken kaum mehr nach.[3] An vielen Universitäten gibt es wieder Marx-Seminare, wie einst in den späten 60ern und frühen 70ern. Die Wochenzeitung Die Zeit unterzog das Buch im Herbst 2008 einer neuerlichen Rezension[4] und widmete Marx ein Jahr darauf ein eigenes Heft ihrer Geschichtsreihe[5]. Die bekannteste lebende Kommunistin Deutschlands, Sahra Wagenknecht, wurde in der Süddeutschen Zeitung für ihr Buch zur Finanzkrise gelobt und in mehreren Interviews unter Prominente des Wirtschaftslebens eingereiht.[6] Der Erzbischof von München-Freising, Reinhard Marx, nennt sein Buch über aktuelle sozialethische Fragen frech „Das Kapital"[7], er landet damit prompt auf der Bestsellerliste des Spiegel. Und einer der renommiertesten Staatsrechtler und Rechtsphilosophen der Bundesrepublik, der langjährige Bundesverfassungsrichter Ernst-Wolfgang Böckenförde, ist davon überzeugt, dass Marx „wieder aktueller" wird.[8]

Irgendwie aus den Fugen

Das neue Interesse an dem vor fast 130 Jahren gestorbenen Karl Marx hängt ganz offensichtlich damit zusammen, dass das Vertrauen in die derzeit herrschende Wirtschafts- und Gesellschaftsordnung rapide schwindet. Für über 85 Prozent der Deutschen ist Gerechtigkeit ein „hohes Gut", aber weniger als 20 Prozent haben das Gefühl, dass es in Deutschland auch gerecht zugeht.[9] Auf die soziale Marktwirtschaft sind 70 Prozent nicht gut zu sprechen, 14 Prozent haben sogar eine Vorstellung von einer möglichen Alternative.[10] Diese Zahlen stammen noch aus der Zeit, als zwar über Mindestlöhne und Managergehälter gestritten wurde, die Finanz- und Wirtschaftskrise aber noch nicht ausgebrochen war. Und heute, nachdem die Wirtschaft wieder brummt? Nach neuesten Umfragen halten zwar 82 Prozent ein weiteres Wirtschaftswachstum für erforderlich, um die politische Stabilität zu erhalten, aber die meisten glauben nicht, dass ein solches Wachstum ihre eigene Lebensqualität verbessert.[11] Außerdem ist in den Augen fast aller Befragten das derzeit herrschende Wirtschaftssystem sozial und ökologisch blind.[12]

Auch wenn man gegenüber Umfragen immer kritisch sein muss, so spiegeln sie doch ein weit verbreitetes Unbehagen: Dieses Unbehagen gilt zum einen einer Politik, der angesichts einer Finanz- und Wirtschaftskrise nichts anderes einfällt, als durch beispiellos kostspielige staatliche Programme nicht nur „systemrelevante" Banken und Großunternehmen zu retten, die maßgeblich mitverantwortlich für die Krise sind, sondern auch durch „Abwrackprämien" und Exportförderungsoffensiven eine Form des Konsums anzuheizen, die den Teufel der ökonomischen mit dem Beelzebub der ökologischen Krise auszutreiben versucht. Das Unbehagen gilt zum anderen dem Wirtschaftssystem selbst. Denn dieses hat mittlerweile eine ungeheure Macht *über* die Menschen erlangt, obwohl der gigantische technische Fortschritt, den dieses System hervorgebracht hat, eigentlich die Macht *des* Menschen hätte vervielfachen sollen. Bei diesem systembezogenen Unbehagen geht es nicht zuletzt um die Legitimität einer Ordnung, deren Rhetorik sich seit ihren Anfängen grundlegend gewandelt hat, resümiert Thomas Assheuer in der ZEIT: Aus den „Schalmeienklängen der Fortschrittsreligion" ist der „metallische Sound des Sachzwangs", aus der „Versprechensökonomie" eine „Erpressungsökonomie" geworden.[13] Im Klartext: Früher hieß es: „Streng dich an, dann geht es dir gut!" Heute hört man: „Wenn du nicht spurst, fällst du heraus!"

Und wer ist schuld, wenn die Welt irgendwie aus den Fugen gerät? Natürlich immer die Anderen: die gierigen Manager, die selbstsüchtigen Politiker, die unkritischen Verbraucher und Sparer – oder aus globaler Perspektive: die USA, China, der Islam usw. Besonders gern wird auch von der Natur des Menschen als dem eigentlichen Verursacher der Weltenlage gesprochen. Sind wir also am Ende gar alle selber schuld? Fest steht: Wir sind mit einem gigantischen Verschiebebahnhof der Verantwortung konfrontiert. Dazu passen die Therapien: Die einen setzen auf die Binnen-, die anderen auf die Exportwirtschaft, die einen wollen bei den Alten, die anderen bei den Jungen sparen, die einen die gegenwärtige Generation, die anderen die zukünftigen stärker belasten. Das Weiterschieben von Lasten und Verantwortlichkeiten in der Politik hat seine Entsprechung im privaten Alltag: Steigt am Arbeitsplatz der Druck, müssen Gesundheit und Familie darunter leiden. Die Last landet immer dort, wo ihr am wenigsten Widerstand begegnet.

Was den Leser erwartet

Statt sich an haltlosen Schiebereien und konzeptlosen Reparaturaktivitäten zu beteiligen, beschreitet dieses Buch einen anderen Weg. Es plädiert für das Innehalten und die grundlegende Überprüfung der Art und Weise unseres Wirtschaftens und Lebens. Grundsätzlich bieten sich zwei Prüfungsstrategien an: Zum einen kann man Anspruch und Wirklichkeit gegenüberstellen, also zum Beispiel fragen, ob die bisherigen Wege zu Wohlstand und Glück, zu Frieden und Gerechtigkeit erfolgreich waren. Eine solche Form der Prüfung, die oft stattfindet, bleibt jedoch noch innerhalb des gewohnten Denkens. Wenn die Antwort negativ ausfällt, wird eine zweite Form der Prüfung unumgänglich: der Vergleich von Wirklichkeit und Möglichkeit. Kann man sich eine andere Form des Wirtschaftens und Lebens überhaupt vorstellen? Diese Frage wird sehr viel seltener ernsthaft gestellt. Ihre Beantwortung erfordert einen Rückgriff auf eine grundlegend andere Weise des Denkens, einen radikalen Ansatz. Radikal ist ein Denkansatz, wenn er, so die Grundbedeutung des Wortes, die Verhältnisse „von der Wurzel" her zu begreifen sucht. Einen solchen Ansatz vertritt Karl Marx.

„Wo Marx Recht hat" möchte in das Denken des Karl Marx einführen – aber nicht abstrakt. Die Einführung geht von einigen jener Themen aus, die uns heute interessieren und beunruhigen. Durch diesen konkreten Zugang sollen möglichst viele Türen zu Marx geöffnet werden. Jeder Leser soll seinen persönlichen Einstieg in eine Welt finden, die oft als ziemlich unzugänglich erlebt wird. Zweierlei soll in dieser Einführung deutlich werden: *Erstens* ist die vor 150 Jahren durchgeführte Analyse von Wirtschaft und Gesellschaft heute aktueller denn je. Und *zweitens* hat sie sich im 20. Jahrhundert als enorm fruchtbar erwiesen. Auf ihrem Boden entstand nämlich eine wissenschaftliche Tradition, die sogenannte Kritische Theorie, die das Erbe des Karl Marx pflegt und auch jene Fragen thematisiert, bei denen die Marx'schen Antworten heute nicht mehr ausreichen oder die Marx noch gar nicht stellen konnte. Die Bedeutung, die Marx im 21. Jahrhundert zukommt, erweist sich vor allem dann, wenn man seine Erkenntnisse mit den erbärmlichen Angeboten des in der breiten Öffentlichkeit und auch in großen Teilen der Wirtschaftswissenschaft herrschenden Denkens kontrastiert.

Jedes der neun Kapitel greift ein Thema der aktuellen Kapitalismusdiskussion auf und verbindet es mit Marx. In einem ersten Schritt wird dabei jeweils eine für das Thema zentrale Zeitdiagnose angesprochen, die zu Fragen an die herrschende Wissenschaft, vor allem die Wirtschaftswissenschaft, Anlass gibt. Erst nach diesem kurzen Umweg wird im zweiten Schritt die Marx'sche Sicht der Dinge genauer vorgestellt. Die Rekonstruktion seiner Argumente konzentriert sich auf einige wesentliche Begriffe, Zusammenhänge und Zitate. Besonderer Wert wird auf die Architektur des Marx'schen Denkens gelegt: Es soll der Zusammenhang zwischen den Ausgangspunkten, für die sich Marx entschieden hat, und den Schlussfolgerungen, die damit vorgezeichnet sind, so klar wie möglich sichtbar werden. Der letzte Teil jedes Kapitels deutet an, welche überraschenden theoretischen Perspektiven auf die Welt im 21. Jahrhundert dank der Marx'schen Grundlage eröffnet werden. Hier wird auch nach den Gründen für die erstaunliche Stabilität zu fragen sein, welche die kapitalistische Wirtschafts- und Gesellschaftsordnung bis heute bewiesen hat. Und noch etwas: Niemand darf von einem Denker des 19. Jahrhunderts unumstößliche Wahrheiten, präzise Prognosen oder gar fertige Rezepte erwarten, wohl aber sinnvolle Fragen und aussichtsreiche Wege zu ihrer Beantwortung. Genau das ist bei Marx zu finden.[14]

1. Kapitel
Himmel und Erde

Eine „ernsthafte Depression" sei „außerhalb des Bereiches des Möglichen", verkündete die renommierte Harvard Economic Society im November 1929.[1] Ein Jahr später lag die Wirtschaft der gesamten westlichen Welt am Boden. Sie hätten ihre Finanzgeschäfte im Einzelnen selbst gar nicht verstanden, bekannten die Chefs der Deutschen Industriebank (IKB) im September 2008.[2] Kurz davor waren milliardenschwere Löcher aufgetaucht, die Bank musste durch staatliche Hilfe gerettet werden. Sie seien „schlecht darin, Dinge vorauszusagen", sie seien keine Propheten, antwortete der Nobelpreisträger der Wirtschaftswissenschaften Robert Solow auf die Frage, ob er sich angesichts der katastrophalen Entwicklung der Wirtschaft nicht manchmal für seinen Beruf schäme.[3] Wirtschaftswissenschaftler seien nur „Klempner", so der Nobelpreisträger weiter, und von einem Klempner erwarte man auch keine Vorhersage, wann die Toilette zusammenbreche. Er solle sie reparieren.

An welchem Wissen orientieren sich die Praktiker der Wirtschaft eigentlich? Bei der Praxis des Sanitärhandwerks ist es klar. Klempner müssen einiges über Physik und Chemie gelernt haben, über Verfahrenstechniken und Materialeigenschaften, wenn ihre Praxis erfolgreich sein soll. Aber welchem Wissen über Wirtschaft und Gesellschaft können sich Manager und Politiker anvertrauen? Auf welchem Weg ist jenes Wissen eigentlich gewonnen worden und wann führt ein Weg statt zur Erkenntnis zur Täuschung? In diesem Kapitel wird der Leser zunächst kurz mit einigen grundsätzlichen Schwierigkeiten der Suche nach Erkenntnis konfrontiert, ehe er die Marx'sche Antwort auf die zugrunde liegende erkenntnisphilosophische[4] Frage kennen lernt. Die Provokation des jungen Marx, so wird sich zeigen, bestand darin, der gesamten Denkerzunft seiner Zeit vorzuwerfen, sie würde einer fundamentalen Täuschung aufsitzen, die auf einem falschen Weg bei der Suche nach Wahrheit beruhe.

Wie lassen wir uns täuschen?

Es gibt drei Gegenbegriffe zum Begriff der Wahrheit: Lüge, Irrtum und Täuschung. Der Begriff der Täuschung lässt offen, ob es sich um eine beabsichtigte oder eine unbeabsichtigte Verdrehung der Wahrheit handelt. Um solche Täuschungen geht es im Folgenden. Warum kann man sich also auf dem Weg zur Erkenntnis, gerade beim Thema Wirtschaft und Gesellschaft, so leicht täuschen lassen – und selbst täuschen?

Jede Erkenntnis beginnt mit einer „Ent-täuschung“[5]: dass die Sonne sich nicht um die Erde dreht, dass Sklaven keine Nutztiere oder Werkzeuge sind oder dass Gelbsucht nicht durch die Einnahme roter Säfte geheilt werden kann. „Ent-täuschung“ als erster Schritt zu einer Erkenntnis heißt, von einer gewohnten Sicht der Dinge Abstand zu nehmen. Allein das ist schon nicht ganz einfach, wie wir aus eigener Erfahrung wissen. Das Umdenken erfordert geistige Flexibilität. Noch schwieriger wird es, wenn Interessen im Spiel sind, die dann im Fall der „Ent-täuschung“ konsequenterweise aufgegeben werden müssen. Es kann bekanntlich sehr schmerzhaft sein, erkennen zu müssen, einen Beruf gewählt zu haben, der nicht zu einem passt, oder eine Karriere verfolgt zu haben, die unglücklich macht. Wenn es um Wirtschaft und Gesellschaft geht, spielen Interessen verständlicherweise eine zentrale Rolle.

Man stelle sich, ehe mit grundsätzlichen Überlegungen zur Gewinnung von Erkenntnissen über Wirtschaft und Gesellschaft begonnen wird, kurz einen konkreten Fall vor, um die Bedeutung von Interessen für die Erkenntnis zu veranschaulichen. Eine geschiedene Münchnerin, alleinerziehende Mutter von zwei Kindern, von Beruf Altenpflegerin, braucht zwei Jobs, um ihre Familie durchzubringen. Sie macht sich Vorwürfe, dass ihr dadurch zu wenig Zeit für ihre Kinder bleibt. Aber sie weiß nicht, wie sich das ändern ließe. Warum ist die Situation so, wie sie ist? Sie selbst wird vielleicht sagen: Ich hätte mich nicht scheiden lassen sollen, ich hätte mich mit einem Kind begnügen sollen, ich hätte nicht in die Großstadt ziehen sollen, ich hätte eine andere Ausbildung machen sollen usw. Ganz anders ist die Perspektive, die ein Sozialforscher auf die schwierige Lebenssituation im vorliegenden Fall hat: Der Ex-Mann hat bei der Scheidung geschickt Lücken im Unterhaltsrecht genutzt, die Mieten in Ballungszentren übersteigen die zumutbaren Kosten im unteren Einkommensbereich, das Einkommensniveau im Bereich der Altenpflege ist aufgrund der relativ niedrigen Qualifikation, des geringen gewerkschaftlichen Organisationsgrades und des großen Andrangs an Arbeitskräften aus Osteuropa außerordentlich niedrig usw. Welche der beiden Perspektiven entspricht nun der Wahrheit? Die der Frau selbst, die nur ihr individuelles Verhalten im Blick hat, oder die des Forschers, der sich ausschließlich für die äußeren Bedingungen dieses Verhaltens interessiert? Beide haben irgendwie Recht, die vollständige Abbildung der Wirklichkeit ergibt sich erst aus der Zusammenschau und der Einordnung der beiden Perspektiven.

Diese Eigenart von Erkenntnis begegnet uns bei allen wirtschaftlichen und sozialen Themen. Warum müssen so viele Menschen um ihren Arbeitsplatz fürchten? Warum können manche Menschen Geld für sich arbeiten lassen? Warum sind die Äpfel aus Neuseeland beim Discounter billiger als die heimischen auf dem Markt? Der Standpunkt desjenigen, der nach der Wahrheit sucht, weist den Weg der Erkenntnis. Er ist maßgeblich dafür verantwortlich, welche Fragen gestellt werden und welche nicht, und auch dafür, wo die Antwort gesucht wird. Wer an Erkenntnis wirklich interessiert ist, der sollte sich diesen Zusammenhang zwischen Standpunkt, Interesse und Erkenntnis bewusstmachen. Die alleinerziehende Mutter ist in einer Welt aufgewachsen, in der den Menschen von früh an beigebracht wird, jeder sei für sich selbst verantwortlich; und der Sozialforscher arbeitet vielleicht gerade im Auftrag der Dienstleistungsgewerkschaft ver.di und des Sozialreferats der Stadt München an einer Projektstudie zum Thema „Biografische Risikofaktoren und Armut", die Grundlage für die kommende Tarifauseinandersetzung und die Sozialpolitik der Kommune werden soll.

Wie sehr Standpunkte und Interessen die Qualität von Erkenntnissen beeinflussen, zeigt auch ein Blick in unsere Alltagssprache. Sie steckt voller Hinweise auf interessenbedingte Täuschungen. Das beginnt bei der Rede von „Arbeitgebern" und „Arbeitnehmern". Diese Rede stellt die wirklichen Verhältnisse auf den Kopf, denn schließlich ist es der Arbeitgeber, der die Arbeit nimmt, und der Arbeitnehmer, der sie gibt. Die Begriffe Arbeitgeber und Arbeitnehmer beziehen sich nur auf die *Gelegenheit* zum Arbeiten. Es geht weiter mit der verbreiteten Vorstellung, es gebe ein allgemeines Interesse an einer niedrigen Arbeitslosigkeit. Tatsächlich aber können nur jene an einer niedrigen Arbeitslosigkeit interessiert sein, die auf Arbeitsplätze angewiesen sind, weil sie die Grundlage für ihren Lebensunterhalt sind. Wer hingegen Arbeitsplätze zur Verfügung stellt, für den hat eine hohe Arbeitslosigkeit den großen Vorteil, dass er sich die Arbeitswilligen aussuchen und die Arbeitsbedingungen inklusive der Entlohnung der Arbeit nach seinen Vorstellungen gestalten kann. Eine weit verbreitete Täuschung verbirgt sich auch hinter der wohlfeilen Behauptung, Bildung würde Arbeitsplätze sichern. Tatsächlich führt Bildung zunächst nur dazu, dass die mehr Gebildeten die weniger Gebildeten auf den Arbeitsmärkten verdrängen. Erst zusätzliche Arbeitsplätze lassen Bildung zur Einkommensquelle werden. Zudem kennt jeder die beliebte Rede davon, dass man Geld „arbeiten" lassen könne. Niemand hat je dem Geld beim „Arbeiten" zugesehen, es bedarf immer noch leibhaftiger Menschen, um unter Verwendung von Geld etwas hervorzubringen.

Am hartnäckigsten sind oft jene Täuschungen, die in unserem Inneren stattfinden. Wie oft glauben wir, der Kauf eines neuen Konsumgegenstands sei für unser Wohlbefinden unverzichtbar, und stellen kurz darauf schmerzlich fest, wie schnell die Freude an ihm wieder verflogen ist, oft auch deshalb, weil viele andere sich ebenfalls mit diesem Gut versorgt haben, so dass es zum

Standard geworden ist. Für viele erweist sich die Ausrichtung des Lebens auf berufliche Karriere und materielle Wohlstandssteigerung mittel- und langfristig als Selbsttäuschung, wenn sie erkennen müssen, dass Wohlbefinden und Glück von ganz anderen Umständen abhängen, wie zum Beispiel guten persönlichen Beziehungen und kreativen Tätigkeiten. Es gibt sogar Hinweise darauf, dass materieller Wohlstand die Genussfähigkeit geradezu beeinträchtigt. Dabei müssen, das zeigen neuere Untersuchungen, Menschen nicht einmal persönlich wohlhabend sein, es reicht oft allein die Vorstellung einer Menge Geldes aus, um den Geschmack etwa eines Stückes Schokolade zu verderben.[6] Auch solche inneren Täuschungen sind bekanntlich mit ganz bestimmten Interessen verknüpft, nämlich mit den Interessen derer, die vom Verkauf der Konsumgüter profitieren, genauso wie mit unseren eigenen, indem wir uns durch das Konsumieren für den vorausgegangenen Stress am Arbeitsplatz entschädigen wollen oder indem wir vom Reichwerden träumen.

Der Blick hinter die Fassade

Wie können wir uns vor Fremd- und Selbsttäuschungen schützen, hinter die diversen Fassaden schauen? Das war die zentrale Frage des jungen Karl Marx. Vor allem in der „Deutschen Ideologie“, einer zwischen 1845 und 1846 verfassten Streitschrift, attackierten Marx und Engels die Schüler des deutschen Philosophen Georg Wilhelm Friedrich Hegel, die sogenannten Junghegelianer, aber auch die klassische Wirtschaftstheorie. In diesem Text findet sich ein methodischer Vorschlag, der die damals vorherrschende Art der Erkenntnisgewinnung radikal in Frage stellt. Dieser Vorschlag ist grundlegend für das ganze Marx’sche Werk.

Der Ausgangspunkt

Ein zentraler Begriff in diesem Vorschlag ist der des „Ausgangspunktes“, weshalb mit einer simplen Vorüberlegung begonnen werden sollte: Entscheidend für den Weg des Erkennens ist, wie bei anderen Wegen auch, der Ausgangspunkt, von dem aus ich starte. Erst wenn ich mir sicher bin, von wo ich losgehe, kann ich mit gutem Grund damit rechnen, mich nicht zu verlaufen. Ein guter Ausgangspunkt muss im Raum fest verankert und vor allem auch leicht erkennbar sein, damit ich mich auch unterwegs immer wieder an ihm orientieren kann. In einer fremden Stadt zum Beispiel taugen bekanntlich hohe Türme besser als geparkte Autos als Orientierungshilfen.

Marx wirft nun Hegel, den Junghegelianern und anderen vor, völlig ungeeignete Ausgangspunkte für ihre Erkenntniswege gewählt zu haben. Diese Philosophen beginnen ihre Erkenntnisbemühungen nämlich mit Ideen. Von Ideen aber wissen wir, dass sie sich im Laufe der Zeit ständig wandeln und zudem schwer greifbar sind. So hat sich zum Beispiel die Vorstellung von „Freiheit", „Gerechtigkeit" oder „Vernunft" im Laufe der Menschheitsgeschichte immer wieder stark verändert, und auch heute versteht fast jeder etwas anderes darunter. Wenn wir uns also im Erkenntnisprozess von Ideen leiten lassen wollen, jedoch immer mit einer Vielzahl von in Entwicklung befindlichen Ideen konfrontiert sind und nicht alle Ideen gleichzeitig verfolgen können, müssen wir schon ganz am Anfang des Erkenntnisweges notgedrungen Entscheidungen treffen: Aus der Fülle der Ideen müssen jene ausgewählt werden, die aus irgendeinem Grund am plausibelsten oder sympathischsten erscheinen. Der Ausgangspunkt der Erkenntnis ist in diesem Fall eine willkürliche Setzung. Ein solcher willkürlich gesetzter ideeller Ausgangspunkt war Marx zufolge zum Beispiel der „Weltgeist", den Hegel im Hintergrund individueller und gesellschaftlicher Entwicklungen immer am Werk sah. Für Marx war der Weltgeist nichts anderes als eine „Nebelbildung im Gehirn", ein Niederschlag des tatsächlichen Lebensprozesses der Menschen. Im Bild des Weltgeists hat Hegel, so Marx, nur die jeweils fortschrittlichsten und faszinierendsten Entwicklungen seiner Zeit auf den Begriff gebracht: den aufgeklärten Absolutismus der preußischen Könige, die gegen den Feudalismus gerichtete Politik Napoleons, die bürgerlichen Reformen in einigen deutschen Staaten zu Beginn des 19. Jahrhunderts.

Welchen anderen Ausgangspunkt schlägt Marx vor? „Ganz im Gegensatz zur deutschen Philosophie, welche vom Himmel auf die Erde herabsteigt, wird hier [bei Marx, Verf.] von der Erde zum Himmel gestiegen. Das heißt, es wird nicht ausgegangen von dem, was die Menschen sagen, sich einbilden, sich vorstellen, auch nicht von den gesagten, gedachten, eingebildeten, vorgestellten Menschen, um davon aus bei den leibhaftigen Menschen anzukommen; es wird von den wirklich tätigen Menschen ausgegangen und aus ihrem wirklichen Lebensprozess auch die Entwicklung der ideologischen Reflexe und Echos dieses Lebensprozesses dargestellt."[7] Wer wirklich Erkenntnisse gewinnen will, der darf sich, so Marx, mit den vorgefundenen Bildern über die Realität nicht zufriedengeben. Er muss vielmehr bemüht sein, die in den Bildern gezeigten wirklichen Verhältnisse zu erfassen. Denn wer in seinem Bemühen um Erkenntnis nur Ideen beschreibt und kritisiert, der kann zwar die herrschenden Gedanken als „Phrasen" entlarven, diesen Phrasen jedoch wiederum nichts anderes als andere Phrasen entgegenhalten. Konkret heißt das: Unfreiheit, Ungerechtigkeit und Unvernunft werden nicht durch die Proklamation von Freiheit, Gerechtigkeit und Vernunft überwunden, sondern nur durch deren Erkämpfung. Die idealistischen Philosophen vergessen, „dass sie die wirkliche bestehende Welt keineswegs bekämpfen, wenn sie nur die Phrasen dieser Welt bekämpfen"[8]. Und an anderer Stelle schreibt Marx, diese idealistischen Philosophen hätten die Welt immer nur verschieden interpretiert, es komme aber darauf an, sie zu verändern.[9]

Die Produktion des Lebens und das Bewusstsein

Worin besteht nun der oben zitierte „wirkliche Lebensprozess", den Marx als Ausgangspunkt jeglicher Erkenntnis für unverzichtbar hält? Zur Beantwortung dieser Frage muss man sich Marx zufolge die „wirklichen Voraussetzungen" von Wirtschaft und Gesellschaft genauer ansehen.[10] Diese Voraussetzungen sind „auf rein empirischem Wege" festzustellen, das heißt, jeder kann sich unmittelbar durch seine eigene Erfahrung davon überzeugen. Wirtschaft und Gesellschaft sind nur dort möglich, wo es „lebendige Individuen" gibt, und Individuen können aufgrund ihrer „körperlichen Organisation" nur lebendig sein, wenn sie ein „Verhältnis zur übrigen Natur" eingehen. Das heißt im Klartext: Menschen müssen atmen, trinken, essen, ihren Körper vor Hitze und Kälte schützen und noch einiges mehr, wenn sie am Leben bleiben wollen. Während das Atmen in der Regel von selbst geschieht, erfordern die anderen Aspekte dieses Verhältnisses zwischen Mensch und Natur, dass der Mensch „tätig" wird.

Der Stoffwechsel

Alles Leben beruht also auf einem grundlegenden „Stoffwechsel" mit der Natur. Wie unterscheidet sich nun der Stoffwechsel zwischen Mensch und Natur von dem der Pflanzen und Tiere? Alle drei Arten von Lebewesen entnehmen der Natur Energie, Nährstoffe etc. und lagern ihre diversen Ausscheidungen bei ihr wieder ab. Aber nur der Mensch tut dies Marx zufolge mit Bewusstsein. Bienen oder Spinnen, die ebenfalls komplizierte Tätigkeiten beherrschen und beachtliche Bauwerke errichten, deren technische Eigenschaften den Wunderwerken der menschlichen Baukunst teilweise sogar überlegen sind, haben ihren Bauplan nicht im Kopf, ehe sie zu bauen beginnen. Sie bauen einfach, gesteuert durch ihre Instinkte, drauflos. Nur der Mensch ist in der Lage, seine Mittel zum Leben zu „produzieren", das heißt, sie mit Bewusstsein hervorzubringen.

Nun könnte der kritische Leser des 21. Jahrhunderts einwenden, die Frage, ob Tiere über Bewusstsein im menschlichen Sinn verfügen, sei nicht zu beantworten. Dennoch gibt es ein klares Abgrenzungskriterium für die Unterscheidung von Tieren und Menschen, das heute sowohl evolutionstheoretisch als auch hirnphysiologisch gut begründet werden kann: Das Produzieren der

Menschen geht einher mit der Wahrnehmung des Verlaufs der Zeit, mit dem Blick zurück in die Vergangenheit, also der Reflexion, und nach vorne in die Zukunft, der Proflexion. Es ist das Zeitbewusstsein, das den Menschen befähigt, die Techniken, mit denen er tätig wird, ständig zu überprüfen und zu verbessern. Damit hängt zusammen, dass nur der Mensch seine Erfahrungen auch außerhalb seines Körpers speichern kann, auf Steintafeln, Papyrusrollen, Buchseiten und Festplatten. Das hat den großen Vorteil, dass die Korrektur von Erfahrungen nicht den Tod des Körpers oder gar der ganzen Spezies erfordert. Menschen müssen lediglich Bücher neu schreiben und Festplatten neu bespielen, wenn sie in ihrem Denken und in ihrer Praxis einen neuen Weg einschlagen wollen. Diese Fähigkeit hat den Menschen in seiner ein bis drei Millionen Jahre währenden Geschichte in die Lage versetzt, sich die Welt in beispielloser Weise untertan zu machen. Nur er konnte seine Werkzeuge, Technologien etc. ständig weiterentwickeln, und zwar mit zunehmender Geschwindigkeit – Pflanzen und Tieren fehlt eine solche kulturelle Evolution.

Das doppelte Verhältnis

Marx präzisiert die „wirklichen Voraussetzungen“ von Wirtschaft und Gesellschaft, indem er vier Seiten beziehungsweise Verhältnisse der menschlichen Produktionstätigkeit festhält.[11] *Erstens* bringt der Mensch sein eigenes materielles Leben hervor, das heißt, er befriedigt seine elementaren Bedürfnisse. Atmen, Trinken und Essen, Kleiden und Wohnen gehören auf alle Fälle zum Leben dazu. *Zweitens* führt die Befriedigung dieser elementaren Bedürfnisse zu neuen Bedürfnissen: nicht nur Wasser, sondern auch Wein zu trinken, nicht nur den Körper gegen die Kälte zu schützen, sondern ihn auch zu verzieren, nicht nur eine Höhle, sondern auch ein Haus zu bewohnen. Auch das Musizieren, Meditieren und Forschen gehören zu einem guten Leben. *Drittens* erzeugen die Menschen andere Menschen, bringen also soziale Verhältnisse zwischen Mann und Frau, zwischen Eltern und Kindern hervor. Sonst wäre es mit der Geschichte des Menschen schnell zu Ende gewesen.

An dieser Stelle weist Marx als *vierte* Seite auf etwas Entscheidendes hin, das ihn in seiner ganzen weiteren Analyse begleiten wird: Mit der Produktion des eigenen und des fremden Lebens, also der Fortpflanzung, die beide von Anfang der Menschheitsgeschichte an stattfinden, geht der Mensch immer schon ein doppeltes Verhältnis ein: einerseits ein natürliches, andererseits ein gesellschaftliches. Dieses doppelte Verhältnis entwickelt sich im Laufe der Menschheitsgeschichte in vielfältiger Hinsicht. Das zeigt sich zum einen in der Geschichte der Technik, die zwischen Mensch und Natur vermittelt, zum anderen in der der Arbeitsteilung, welche die Grundlage für das Verhältnis zwischen den Menschen ist. Aber Technik und Arbeitsteilung hängen auch untereinander eng zusammen. Wenn Fischer zum Beispiel früher große Netze und schwere Boote einsetzen wollten, brauchten sie, ehe Motoren erfunden waren, viele Hände, die zogen und schoben, viele Menschen, die ihre Körperkräfte koordinieren mussten. Heute reicht, weil Arbeitsabläufe hochgradig spezialisiert und automatisiert sind, bisweilen ein einsamer Kontrollblick auf einen Computermonitor, um dem Meer tonnenweise Fisch abzutrotzen. Wer die Geschichte von Wirtschaft und Gesellschaft verstehen will, der muss, so das Marx'sche Erkenntnisprogramm, dieses doppelte Verhältnis präzise rekonstruieren.

Das Bewusstsein und der materialistisch-historische Erkenntnisweg

Jetzt erst kommt Marx als Kritiker der idealistischen Philosophie auf das Bewusstsein zu sprechen. Aber auch dieses begegnet uns, so Marx, nicht ohne materielle Anhaftung, weil es engstens mit Sprache einhergeht, die wiederum, materiell gesehen, aus bewegten Luftschichten besteht. „Die Sprache *ist* das praktische, auch für andere Menschen existierende wirkliche Bewusstsein."[12] Die Sprache entsteht, wie das Bewusstsein auch, erst aus dem Bedürfnis nach dem Austausch und der Notwendigkeit des Umgangs mit anderen Menschen. Sprache und Bewusstsein sind für Marx also immer schon mit der materiellen Produktion des Lebens verbunden. Was jemand sagt und denkt, hat immer zur Voraussetzung, dass er auch etwas tut. Was er tut und wie er es tut, kommt also in der Sprache zum Ausdruck. Das hat weit reichende Konsequenzen für den Erkenntnisprozess: Wer Sprache und Bewusstsein eines anderen oder einer ganzen Gesellschaft verstehen will, der muss diese Verbindung zwischen Bewusstsein und Sein in den Mittelpunkt seines Erkenntnisinteresses stellen. Wie zeigt sich nun das doppelte Verhältnis, in das der Mensch eingebunden ist, im Hinblick auf die Beziehung zwischen Sein und Bewusstsein?

Was das Verhältnis zwischen Mensch und Natur betrifft, so muss analysiert werden, was dem Denken und Tun materiell zugrunde liegt. Hier geht es im wahrsten Sinne des Wortes um den „Stoffwechsel" zwischen Mensch und Natur. Ein aktuelles Beispiel sei kurz erläutert: Was bedeutet es für diesen Stoffwechsel ganz praktisch, wenn Banker zum Beispiel verkünden, dass die Aktien ihrer Bank jedes Jahr 25 Prozent mehr wert sein sollen? Wie ist dieser Wertzuwachs eines Wertpapiers zu erklären angesichts der Tatsache, dass die reale Produktion jährlich meist nur ein paar Prozent wächst? Und wie sind selbst diese paar Prozent realwirtschaftliches Wachstum auf Dauer möglich in einer Welt, deren natürliche Kräfte insgesamt nicht auf Dauer wachsen können, weil der Großteil der Naturressourcen endlich ist (vgl. Kapitel 9)?

Was das Verhältnis zwischen Mensch und Mensch betrifft, so gilt es zu fragen, wie die sozialen Beziehungen beschaffen und wie sie geworden sind. Um beim obigen Beispiel zu bleiben: Wie kann ein Mensch einem anderen versprechen, sein Vermögen jedes Jahr um ein Viertel zu vermehren? Welche

Umstände müssen diesem Versprechen vorausgegangen sein? Welche Rolle spielen bei alldem zum Beispiel Fleiß und Geschicklichkeit, soziale Verbindungen und Netzwerke, der Zufall der Geburt, das Erbrecht des Staates, die Interessen und die Macht der jeweils einflussreichsten Gesellschaftsgruppen? Bei der Suche nach der Wahrheit muss der Blick, so Marx, immer in diese zwei Richtungen gelenkt werden: nach „unten", also zur materiellen Basis, und nach „hinten", also zur historischen Herkunft. Insofern kann der von Marx empfohlene Weg des Erkennens als materialistisch-historisch bezeichnet werden.[13]

Menschen und Umstände

Wer sich auf diesen Erkenntnisweg einlässt und den Versuch der Analyse einer konkreten Gesellschaft unternimmt, wird allerdings schnell feststellen, dass keineswegs die Verhältnisse, in die eine Generation hineingeboren ist, das ganze Leben dieser Generation bis in alle Einzelheiten bestimmt. Die Rekonstruktion der Produktion des Lebens, also des Seins und des dieses Sein begleitenden Bewusstseins, zeigt die Bedeutung von Wechselwirkungen. Jede neu geborene Generation findet bestimmte Bedingungen der Natur und ein Erbe ihrer Vorgängergeneration vor, die sie zunächst einfach hinnehmen muss. Aber im Laufe des Lebens lernt sie, diese Gegebenheiten in gewissen Grenzen immer auch zu modifizieren. Es zeigt sich, „dass also die Umstände ebenso sehr die Menschen, wie die Menschen die Umstände machen"[14]. Zentral für das Marx'sche Erkenntnisprogramm ist also, dass ihm zufolge der Erkenntnisprozess dem Lebensprozess angepasst werden muss und nicht umgekehrt, wie dies bei den idealistischen Philosophen geschieht. Der Lebensprozess gründet in räumlicher Hinsicht letztlich auf eine materielle Basis, in zeitlicher Hinsicht auf ein unvorstellbar langes Evolutionsgeschehen. Diese Grundlagen gilt es zu rekonstruieren, wenn wir unser Leben und unsere Gesellschaft verstehen wollen.

Nehmen wir als konkretes Beispiel eine auf uns fremd, vielleicht sogar bedrohlich wirkende Gesellschaft, zum Beispiel die des Kongo oder des Iran. Eine solche Analyse darf nicht von einer im eigenen Umfeld als unbestritten geltenden ideellen Kategorie, wie zum Beispiel „Rechtsstaat", ausgehen, um dann alle Daten daran zu messen, ob sie mit dieser Idee in Einklang stehen. Vielmehr muss eine materialistisch-historische Analyse mit der Frage beginnen, wie sich die Menschen dort Tag für Tag am Leben erhalten: Mit welchen natürlichen Bedingungen sind die Menschen konfrontiert? Wer verfügt dort über Grund und Boden, wer über die Werkzeuge zu seiner Bearbeitung? Wie gelingt es den Menschen, die Mittel für ihr Leben zu produzieren? Welche Gegenleistung an die Eigentümer wird ihnen gegebenenfalls abverlangt? Wie und warum haben sich die materiellen und historischen Bedingungen im Laufe der Zeit verändert? Erst wenn auf diese Weise die ökonomischen Grundlagen des Lebens rekonstruiert sind, wenn außer den geografischen Bedingungen auch die Beziehung des Landes zu anderen Ländern, die Einordnung in oder die Ausgrenzung aus der globalen Weltwirtschaft, die ökonomischen Zwänge des Neokolonialismus und deren Wurzeln im Kolonialismus freigelegt sind, kann sinnvoll nach Ideen, nach Philosophien und Theorien gefragt werden, zum Beispiel auch nach dem dort herrschenden Staatsverständnis und der Bedeutung, die das „Recht" darin hat.

Täuschungen

Der Gipfel der Marx'schen Provokation ist für viele die Unterscheidung zwischen „richtigem" und „falschem" Bewusstsein. Zwar betont Marx an vielen Stellen, dass mit dem richtigen Weg der Erkenntnis noch lange nicht die Erreichung des Ziels der Erkenntnis, also die Wahrheit, gewährleistet ist. Was Menschen erkennen, kann immer nur vorläufige Gültigkeit beanspruchen, es muss zu einem späteren Zeitpunkt korrigiert werden können. Die Geschichte des Bemühens um Wahrheit muss als ein nie enden könnender Prozess des Versuchens und Irrens begriffen werden. Aber dennoch gibt es für Marx Umstände, die mit einiger Wahrscheinlichkeit zu einer systematischen Irreleitung des Bewusstseins verführen.

Teilung zwischen Hand- und Kopfarbeit

Die Umstände, die das Bewusstsein trüben und täuschen können, hängen Marx zufolge engstens mit dem Grad und der Art der Arbeitsteilung in der Gesellschaft zusammen. Solange es sich bei der Arbeitsteilung um die zwischen Bauern und Schustern handelt, also um alltagsnahe, materielle Arbeit, bleibt im Bewusstsein der Bauern und Schuster der gesellschaftliche Charakter ihrer täglichen Praxis, vor allem ihre wechselseitige Angewiesenheit, lebendig. Der Schuster zog vielleicht von Hof zu Hof und fragte, wie heute noch manchmal die Scherenschleifer, ob es etwas zu reparieren gebe oder gar neue Schuhe benötigt würden. Der Großvater des Bauern hatte diese Arbeit vielleicht noch selbst gemacht, so dass alles, was mit der Teilung der Arbeit und der Spezialisierung der Fertigkeiten zu tun hat, für alle Beteiligten offensichtlich war. Problematisch wurde die Arbeitsteilung von dem Punkt an, so Marx, als sich die geistige Arbeit von der materiellen ablöste. Das ist der Fall, wenn ein Teil der Gesellschaft nur für die materielle Produktion zuständig ist, der andere für das „Geistige" – die Planung und Leitung. Marx nennt diese besondere Form der Arbeitsteilung die „wirkliche". Materielle Voraussetzung für sie ist die Existenz eines Mehrprodukts: Die Produktivität muss so weit entwickelt sein, dass nicht nur das materielle Überleben aller gesichert ist, sondern darüber hinaus ein Überschuss an Lebensmitteln vorhanden ist, der es ermöglicht, einige Gesellschaftsmitglieder – Priester, Verwalter, Forscher, Manager – von der materiellen Produktion freizustellen. Sie sind dann allein für die Planung und Leitung der Produktion zuständig.

Sobald diese Stufe der Arbeitsteilung erreicht ist, verändert sich das Verhältnis von Sein und Bewusstsein entscheidend: Das Bewusstsein vom gesellschaftlichen Charakter der materiellen Tätigkeiten kann verloren gehen. Einerseits können jene Menschen, die mit ausführenden Tätigkeiten befasst sind, diese nur mehr als ihre Privatangelegenheit betrachten. Sie machen ihren Job und wollen dafür gutes Geld, mehr interessiert sie nicht. Andererseits kann bei den Planern und Leitern der Produktion das Bewusstsein von den materiellen Zusammenhängen ihrer Tätigkeit verschwinden. Ihnen kommt es nur darauf an, dass alles funktioniert, dass das Verhältnis von Aufwand und Ertrag beständig optimiert wird. Was das für die arbeitenden Menschen bedeutet, interessiert sie nur sehr begrenzt. Diese gesellschaftliche Spaltung zeigt sich spiegelbildlich: „Die da oben“ seien „reine Theoretiker“, die von der „wirklichen Praxis“ keine Ahnung hätten – und „die da unten“ seien nicht fähig, „selbst Verantwortung zu übernehmen“, sie bräuchten einfach eine „klare Führung“. Je mehr in Wirtschaft und Gesellschaft die materiellen und geistigen Tätigkeiten getrennt sind, desto größer ist also die Gefahr, dass auch im Bewusstsein ihr Zusammenhang nicht mehr hergestellt wird. Das hat eine doppelte Konsequenz: Der materielle Produktionsprozess bleibt geistig unverstanden, stellt sich ohne Bewusstsein her, und das Bewusstsein kann sich einbilden, etwas anderes als das „bewusste Sein“ zu sein. Dies ist die Geburtsstunde der „Entfremdung“ des Menschen, die Marx in mehreren seiner z. T. späteren Schriften genauer untersucht hat (vgl. Kapitel 3 und 5).

Ausgelagerte Verantwortung

Wie kann man sich ein solches Bewusstsein, das sich vom Sein entfernt hat, in einer Industriegesellschaft vorstellen? In einer klassischen Fabrik mit hoch spezialisierten Tätigkeiten macht jeder einzelne Beschäftigte nur wenige, immer gleiche Handgriffe. Er hat kaum eine Chance, den Gesamtzusammenhang, an dem er beteiligt ist, zu überblicken. Vielleicht weiß er nicht einmal, ob er eine Lippenstifthülle oder eine Gewehrpatrone herstellt. Für die Einordnung der einzelnen Handgriffe in die Gesamtproduktion des Betriebs und erst recht für die Einordnung der Gesamtproduktion des Betriebs in die Volks- und Weltwirtschaft sind eben andere zuständig: die Chefingenieure, Chefökonomen und Chefmanager. Sie sind die Einzigen, die die Zusammenhänge kennen, allen anderen bleiben sie fremd. Allerdings muss an dieser Stelle festgehalten werden, dass sich in der heutigen Arbeitswelt, am Beginn des 21. Jahrhunderts, das Verhältnis zwischen Hand- und Kopfarbeit, zwischen ausführenden und planend-leitenden Tätigkeiten verändert hat – nicht nur, weil in den hoch- und nachindustriellen Gesellschaften die Herstellung von Gütern immer mehr durch die Erbringung von Dienstleistungen verdrängt wird, sondern auch, weil Verantwortung immer mehr von oben nach unten verlagert wird. Im High-Tech-Kapitalismus soll sich der abhängig Beschäftigte möglichst wie ein Unternehmer seiner eigenen Arbeitskraft fühlen, der selbst für ihre bestmögliche Verwertung verantwortlich ist. Dass hier eine besonders raffinierte Form der Bewusstseinstäuschung stattfindet, soll später noch begründet werden (vgl. Kapitel 4).

Was passiert nun auf der anderen Seite mit der von der materiellen Tätigkeit losgelösten geistigen Tätigkeit? Solange diese der materiellen Tätigkeit noch direkt zugeordnet ist, hält sich die Verselbstständigungstendenz in Grenzen. Anders ist es bei den weitgehend abgekoppelten Arten von geistiger Tätigkeit, der Arbeit der Theologen, Philosophen oder Sozialwissenschaftler. Marx stellt fest: Jetzt „*kann* sich das Bewusstsein wirklich einbilden, etwas Andres als das Bewusstsein der bestehenden Praxis zu sein, *wirklich* etwas vorzustellen, ohne etwas Wirkliches vorzustellen – von diesem Augenblicke an ist das Bewusstsein imstande, sich von der Welt zu emanzipieren und zur Bildung der ‚reinen' Theorie, Theologie, Philosophie, Moral etc. überzugehen"[15].

Wichtig im Zusammenhang mit der Trennung von Hand- und Kopfarbeit ist, dass Marx ausdrücklich nur von der Möglichkeit des falschen Bewusstseins spricht. Das heißt: Nicht jeder Philosoph oder Sozialwissenschaftler muss notwendigerweise ein falsches Bewusstsein entwickeln, nur weil er nicht gleichzeitig in der materiellen Produktion tätig ist. Wie aber wird ein solches Bewusstsein wahrscheinlich, vielleicht sogar notwendig? Hier spielt nach Marx das Eigentum an den Produktionsmitteln eine zentrale Rolle. Wenn nämlich nicht nur die Produktionsmittel der materiellen, sondern auch die der geistigen Arbeit in privaten Händen liegen, werden die Eigentümer dieser Mittel darum bemüht sein, die Inhalte der geistigen Arbeit genauso wie die der materiellen Arbeit in ihrem Sinne zu lenken. Man denke an einen Pharmakonzern, der eine Risikostudie unter Verschluss hält, weil sie dem eigenen Ruf schaden könnte, oder an ein multinationales Unternehmen, das seine Sponsortätigkeit an einer Universität einstellt, weil dort in Seminaren die Arbeitsbedingungen in den Produktionsstätten dieses Unternehmens in Südostasien kritisch durchleuchtet und die Ergebnisse an die Öffentlichkeit gebracht werden. Die private Finanzierung geistiger Arbeit führt Marx zufolge dazu, dass die „herrschenden Gedanken" in aller Regel die „Gedanken der Herrschenden" sind und dazu dienen, die Herrschaft selbst zu rechtfertigen beziehungsweise zu verschleiern.[16]

Strukturen

Wie gezeigt wurde, machen die Menschen nach Marx zwar ihre eigene Geschichte, aber nicht aus freien Stücken, nicht unter selbst gewählten Umständen. Es sind immer unmittelbar vorgefundene Bedingungen, die dem Handeln vorausgehen. Je länger der Mensch in seiner Geschichte durch Arbeit seine natürliche Um- und soziale Mitwelt verändert, desto ausgeprägter wird der „Überhang an Objektivität",[17] dem er sich gegenübersieht. Diese Gegebenheiten stecken den Rahmen des menschlichen Denkens und Handelns ab, sie bestimmen zu einem erheblichen Teil, was in konkreten Situationen zuerst und was danach zu geschehen hat, sie definieren Prioritäten. An diesem Umstand haben im 20. Jahrhundert einige kritische Wissenschaftler angeknüpft und das materialistisch-historische Erkenntnisprogramm des Karl Marx weiterentwickelt. Das menschliche Handeln, so der Ausgangspunkt, ist nur verständlich, wenn man dieses hohe Gewicht der objektiven Gegebenheiten in Rechnung stellt, ohne freilich den subjektiven Faktor, die handelnde Person, zu übersehen. Dies geht einher mit der Erkenntnis, dass Phänomene nicht als Einzelerscheinungen, sondern immer nur vor dem Hintergrund eines größeren Zusammenhangs verstanden werden können.

Um dem Verhalten des Menschen und den Verhältnissen der Gesellschaft vor dem Hintergrund dieses größeren Zusammenhangs, der als hoch komplex erlebt wird, gleichermaßen gerecht zu werden, wurden zwei Begriffe in die Sozialwissenschaften aufgenommen, die in den Naturwissenschaften längst gebräuchlich waren: System und Struktur. System bedeutet „Zusammenstellung" und meint, dass bestimmte Teile eines größeren Ganzen zusammengehören, sich also von der Umwelt abgrenzen. Struktur bedeutet „Gefüge" und bezieht sich auf die innere Gliederung eines Systems. Verwendet wurde der Strukturbegriff ursprünglich in der Sprachwissenschaft, um zum Ausdruck zu bringen, dass in einem Sprachsystem für das Verständnis des Sinns eines Satzes nicht nur das Wissen um die Bedeutung der unübersehbaren Zahl der je nach Satz wechselnden Wörter erforderlich ist, sondern auch mindestens genauso die Kenntnis der vergleichsweise wenigen festen Regeln der Grammatik. Ähnlich haben bekanntlich auch feste Routinen im Alltagshandeln eine strukturierende Wirkung, sie ersparen uns, ständig Entscheidungen zu treffen. Mithilfe der System-Struktur-Betrachtung, so die Grundidee, kann angesichts der steigenden Komplexität der Welt besser untersucht werden, wie Stabilität und Wandel gleichermaßen möglich sind und zusammenhängen. Systeme sind dabei gewissermaßen für den Wandel, Strukturen für die Stabilität zuständig.[18]

Vor diesem Hintergrund lässt sich das Erkenntnisproblem neu formulieren. Sollen Verhalten und Verhältnisse täuschungsfrei beschrieben und erklärt werden, darf der um Erkenntnis bemühte Mensch nicht auf der Ebene der Personen und des Handelns stehenbleiben, sondern muss die Zusammenhänge erfassen, die den handelnden Personen vorgegeben sind: einerseits die Systeme in ihren dynamischen Wechselbeziehungen zu ihren Umwelten, andererseits die Strukturen, quasi die Stützbalken, die geschaffen werden, um die nötige Stabilität zu sichern. Sichernde Strukturen sind prinzipiell sowohl in Kultur und Gesellschaft als Ganzes wie auch im Denken und Fühlen der Menschen zu finden. In Bezug auf die Täuschungen, von denen oben die Rede war, heißt das: Will man die Vorstellung vom „arbeitenden" Geld oder vom Glück des materiellen Konsums analysieren, muss man sich die Strukturen genauer ansehen, die jenen Personen vorgegeben sind, die sich genau an diesen Vorstellungen orientieren.

Für die Kapitalismusdiskussion im Anschluss an Marx ist vor allem interessant, wie jene Probleme, die jedes, auch das kapitalistische Wirtschaftssystem mit sich bringt, durch Stützstrukturen bearbeitet werden. Der Politikwissenschaftler Claus Offe hat zum Beispiel Anfang der 70er Jahre auf der Basis der Marx'schen Analyse gezeigt, wie sehr der Staat in seinem Handeln einerseits von den Zwängen der kapitalistischen Wirtschaft geprägt ist, andererseits in der Lage ist, Defizite dieses Systems durch Ausbildung struktureller Stützen zu kompensieren.[19] Zu diesem Zweck entwickelt der Staat, der ständig mit einer Vielfalt von Interessen konfrontiert ist, einen Filter, der dafür sorgt, dass jene Interessen zum Zug kommen, welche die Stabilität von Wirtschaft und Politik, vor allem das Wirtschaftswachstum und die Massenloyalität, sichert.

Die Übermacht der objektiven Gegebenheiten, die Angst vor dem Kollaps angesichts des heute erreichten Grades an Komplexität, wird vor allem in jenen Situationen als besonders bedrückend empfunden, in denen es schwer fällt, Prioritäten zu setzen. Es ist interessant zu beobachten, wie Verantwortungsträger in Wirtschaft und Staat in dieser Situation sich des System-Struktur-Denkens der kritischen Sozialwissenschaften bedienen. Das geht so weit, dass angesichts der Finanz- und Wirtschaftskrise von 2008 und 2009 plötzlich Grundsätze über den Haufen geworfen wurden, die davor als völlig unantastbar gegolten hatten. Es wurde nicht mehr nach „wahr" und „falsch" in Bezug auf Beschreibungen und Analysen gefragt, erst recht nicht nach moralischen Werten. Was in solchen Situationen allein zählt, ist, ob eine einzelne Maßnahme oder ein ganzes Programm zur Struktur passt und das System zu stützen in der Lage ist. Gemeint sind die gigantischen Rettungsmaßnahmen, bei denen zwischen „systemrelevanten" Großbanken (Hypo Real Estate), Großfirmen (Opel) und Staaten (Griechenland) einerseits sowie dem Rest von Ökonomie und Gesellschaft andererseits ein dicker Trennungsstrich gezogen wurde. Wenn in der Wirtschafts- und Finanzpolitik von „struktureller Krise", „struktureller Arbeitslosigkeit" oder „strukturellem Defizit" die Rede ist, soll damit die Dramatik einer mehr als zeitlich bedingten Problemsituation zum Ausdruck gebracht werden – ohne dass freilich kapitalismuskritische Nebentöne anklingen. Es wird in den folgenden Kapiteln immer wieder zu fragen sein, wie die Strukturen, die die kapitalistische Wirtschafts- und Gesellschaftsordnung ausbildet, zur Stabilisierung des Systems beitragen.

Zusammenfassung

Wer einen Menschen danach beurteilt, was dieser von sich selbst verkündet, wird leicht getäuscht. Dennoch verlassen wir uns bei Urteilen über wirtschaftliche und gesellschaftliche Sachverhalte meist auf idealisierte Selbstdarstellungen. Das ist ein schwerer Fehler, meint Marx. Denn nicht im Himmel der Ideen, sondern auf der Erde, dort wo das Leben stattfindet, sind die Antworten auf unsere Fragen zu finden. Um leben zu können, muss der Mensch – als Spezies – arbeiten. Es ist die Arbeit, die den Menschen zuallererst mit der natürlichen Umwelt und der sozialen Mitwelt verbindet. In der durch Arbeit vermittelten Produktion des Lebens bildet sich zugleich das Bewusstsein des Menschen. Mit der Teilung der Arbeit in Hand- und Kopfarbeit wird es möglich, dass sich das Bewusstsein vom Sein entfernt, dass es sich einbilden kann, etwas anderes als das „bewusste Sein“ zu sein. Findet die Kopfarbeit zudem unter der Regie des privaten Eigentums an den Produktionsmitteln statt, wird aus dieser Möglichkeit eine Wahrscheinlichkeit oder gar Notwendigkeit, das gesellschaftliche Bewusstsein verliert seine Erdung. Kritische Sozialwissenschaftler, die sich im 20. Jahrhundert an der Marx'schen Erkenntniskonzeption orientiert haben, weisen auf den gewaltigen Überhang an Objektivität hin, der sich mit der Entwicklung des Mensch-Natur- und des Mensch-Mensch-Verhältnisses über die vielen Generationen hinweg ergeben hat. Je umfassender und komplexer die vom Menschen selbst geschaffene Welt geworden ist, desto mehr muss sich das Handeln den vom Menschen selbst hervorgebrachten Strukturen deshalb anpassen, desto weniger reicht es also aus, sich bei der Beschreibung und Erklärung wirtschaftlicher und gesellschaftlicher Sachverhalte auf die Ebene des individuellen Verhaltens zu beschränken.

2. *Kapitel*

Arbeit und Ausbeutung

Das Ausmaß an Reichtum sprengt unser Vorstellungsvermögen. Wer regelmäßig im Sommer einen Blick auf die Yachten in den Mittelmeerhäfen wirft, kann unschwer feststellen, dass der Protzerei der Superreichen keine Grenzen gesetzt scheinen. Das derzeit größte private „Traumschiff" eines arabischen Scheichs ist 160 Meter lang, verfügt über Kino, Disco, Squashplatz, Hubschrauber und U-Boot und soll zu seinem Betrieb eine weit über 100 Mann starke Besatzung benötigen.[1] Das Privatvermögen der reichsten Familie der USA ist mehr als doppelt so hoch wie das Bruttoinlandsprodukt von Bangladesch, das für 127 Millionen Menschen reichen muss.[2] Der reichste Deutsche, Karl Albrecht, verfügt über ein Privatvermögen von ca. 17 Milliarden Euro, das ihm, legte er es zu bescheidenen vier Prozent auf einer Sparkasse an, ein Einkommen von rund 250.000 Euro brutto pro Stunde bescheren würde.[3] Mit wesentlich weniger müssen jene Vorstandsvorsitzenden der Deutschen Bank-, der Siemens- oder Audi-AG auskommen, die „nur" mehrere Millionen Euro Jahreseinkommen verbuchen können. Und die andere Seite? Alle vier Sekunden verhungert ein Kind auf unserem Globus oder stirbt an Folgekrankheiten des Hungers,[4] rund eine Milliarde Menschen sind permanent unterernährt,[5] der durchschnittliche Arbeitslohn in den Textilfabriken Bangladeschs beträgt umgerechnet rund 30 Euro pro Monat,[6] in Deutschland gilt nach der neuesten Einkommensstudie des Deutschen Instituts für Wirtschaftsforschung in Berlin (DIW) jeder Siebte als von Armut betroffen. Im reichen Bayern betrug 2009 die durchschnittliche Rente von Frauen knapp 500 Euro im Monat,[7] und Alleinerziehende, die nicht nur für ihre Kinder sorgen, sondern oft auch ihre Eltern pflegen, auf berufliche Möglichkeiten verzichten müssen und somit eine ungeheure Last tragen, werden dafür von der Gesellschaft bekanntlich ausgesprochen schäbig entlohnt. In Bezug auf Reichtum und Armut sind auch die Entwicklungstendenzen alarmierend: Während das reichste Fünftel der Weltbevölkerung in den 60er Jahren des vergangenen Jahrhunderts 30-mal mehr als das ärmste Fünftel pro Kopf verdiente, sind es heute fast 100-mal mehr.[8] Für Deutschland zeigt die Einkommensstudie des DIW, dass nicht nur die Zahl der Ärmeren und der Reicheren immer mehr wächst, der Mittelstand also schrumpft, sondern die Ärmeren zudem seit zehn Jahren auch immer ärmer werden.

Wie konnte es zu diesem Gegensatz von Arm und Reich kommen? Ist der Reichtum die Folge tausendfach höheren Fleißes, tausendfach höherer Leistung, tausendfach höherer Verantwortung? In diesem Kapitel wird sich zeigen: Aus der Marx'schen Perspektive sind solche Erklärungsversuche absurd. Sie verschleiern den wahren Grund des Reichtums: die Ausbeutung menschlicher Arbeit.

Woher kommt der Reichtum?

Die bei uns herrschende Wirtschaftstheorie hat im Kern eine einfache, sehr technisch klingende Antwort auf die Frage nach der Herkunft von Reichtum – und seines Gegenstücks, der Armut: Wenn auf einem Markt etwas knapp ist, aber danach ein hohes Bedürfnis besteht, sorgt der Preismechanismus dafür, dass das knappe Gut entsprechend teuer wird. Dieses Prinzip gilt natürlich auch für die Einkommen. Eine solche Argumentation ermöglicht es, hohe Managergehälter genauso zu rechtfertigen wie die Forderung nach Mindestlöhnen zu kritisieren[9]: Weil gute Manager weltweit knapp sind, normale Arbeitssuchende aber, zumal ohne spezielle Qualifikationen, wie Sand am Meer existieren, gelten höchste Managereinkommen und niedrigste Handlangerlöhne den Vertretern der herrschenden Lehre als das Natürlichste der Welt. Einziger Zweck dieser Sorte von Argumentation ist es zu verhindern, dass die Adressaten auf die Idee kommen, einen kausalen Zusammenhang zwischen Armut und Reichtum herzustellen, also zu erkennen, dass das eine die Kehrseite des anderen ist.

„Geld entsteht im Kopf"

Die Herkunft der Knappheiten interessiert bei dieser Rechtfertigungslehre genauso wenig wie die Herkunft der Bedürfnisse. Beide gelten einfach als gegeben, sie gehen angeblich als äußere Faktoren in das Marktsystem ein. Genau das aber ist der Knackpunkt. Denn Knappheiten sind nicht nur Resultat der äußeren Natur des Menschen, sondern auch der Verteilung der knappen Güter und der Verteilung der technischen und finanziellen Mittel, mit deren Hilfe die Knappheiten überwunden werden können, sind damit also das Ergebnis der gesamten vorausgegangenen wirtschaftlichen Entwicklung. Und Bedürfnisse sind, entgegen dem herrschenden Marktmodell, nicht nur Resultat der inneren Natur des Menschen, sondern auch der sozialen und kulturellen Entwicklung von Leitbildern der Lebensgestaltung. Dass Knappheiten und Bedürfnisse in hohem Maß nicht nur von wirtschaftlichen, sondern auch von Macht- und Herrschaftsverhältnissen bestimmt sind, darüber schweigt sich diese Form der Wirtschaftstheorie aus. Durch diese Weglassungen wird es dem herrschenden

Marktmodell möglich, den Eindruck zu erwecken, der Markt sorge angesichts wirtschaftlicher Herausforderungen immer für die beste aller denkbaren Lösungen, mit der herrschenden Wirtschaftsordnung sei also gewissermaßen der Stein der Weisen endgültig gefunden. Adam Smith, der Begründer dieses Denkens, sprach im 18. Jahrhundert von der einzigartigen Klugheit der „unsichtbaren Hand“ des Marktes.

Auch der Umstand, dass am Markt nur jene Bedürfnisse zur Kenntnis genommen werden, die mit einer entsprechenden Kaufkraft ausgestattet sind, welche selbst wiederum von einer Unzahl von Faktoren abhängig ist, wird im herrschenden Marktmodell kaum berücksichtigt. Die Markttheoretiker, sofern sie sich am Grundmodell orientieren, übergehen so die eigentlich triviale Erfahrung, dass die einmal Erfolgreichen in der nächsten Runde bereits weiter vorne starten können, die Erfolglosen von Runde zu Runde in aller Regel zurückfallen. Die Marktpraktiker haben dabei kein Problem damit, dass der Wettbewerb auf dem Markt oft genauso fair ist wie der Boxkampf zwischen einem jungen Mann und einem Greis.

„Geld entsteht im Kopf“ war vor einigen Jahren in einer Anzeige einer Investmentfirma zu lesen, die sich an „intelligente“ Investoren wandte.[10] Diese Botschaft zielt auf den Kern der Rechtfertigungsstrategien der Reichen für ihren Reichtum: Es ist angeblich ihre Fähigkeit, kluge Lösungen für Knappheitsprobleme zu finden, der die Reichen ihren Reichtum verdanken. Im Umkehrschluss muss gefolgert werden, dass die Armut der Armen auf deren Unfähigkeit zurückgeht, etwas Nützliches zur Bewältigung von Knappheitsproblemen beizutragen. Der Unterschied zwischen der Knappheit an Wasserleitungen und der Knappheit an Luxuslimousinen ist in dieser Diagnose der Abstraktion zum Opfer gefallen.

Gerechtigkeit und Leistung

Das Lexikon unterscheidet drei klassische Gerechtigkeitsbegriffe: die Bedarfsgerechtigkeit, die Stellungsgerechtigkeit und die Leistungsgerechtigkeit. Die Rechtfertigung von Zigtausenden oder gar Hunderttausenden Euro Stundeneinkommen über das Argument der Bedarfsgerechtigkeit ist absurd – jede Stunde einen Rolls Royce kaufen? Die Rechtfertigung über die soziale Stellung ist ein Rückfall in voraufklärerische Zeiten. Seit der Aufklärung gehen wir zumindest in Europa davon aus, dass Menschen von Geburt an mit der gleichen Würde und dem prinzipiell gleichen Recht, ein zufriedenes und glückliches Leben zu führen, ausgestattet sind. Bei der Rechtfertigung über Leistung muss genauer unterschieden werden, was Leistung ist.[11] Misst man sie an der Anstrengung oder am Ergebnis einer Aktivität? Das Kriterium der Anstrengung ist wenig glaubwürdig: Viele Altenpfleger strengen sich mehr an als viele Milliardärssöhne. Und vom Ergebnis her? Wenn der Vorstandsvorsitzende der

Deutschen Bank ankündigt, zur Renditesteigerung auf 25 Prozent weitere 6000 Arbeitnehmer entlassen zu müssen und allein durch diese Ankündigung der Aktienkurs der Bank steigt, hat er tatsächlich ein Ergebnis erzielt. Aber dieses Ergebnis kann nur von einem kleinen Teil der Betroffenen, den Aktionären nämlich, als Leistung im positiven Sinn gewertet werden. Die Entlassenen werden diese Leistung kaum wertschätzen.

Wer also die Herkunft des Reichtums wirklich klären möchte, muss sich mit jenen Macht- und Herrschaftsverhältnissen auseinandersetzen, innerhalb derer erst definiert wird, was Leistung ist. Wenn Reichtum ohne diese Auseinandersetzung einfach durch Leistung gerechtfertigt wird, wird er in Wahrheit durch sich selbst gerechtfertigt: Die Reichen kaufen sich Einfluss und Macht, legen mit deren Hilfe fest, was Leistung ist, sorgen dafür, dass die so festgelegte Leistung entsprechend honoriert wird, definieren dazu auch einen Multiplikationsfaktor von 10, 100 oder 1000, kassieren die entsprechende „Leistungsprämie" und behaupten schließlich, dass diese durch die erbrachte Leistung auch gerechtfertigt sei. Dieser Zirkel funktioniert nur, wenn man von allen Ungleichheiten in den natürlichen, kulturellen und sozialen Voraussetzungen der Aktivitäten und ihrer Bewertung abstrahiert. Am Ende scheint dann tatsächlich der Fahrer eines Formel-1-Rennwagens mehr zu leisten als der eines Schulbusses, der Broker mehr als die Kindergärtnerin.[12]

Die Funktionsweise der Ausbeutung

Für Marx sind solche Rechtfertigungsbemühungen nichts anderes als „Nebelbildungen im Gehirn", als „Phrasen" zur Rechtfertigung von Reichtum beziehungsweise Armut (vgl. Kapitel 1). Statt zu fragen, welche Gründe die Reichen für ihren Reichtum angeben, müssen wir Marx zufolge fragen, was sie wirklich tun. Dabei gilt es, das doppelte Verhältnis, innerhalb dessen sich menschliche Arbeit immer vollzieht, genau unter die Lupe zu nehmen: das Verhältnis zwischen Mensch und Natur sowie das zwischen Mensch und Mensch.

Privateigentum

Die Überlegungen des Karl Marx zu Reichtum, Armut und Ausbeutung bauen auf einigen allgemeinen Erkenntnissen der Kulturanthropologie über den Zusammenhang von Natur, Arbeit und Eigentum auf.[13] In einem sehr elementaren Sinn besteht Reichtum zunächst in der reichlichen Verfügung über materielle Dinge als Folge einer hohen Produktivität der menschlichen Arbeit. Zur näheren Bestimmung der Art und Weise, wie über diese Dinge verfügt wird, ist ein Blick auf die Geschichte des Eigentumsbegriffs hilfreich. „Eigentum" bezeichnet ursprünglich das Verhältnis eines Individuums zu seinem Leib und den Dingen, mit denen es sich umgibt. Historisch spielt Eigentum als gesellschaftliche Institution erst in der Ackerbau- und Viehzuchtgesellschaft eine größere Rolle. Bei Jägern und Sammlern galt zwar die Beute (Tiere, Früchte) als Eigentum derjenigen, die sie erbeutet hatten, und natürlich auch die unmittelbaren Werkzeuge (Waffen, Messer, Körbe), die dafür verwendet wurden. Aber das Territorium, in dem gejagt und gesammelt wurde, war einfach für alle da, als gemeinsames Erbe der Vorfahren, der Götter, der Natur selbst. Bei Ackerbauern und Viehzüchtern überwog das Gemeineigentum an Land und Tieren, wiederum begründet aus der menschlichen Arbeit (Urbarmachung, Düngen und Füttern), die jetzt als Zusammenarbeit innerhalb von Familien, Sippen etc. stattfand. Die technischen Voraussetzungen für das Wirtschaftsleben (Bewässerung, Handel, Güterverteilung) waren Aufgabe und zugleich Machtgrundlage des Staates. Noch im germanischen Recht und im Mittelalter war der Besitz von Grund und Boden mit starken Bindungen gekoppelt, die zu beachten waren. Er galt als Leihgabe und war in eine Lehenspyramide eingebunden, an deren Spitze Gott stand.

Der Übergang vom mittelalterlichen Lehen zum neuzeitlichen Privateigentum wird schon am Wort „privat" deutlich, das vom lateinischen Wort für „rauben" abgeleitet ist. Wenn zum Beispiel im Mittelalter ein Grundherr einen Dorfteich, ein Feld am Dorfrand oder ein Stück Wald, das bisher als Gemeinschaftseigentum des Dorfes, als sogenannte Allmende, gegolten hatte, für sich allein beanspruchte und einzäunte, dann wurde mit diesem Gewaltakt „Privateigentum" geschaffen. Erst in der Zeit der Aufklärung wurde der Begriff Privateigentum positiv belegt: entweder als dasjenige Eigentum, das zur Befriedigung der Grundbedürfnisse jedes Menschen quasi „von Natur aus" zu ihm gehört, also seine naturgewollte Freiheit sichert, oder als dasjenige Eigentum, das durch die Arbeit einer Person entsteht und deshalb „von Natur aus" auf den Umfang dessen begrenzt ist, was der Einzelne erarbeiten kann.[14] Entscheidend für diesen Begriff von Privateigentum ist, dass mit ihm das enge Band zwischen Person und Sache prinzipiell auch gelöst werden kann: Grund und Boden werden käuflich. Seither wird begrifflich auch streng zwischen privatem und gemeinschaftlichem Eigentum unterschieden und über Abgrenzungs- und Legitimitätsfragen, wie wir wissen, heftig gestritten.

Etliche Stellen im Marx'schen Werk befassen sich mit dieser Vorgeschichte des Kapitalismus, die 99 Prozent der Menschheitsgeschichte ausmachte. Marx interessiert sich als Wirtschafts- und Gesellschaftstheoretiker dabei weniger für das Eigentum an den Dingen des persönlichen Bedarfs, an Geschirr, Kleidern und Schmuck etc. Wichtig ist ihm vielmehr das Eigentum an jenen Dingen, die in enger Verbindung mit der Arbeit stehen, den Produktionsmitteln, weil dieses Eigentum die sozialen Beziehungen zwischen den Menschen prägt. Marx untersucht vor allem jenen Prozess, durch den das ursprüngliche Gemeineigentum in Privateigentum verwandelt wurde.[15] Dabei kommt Marx zufolge der sogenannten „Ackerbaugemeinde“ eine entscheidende Bedeutung zu. Sie war dadurch gekennzeichnet, dass die Dorfbewohner nicht mehr durch Blutsverwandtschaft miteinander verbunden waren, sondern aus freien Stücken zusammenlebten. Während die umliegenden Wälder, Brachland und Weiden Gemeineigentum waren, waren das Ackerland sowie selbstverständlich Haus und Garten bereits Privatbesitz der einzelnen Familien. Die Ackerbaugemeinde war also bereits ein erster Schritt der Privatisierung, der Keim zur Eigentumsform der Neuzeit war gepflanzt. Von ihr ging Marx zufolge ein wachsender Sog auf das umliegende Gemeineigentum aus, der zunächst das noch verbliebene Ackerland, dann die Wälder, Weiden und das Brachland in Privateigentum verwandelte und die ursprüngliche ökonomische und soziale Gleichheit zersetzte. Im Dualismus von kollektiven und privaten Eigentumsstrukturen, so Marx, steckte eine enorme „Lebenskraft“, und er betont, dass es von den je konkreten Bedingungen abhing, wie sich die Spannung zwischen den beiden Seiten, dem individuellen und dem öffentlichen Wirtschafts- und Lebensstil, weiterentwickelte – ob sich der genossenschaftliche oder der private Stil durchsetzte. Man sieht also: Marx hat keineswegs das Privateigentum generell verurteilt, ihm ging es immer um die Wechselwirkungen zwischen den gesellschaftlichen Errungenschaften und der Entwicklung der menschlichen Möglichkeiten.

Ware, Geld, Kapital

Mit der Entstehung des Privateigentums an den Produktionsmitteln war freilich noch längst keine systematische Warenwirtschaft entstanden, und es sollte nochmals Jahrhunderte dauern, bis Geld als „Kapital“ eingesetzt wurde und man von „Kapitalismus“ sprechen konnte. Seine Überlegungen zur Analyse des Kapitalismus hat Marx in mehreren kleineren Texten über 20 Jahre lang verfasst und teilweise veröffentlicht, bis schließlich 1867 der erste Band des berühmten Buches „Das Kapital“ mit dem Untertitel „Kritik der politischen Ökonomie“ erschien, in dem diese Ergebnisse systematisch zusammengefasst sind. Politische Ökonomie bedeutete im 19. Jahrhundert etwa dasselbe wie heute Volkswirtschaft, wobei auch die politischen Rahmenbedingungen des Wirtschaftens mit eingeschlossen waren. Diese herrschende Lehre wollte Marx einer gründlichen Kritik unterziehen. Kritik heißt im ursprünglichen Sinn des griechischen Wortes: genaue Unterscheidungen treffen. Für Marx ging es dabei um die präzise Rekonstruktion der beiden Verhältnisse, in welche die Arbeit des Menschen eingebunden ist: des Verhältnisses zur Natur und des Verhältnisses zum Mitmenschen (vgl. Kapitel 1).

Abstraktion statt Mikroskop

„Der Reichtum der Gesellschaften, in welchen kapitalistische Produktionsweise herrscht, erscheint als eine ‚ungeheure Warensammlung', die einzelne Ware als seine Elementarform. Unsere Untersuchung beginnt also mit der Analyse der Ware."[16] So lautet der erste Satz des „Kapitals". Bezogen auf unsere Frage nach der Herkunft des Reichtums heißt das also: Auch der Reichtum, der in Yachten, Fabriken, Banken und Aktienpaketen besteht, hat in der kapitalistischen Gesellschaft die Form der Ware, kann also ge- und verkauft werden. Noch im Mittelalter war, wie oben erläutert, der Reichtum der Reichen, ihre Ländereien samt Gutshöfen, Burgen, Schlössern, Kirchen und Klöstern, samt den dort ansässigen Untertanen, als Lehen prinzipiell unverkäuflich.

Bereits im Vorwort des ersten Bandes des „Kapitals" vergleicht Marx die Ware als „Elementarform" der kapitalistischen Wirtschaft mit der Zelle als Elementarform des menschlichen Körpers. In beiden Elementarformen sind alle wesentlichen Bestimmungen und Potentiale des großen und reifen Gebildes, das sich aus ihnen mit der Zeit herausbildet, bereits enthalten. Während aber die Analyse der Körperzelle mithilfe des Mikroskops und chemischer Reagentien erfolgt, steht für die Analyse der ökonomischen Zelle nur die Abstraktionskraft des Geistes zur Verfügung.[17] Abstraktion bedeutet, in Gedanken bestimmte Einzelheiten abzuziehen, also wegzulassen, um das Allgemeine, das Wesentliche, erkennen zu können. Die nicht ganz leicht zugängliche Eigenart der Marx'schen Darstellung im „Kapital" besteht in einer zweifachen gedanklichen Bewegung: Zunächst wird die Ware in ihre Bestandteile zerlegt, um ihre Eigenschaften zu klären. Hier bewegt sich die Analyse weg von den konkreten Erscheinungen des Warentausches, hinein in die Tiefe seiner letzten Ursachen, in seine Keimform. Dann wird vor dem Hintergrund dieses Wissens der Weg zurück in Richtung Oberfläche eingeschlagen. Übertragen auf die Zelle heißt das: Zuerst wird eine einzelne Zelle zerlegt, dann werden die einzelnen Zellen wieder zum ganzen Körper zusammengebaut. Der Wendepunkt der gedanklichen Bewegung liegt genau dort, wo das Geheimnis des Zusammenhangs der Einzelerscheinungen, des Kapitalismus wie des Körpers, verborgen ist. Wenn Marx, nachdem das Geheimnis enthüllt ist, den Kapitalismus gedanklich wieder zusammenbaut, folgt er nicht nur seiner materiellen Logik, sondern zugleich – im Großen und Ganzen – seiner historischen Genese. Insofern kann das „Das Kapital" als Darstellung der „Entwicklungslogik" des Kapitalismus verstanden werden.

Die Ware und die abstrakte Arbeit

Ausgangspunkt der Marx'schen Warenanalyse ist die Unterscheidung zwischen Gebrauchswert und Tauschwert: Waren sind wertvoll, weil sie entweder für die Bedürfnisbefriedigung gebraucht werden oder für den Erwerb anderer Waren getauscht werden können. Während Gebrauchswerte – unabhängig von der Form der Arbeitsteilung – seit Anbeginn der Menschheitsgeschichte Voraussetzung für das Leben waren, gab es Tauschwerte erst dort, wo die Arbeitsteilung über den Markttausch organisiert wurde. Wichtig zum Verständnis des Marx'schen Begriffes der Ware ist, dass dabei stets auch Dienstleistungen eingeschlossen sind, sofern sie eben gebraucht und getauscht werden. Um das Wesen der warenproduzierenden Gesellschaft zu enthüllen, muss Marx zufolge als Erstes die Frage gestellt werden, wodurch der Tausch zwischen unterschiedlichen Dingen überhaupt möglich wird. Entsprechend dem materialistisch-historischen Erkenntnisprogramm sucht Marx den Grund der Austauschbarkeit der Waren in den materiellen und historischen Voraussetzungen, die in jeder der austauschbaren Waren gleichermaßen enthalten sind. Dazu prüft er mit der Kraft des Gedankens, was zum einen materiell-logisch vorhanden sein muss, damit der Tauschakt möglich wird, und was zum andern dem Tauschakt historisch-zeitlich vorausgeht. Das Ergebnis lautet: Jede Ware, ganz gleich, welche es ist, ist erst durch menschliche Arbeit in die Welt gekommen. Selbst Naturstoffe können erst getauscht werden, wenn sie vom Menschen der Natur abgetrotzt worden sind, in ihnen also Arbeit enthalten ist. Immer dann, wenn zwei Menschen zwei Waren gegeneinander austauschen, unterstellen sie also, dass diese gleichermaßen Resultat menschlicher Arbeit sind, sie setzen also ihre Arbeit gleich. Das heißt, sie sehen von allen Besonderheiten ihrer jeweiligen Tätigkeiten, des Backens, des Schneiderns, des Schmiedens etc. ab, so dass nur noch die Verausgabung von Muskeln, Nerven, Hirn etc. übrig bleibt. Erst die „abstrakte" Arbeit macht eine Ware also für den Tausch geeignet, macht sie zu einem „Wert". Das ist der Kern des Geheimnisses der warenproduzierenden Gesellschaft, so wie Marx sie sieht.

Nun stellt sich natürlich die Frage nach der Größe des Wertes. Für Marx, wie übrigens für viele andere Theoretiker seiner Zeit auch, hängt der Wert der Arbeit von der gesellschaftlich durchschnittlich notwendigen Arbeitszeit ab. Dies kann wieder materiell und historisch begründet werden. Fragt man nach der materiellen – im Sinn von logischen – Grundlage des Tausches und macht sich bewusst, dass im Prinzip jede Arbeit gegen jede andere eintauschbar ist, unterscheiden sich die Einzelarbeiten allein in der Zeit, die sie jeweils gedauert haben. Genauer formuliert: Jede Einzelarbeit ist nur ein winziger Bruchteil der gesellschaftlichen Gesamtarbeit, in jeder Ware steckt also nur ein Bruchteil der gesamten gesellschaftlichen Arbeitszeit. Konsequenz dieser Durchschnittslogik ist, dass nur die durchschnittlich notwendige Arbeitszeit, nicht die individuell tatsächlich aufgewendete Arbeitszeit für die Wertbildung zählt. Ein Produzent also, der im Verhältnis zum Durchschnitt länger braucht, erhält seine Arbeit im Tauschakt nicht voll ersetzt, wer schneller ist, macht einen Extragewinn. Fragt man nach der historischen – im Sinn von zeitlichen beziehungsweise genetischen – Grundlage des Warentausches, so zeigt ein Blick in die Anfänge der Tauschwirtschaft, dass die Tauschenden den durchschnittlichen zeitlichen Aufwand in jener frühen Phase der Arbeitsteilung zum Teil noch aus eigener Erfahrung einschätzen konnten und deshalb zum Maßstab erhoben. Der Schuster zog von Bauernhof zu Bauernhof, führte die Arbeiten vor den Augen des Bauern aus. Ein Bauer hätte wenig Verständnis gehabt, wenn der Schuster für einen Tag Schusterarbeit drei Tage Bauernarbeit hätte eintauschen wollen. Während bei den ersten Tauschakten der in den Waren verborgene Wert noch durch andere Waren, die zudem ständig wechselten, sichtbar gemacht wurde, führte die Entwicklung der Warenproduktion schließlich dazu, dass eine bestimmte Ware sich ganz auf diese Funktion, den Wert zu messen und den Tausch zu vermitteln, spezialisiert hat: nämlich das Geld, zunächst in Gestalt von Gold und Silber. Wichtig ist, dass all dies nicht das Werk einer planenden Vernunft ist, sondern sich „hinter dem Rücken" der Menschen einstellte, sich aus der materiellen Logik des täglichen Handelns irgendwie von selbst ergab.[18]

Das Geld als abstrakter Reichtum

Geld wurde zunächst lange Zeit lediglich als Mittel für den Austausch von Waren verwendet. Die Menschen erkannten nämlich sehr schnell den Vorteil des Geldes. Es ist einfach leichter, wenn der Schuster, der eine neue Hose benötigt, nicht erst warten muss, dass er einen Schneider findet, der gerade neue Schuhe braucht, um sein Produkt gegen das des anderen tauschen zu können. Mithilfe des Geldes wird der Austauschprozess also beschleunigt: Jeder der Warenproduzenten tauscht seine Ware für Geld und kann sich anschließend alles kaufen, wofür das Geld reicht.

Geld ist allerdings eine Ware mit besonderen Verlockungen. Eine materialistisch-historische Analyse schaut sich diese im Geld objektiv enthaltenen Möglichkeiten genau an, um daraus die subjektive Nutzung dieser Möglichkeiten erklären zu können. Das Geld kann nicht nur den Wert der Ware sichtbar machen, indem er als Geldbetrag auf ein Preisschild geschrieben wird, und es kann nicht nur als Tauschmittel die Einlösung des Wertes erleichtern, sondern mithilfe des Geldes kann auch der Wert viel leichter aufbewahrt werden. Solange noch Salz oder Vieh die Funktion eines allgemeinen Tauschmittels hatte, war das Aufbewahren aus physikalischen oder biologischen Gründen nur sehr begrenzt möglich. Deshalb suchte man nach Dingen, die möglichst haltbar waren und die man leicht portionieren und transportieren konnte. Natürlich waren es Fürsten und Großkaufleute, die ein massives Interesse daran hatten, dass möglichst auch Dinge, die ansonsten keinen Gebrauchswert hatten, als Tauschmittel anerkannt wurden. So entstand das Geld, das wir heute kennen: geprägte Münzen, bedruckte Scheine, elektronische Datenträger. Entscheidend ist aber, dass Geld nur als Maßstab, Tausch- und Aufbewahrungsmittel von Wert dienen kann, solange ihm zugetraut wird, dass die symbolischen Tauschwerte jederzeit gegen tatsächliche Gebrauchswerte, die Zahlen also gegen nützliche Dinge, eintauschbar sind.

Genau diese Möglichkeit der unbegrenzten Aufbewahrung, so die an den griechischen Philosophen Aristoteles anschließende Überlegung, verleitet den Geldbesitzer nun zur Schatzbildung. „Der Trieb der Schatzbildung ist von Natur maßlos. Qualitativ oder seiner Form nach ist das Geld schrankenlos, das heißt allgemeiner Repräsentant des stofflichen Reichtums, weil in jede Ware unmittelbar umsetzbar. Aber zugleich ist jede wirkliche Geldsumme quantitativ beschränkt, daher auch nur Kaufmittel von beschränkter Wirkung. Dieser Widerspruch zwischen der quantitativen Schranke und der qualitativen Schrankenlosigkeit des Geldes treibt den Schatzbildner stets zurück zur Sisyphusarbeit der Akkumulation. Es geht ihm wie dem Welteroberer, der mit jedem neuen Land nur eine neue Grenze erobert.“[19] Der Schatzbildner hat aber ein doppeltes Problem: Einmal muss er seine Werte zunächst selbst erarbeiten, zum anderen muss er auf die Rückverwandlung des beim Verkauf seines Arbeitsprodukts erzielten Wertes in eine andere Ware verzichten. „Arbeitsamkeit, Sparsamkeit und Geiz bilden daher seine Kardinaltugenden, viel verkaufen, wenig kaufen, die Summe seiner politischen Ökonomie.“[20] Wie kann der Geldbesitzer dieses doppelte Problem lösen? Er müsste, so Marx, auf dem Markt eine Ware finden, die beim Verbrauch ihren Wert nicht verliert, sondern behält, weil sie selbst Wert schaffen kann – sogar mehr, als sie kostet. Diese Ware ist die menschliche Arbeitskraft. Diese kann der Geldbesitzer aber nur kaufen, wenn sie frei verfügbar ist. Deshalb konnte sich die kapitalistische Warenproduktion erst entwickeln, als massenhaft Bauern, die auf dem Land wegen des dortigen Produktivitätsfortschritts überflüssig geworden waren und deshalb aus der Grundherrschaft entlassen wurden, ohne eigene Produktionsmittel in die Städte zogen und verzweifelt nach neuem Lebensunterhalt suchten. Diese Bauern waren, so formuliert Marx pointiert, „doppelt frei“: persönlich, weil sie keinem Grundherrn mehr verpflichtet waren, und sachlich, weil sie über keinerlei eigene Produktionsmittel verfügten.[21]

Die materielle Logik der Ausbeutung und die formale Gerechtigkeit

In der zu Marx' Zeiten und auch heute noch herrschenden Wirtschaftstheorie kommt das Wort „Ausbeutung“ nicht vor. Wenn umgangssprachlich von Ausbeutung gesprochen wird, ist eine singuläre moralische Verfehlung innerhalb moralisch insgesamt unbedenklicher Verhältnisse gemeint. Ganz anders sieht dies Marx: Er zeichnet eine detaillierte Anatomie der Ausbeutung des Menschen durch den Menschen.

Beginnen wir mit der logisch-materiellen Seite: Der Geldbesitzer kauft auf dem Markt die Arbeitskraft des arbeitsfähigen und arbeitswilligen Menschen und zahlt dafür ihren Wert. Dieser besteht, wie bei jeder anderen Ware auch, in der Arbeitszeit, die zur Herstellung der Arbeitskraft notwendig ist. Dazu gehört alles, was zum Lebensunterhalt des Arbeiters nötig ist: Ernährung, Kleidung, Behausung, aber auch Ausbildung, Zerstreuung etc. Eingeschlossen in den Lebensunterhalt sind dabei auch jene Zeiten beziehungsweise Kosten, welche die Sorge für die Nachkommen als Voraussetzung für die Kontinuität des Lohnarbeitsverhältnisses mit sich bringt. Schließlich sollen auch morgen und übermorgen arbeitsfähige wie -willige Kräfte zur Verfügung stehen. Sinnvoll ist dieser Einkauf der Arbeitskraft für den Geldbesitzer aber nur, wenn er am Schluss mehr einnehmen kann, als er zuvor ausgegeben hat. Dieses Ziel kann er auf zwei Wegen erreichen: Entweder er lässt den Arbeiter länger arbeiten, als für die Wiederherstellung der Arbeitskraft erforderlich ist, oder er sorgt durch technische Verbesserungen dafür, dass der Arbeiter den Gegenwert seiner Arbeitskraft in kürzerer Zeit erwirtschaftet. In beiden Fällen entsteht ein sogenannter Mehrwert: der Überschuss, der sich ergibt, wenn man vom Erlös der Waren, die der Arbeiter produziert hat, die Kosten, die dabei entstanden sind, abzieht. Zwar gehen in diese Kosten auch die Ausgaben für Rohstoffe und Maschinen mit ein, aber diese werden Marx zufolge während des Produzierens nur auf das Produkt übertragen. Werte schaffen kann allein der arbeitende Mensch, und weil der Geldbesitzer Rohstoffe, Maschinen und Arbeitskräfte rechtmäßig erworben hat, hat er auch das Recht, den gesamten Erlös der produzierten Waren, also auch den Mehrwert, als sein Eigentum zu behandeln.

Bei diesem Tauschgeschäft geht es, formal betrachtet, gerecht zu: Der Verkäufer der Arbeitskraft erhält als Gegenwert den gesamten Wert der Arbeitskraft erstattet, kann sich also nicht beschweren, und der Käufer der Arbeitskraft erhält so eine Möglichkeit der intelligenten Schatzbildung: Er kann mehr konsumieren, muss aber dabei selbst nicht mehr arbeiten. Er kann sein persönliches Arbeitspensum vielleicht sogar einschränken oder sich ganz auf das „arbeitende“ Geld verlassen. Zwar wird er über kurz oder lang von seinen Konkurrenten gezwungen, Teile des Mehrwerts wieder neu zu investieren, aber der dann neu entstehende Mehrwert ist „naturgemäß“ wieder sein Eigentum. Indem so der Geldbesitzer die Schatzbildung auf eine raffiniertere, nämlich effiziente und automatisierte Basis gestellt hat, ist er zum Kapitalisten geworden. Der Kapitalist nutzt also letztlich nur die Fähigkeit des Menschen, ein Mehrprodukt zu schaffen, zur Umwandlung dieses Mehrprodukts in einen Mehrwert, um diesen sich aneignen und akkumulieren zu können. Alles scheint mit rechten Dingen zuzugehen, und doch findet nichts als Ausbeutung statt.

Für eine materialistisch-logische Analyse der Herkunft des Reichtums an Geld ist es wichtig, sich das Verhältnis zwischen dem Eigentum, jetzt in der Form des Geldes, und der menschlichen Arbeit näher anzusehen. Im Vergleich zur einfachen Warenproduktion, also der für den Markttausch bestimmten Produktion des Bauern oder des Handwerkers, hat sich in der kapitalistischen Warenproduktion etwas Entscheidendes verändert: „Ursprünglich erschien uns das Eigentumsrecht gegründet auf eigene Arbeit [...] Eigentum erscheint jetzt, auf der Seite des Kapitalisten, als das Recht, fremde unbezahlte Arbeit oder ihr Produkt, auf der Seite des Arbeiters, als Unmöglichkeit, sich sein eigenes Produkt anzueignen. Die Scheidung zwischen Eigentum und Arbeit wird zur notwendigen Konsequenz eines Gesetzes, das [...] von ihrer Identität ausging." Der private Reichtum beruht also nun auf der gewaltsamen Trennung der arbeitenden Menschen von den Bedingungen ihrer Arbeit, den Werkzeugen, Maschinen, Rohstoffen, mit denen sie täglich zu tun haben. Mit jeder Generation wird diese Trennung weitervererbt und -vertieft, weil den Arbeitenden der aus ihrer Arbeit entstandene Überschuss vorenthalten wird und sie immer nur den Wert ihrer Arbeitskraft ersetzt bekommen. Dies ist die fundamentale Logik der Verwendung von Geld als Kapital. Wie sich diese Logik im Bewusstsein der Betroffenen ins Gegenteil verkehrt, soll später untersucht werden (vgl. Kapitel 5).

Die historische Genese der Ausbeutung und die soziale Gewalt

Wie zeigt sich die materielle Logik nun in der konkreten historischen Entwicklung? Wie kam es in Europa zu dieser Trennung von Arbeit und Eigentum, durch die millionenfach Menschen als „doppelt freie" Personen gezwungen wurden, ihre Arbeitskraft anzubieten? Am Anfang stand die nackte Gewalt: die Vertreibung der Bauern, die Zerschlagung der Zünfte, die globale Landnahme in Übersee. Die Geburt des Kapitalismus basiert auf einer gigantischen weltweiten Enteignung von Produktionsmitteln. Allein die Opfer der weißen Landnahme in Nord- und Südamerika sind unermesslich und dürften die des Stalinismus oder des Nationalsozialismus in den Schatten stellen. Was in Schulbüchern meist beschönigend als „Zeitalter der Entdeckungen" dargestellt wird,[22] beleuchtet Marx von einer ganz anderen Seite: „Die Entdeckung der Gold- und Silberländer in Amerika, die Ausrottung, Versklavung und Vergrabung der eingeborenen Bevölkerung in die Bergwerke, die beginnende Eroberung und Ausplünderung von Ostindien, die Verwandlung von Afrika in ein Geheg zur Handelsjagd auf Schwarzhäute bezeichnen die Morgenröte der kapitalistischen Produktionsära [...] Der außerhalb Europas direkt durch Plünderung, Versklavung und Raubmord erbeutete Schatz floss ins Mutterland zurück und verwandelte sich hier in Kapital."[23] All dies wurde zwischen dem 16. und 18. Jahrhundert im Wesentlichen durch die zumeist absolutistischen Staaten Europas organisiert. Marx spricht von der „ursprünglichen Akkumulation", einer Art Sündenfall in der Entwicklung des Warentausches, mit dem der Kapitalismus die Welt erobert hat. Zwar wurden in Europa die vertriebenen Bauern persönlich frei, die aus der Zunftordnung entlassenen Handwerker erhielten erstmals die Möglichkeit, selbst ein Gewerbe zu gründen, und Afrikaner und Indianer lernten die europäische Zivilisation kennen und konnten so geistig ihre Erfahrungen erweitern. Zumindest aus europäischer Perspektive muss dies als Fortschritt gewertet werden. Von nun an aber bestimmten für alle drei Gruppen von Opfern der ursprünglichen Akkumulation anstelle der traditionalen und feudalen Gewalt die Gewalt der europäischen Kaufleute, Bankiers und Fürsten ihr Leben, eine zwar zunächst ebenso personale Gewalt, die selbst aber wiederum in die Strukturen der kapitalistischen Wirtschaftsordnung eingebunden war (vgl. Kapitel 4).

Diese Gewalt entscheidet nicht nur über den Lebensstandard der Menschen, also den Konsum, sondern auch über die Bedingungen des Arbeitens: den Ort, die Zeit und Dauer, die Anstrengungen und Gesundheitsgefahren, den Grad der Abwechslung, der Kreativität, die Möglichkeiten der kollegialen Kommunikation etc. Weil der Privateigentümer an den Produktionsmitteln allein über die Verwendung des Mehrwerts entscheidet, ist er es, der die Richtung der Investitionen, also der Entwicklung von Neuem festlegen kann: von neuen Techniken für die Produktion genauso wie von neuen Produkten für die Konsumtion. Die kapitalistische Ausbeutung des Menschen durch den Menschen, wie Marx sie darstellt, nimmt so dem Großteil der Menschen letztlich die Möglichkeit, die Zukunft selbst zu bestimmen, und legt diese Macht in die Hände einer kleinen Minderheit.

Der Grundwiderspruch

Marx ist davon überzeugt, dass dieses System der Ausbeutung des Menschen durch den Menschen nicht auf Dauer bestehen kann, und zwar nicht einfach, weil es als ungerecht empfunden würde, sondern weil es an einem inneren Grundwiderspruch leidet, der diesem System mit der Zeit immer mehr von innen heraus die Grundlage entzieht: Es ist der Widerspruch zwischen dem gesellschaftlichen Charakter der Produktion und dem privaten Charakter der Aneignung der Produkte – einschließlich des Kommandos über die Produktion und die Verwendung des Mehrwerts. Dieser Grundwiderspruch ist in mehrfacher Hinsicht erfahrbar.

Erstens zeigt sich der Grundwiderspruch als Widerspruch zwischen Gebrauchswert und Wert. Besonders deutlich wird dieser Widerspruch, wenn Gebrauchswerte vernichtet werden, um Werte zu retten, wie dies bei der Produktion auf Verschleiß der Fall ist – oder bei Abwrackprämien. Etwas Ähnliches ist der Fall, wenn ein zunehmender Teil des Sozialprodukts für die Vorsorge gegen oder die Reparatur von systembedingten Schäden statt für die Verbesserung der Lebensqualität verwendet wird.

Zweitens zeigt sich der Grundwiderspruch als Gegensatz zwischen der Ausdehnung der Produktion und der Begrenztheit des Konsums: Einerseits werden durch das Interesse der Kapitaleigentümer am Mehrwert und ihre Konkurrenz um möglichst große Marktanteile immer mehr Produkte hergestellt, andererseits ist durch das Bestreben der Kapitaleigentümer, die Arbeitskosten möglichst niedrig zu halten, die Kaufkraft der Lohnabhängigen stets zu knapp für den Absatz des gesamten produzierten Warenberges. Genau dadurch nämlich, dass jeder Unternehmer – individuell vernünftig – die Produktion ausdehnt und Kosten einspart, verschärft er – gesellschaftlich unvernünftig – die Situation für alle anderen. Deshalb kann diese Seite des Widerspruchs auch als Widerspruch zwischen individueller und kollektiver Vernunft bezeichnet werden. Er mündet zwangsläufig immer wieder in wirtschaftliche Krisen (vgl. Kapitel 6).

Je mehr sich schließlich der Grundwiderspruch im Laufe der Entwicklung des Kapitalismus verschärft, desto offensichtlicher wird die *dritte* Erscheinungsform des Grundwiderspruchs: der Widerspruch zwischen dem Verhältnis der Arbeit zur Natur und dem zur Gesellschaft. Einerseits werden die Kräfte, mit denen der Mensch die Natur bearbeitet, also Werkzeuge, Technologien etc., immer weiter entwickelt, andererseits bremsen die sozialen Verhältnisse, unter denen gearbeitet wird, diesen Fortschritt immer stärker. Dieser Widerspruch drängt nach Marx zu seiner revolutionären Überwindung (vgl. Kapitel 7).

Wichtig ist, dass diese drei Erscheinungsformen des Grundwiderspruchs Konsequenzen der spezifischen Form der Arbeitsteilung im Kapitalismus sind. Die vergesellschaftete Arbeit, welche die einzelnen Waren mit ihren Gebrauchswerteigenschaften herstellt, wird – außer in der innerbetrieblichen Organisation – nicht gesellschaftlich organisiert, sondern privat verausgabt. Der gesellschaftliche Zusammenhang der Einzelarbeiten wird nicht von vornherein geplant, sondern stellt sich erst im Nachhinein hinter dem Rücken der Menschen her – oder auch nicht. Theoretisch könnte der Grundwiderspruch zwischen gesellschaftlicher Produktion und privater Aneignung nun von beiden Seiten der Arbeit her aufgelöst werden: durch eine Privatisierung der Produktion oder eine Vergesellschaftung der Aneignung. Die erste Möglichkeit scheidet für Marx allerdings aus, da sie mit einer Rückführung von Arbeitsteilung und Technisierung einhergehen müsste. Historischen Fortschritt konnte sich

Marx, wie wohl die meisten seiner Zeitgenossen, nur als fortschreitende Befreiung des Menschen von überflüssigen Zwängen vorstellen, und dies erfordert eben immer auch eine fortgesetzte Steigerung der Produktivität der Arbeit. Für Marx kam nur die zweite Möglichkeit in Frage: dass auch die Aneignung der Produkte – einschließlich der Verfügung über die Produktionsmittel, des Kommandos über die Produktion, also der Gestaltung des Arbeitsprozesses und der Verwendung des Mehrwerts und damit der Zukunft von Arbeit und Konsum – in die Hand der Gesellschaft gelegt werden müsse.

Globalisierung

Heute wird oft so getan, als habe die Globalisierung erst in den 90er Jahren des 20. Jahrhunderts begonnen. Das ist ein großer Irrtum, wie allein schon der Blick auf den historischen Ursprung des Kapitalismus belegt. Dieses Wirtschaftssystem ist von Anfang an auf globale Ausdehnung zur Abschöpfung des Reichtums der Welt programmiert. Die Konkurrenz zwingt jeden Kapitalisten und auch jeden Staat, der die Interessen seiner Wirtschaft ernst nimmt, dazu, den erzielten Mehrwert ständig neu zu investieren. Dazu braucht er immer wieder neue Arbeitskräfte, neue Maschinen, neue Rohstoffe – und natürlich auch Konsumenten. Der Zwang zur Ausdehnung dieser Wirtschaftsordnung ist Marx zufolge letztlich ebenfalls Konsequenz des soeben dargelegten Grundwiderspruchs zwischen der Gesellschaftlichkeit der Produktion und der Privatheit der Aneignung, und zwar in seiner zweiten Erscheinungsform: Der Kapitaleigentümer erhofft sich, auch durch das Mittel der räumlichen Ausdehnung seiner Geschäfte das Problem des stets zu geringen Absatzes beziehungsweise das Problem der stets zu hohen Kosten kompensieren zu können. Wie stellt sich diese räumliche Ausdehnung heute, 150 Jahre nach der Marx'schen Analyse, dar, und was bedeuten die neueren Entwicklungen vermutlich für die Stabilität des Systems?

Weltweite Arbeitsteilung

Der amerikanische Wirtschaftshistoriker und Sozialwissenschaftler Immanuel Wallerstein hat im Detail gezeigt, wie sich das globale Ausbeutungssystem herausgebildet hat und wie es heute funktioniert.[24]

Wallersteins Ausgangspunkt war die Kritik an dem bis heute vorherrschenden Modernisierungskonzept, nach dem alle Länder der Welt nach ein und demselben Entwicklungsmuster „erwachsen" werden müssen. Im Gegensatz zu dieser Modernitäts-„Phrase" muss, so Wallerstein, der den Marx'schen Ansatz mit dem System-Struktur-Ansatz (vgl. Kapitel 1) verbindet, von der Kategorie der Arbeit ausgegangen und nach den Systemzwängen gefragt werden, die aus der kapitalistischen Organisation der Arbeit folgen. Das Grundmuster, das die sich kapitalistisch entwickelnde Weltökonomie bestimmt, ist Wallerstein zufolge der Gegensatz von Zentrum und Peripherie: Im Zentrum werden mit höher qualifizierten Arbeitskräften und fortgeschrittener Technik höherwertige Waren erzeugt, in der Peripherie die einfacheren Produkte. Der Austausch zwischen Zentrum und Peripherie ist deshalb von Anfang an durch eine fundamentale strukturelle Ungleichheit bestimmt.

Der Aufbau dieser Struktur begann in Europa, als sich der englische Landadel wegen der aufkommenden Textilindustrie auf die Zucht von Schafen zum Zweck der Schafwollproduktion zu spezialisieren begann und gleichzeitig in den Städten Tuchmanufakturen und später Textilfabriken gründete. In anderen europäischen Regionen, zum Beispiel in Polen, konzentrierte man sich auf Getreide und Viehzucht. So wurden im 17. Jahrhundert England zum Zentrum, Polen und andere Regionen zur Peripherie. Zentrum und Peripherie hatten zwar sehr ähnliche geografische Voraussetzungen, aber vor allem wegen der Stärke des englischen Königtums und der Zerstrittenheit des polnischen Adels hatte England einen entscheidenden relativen Vorteil auf seiner Seite. Zwischen dem 17. und 19. Jahrhundert wurde aus der europäischen Schritt für Schritt eine weltweite Arbeitsteilung. Dabei änderten sich zwar die Konstellationen mehrfach, die Grundstruktur von Zentrum und Peripherie aber blieb bestehen. Seit dem Ersten Weltkrieg bilden die USA, Westeuropa und Japan das Zentrum des kapitalistischen Weltwirtschaftssystems. Wichtig ist, dass es für die Rollenzuweisung eines Landes oder einer Region zunächst auf natürliche Gegebenheiten und historische Zufälle ankommt. Wenn die Rolle aber einmal eingenommen ist, dann ist es das Wirken der Weltmarktkräfte, das die Unterschiede akzentuiert, sie institutionalisiert und für eine geraume Zeit unüberwindbar macht.

Die Sphäre zwischen Zentrum und Peripherie, die Wallerstein Halbperipherie nennt, umfasst jene Schwellenländer, die noch hoffen, irgendwie zum Zentrum aufzuschließen. In der frühen Phase der europäischen Arbeitsteilung war dies der Mittelmeerraum, heute sind dies der Nahe Osten sowie Teile Südostasiens und Lateinamerikas. Zwar stellen wir heute fest, dass Zentren und Peripherien keine geschlossenen Gebilde sind: In New York, Paris und Berlin finden sich bekanntlich Areale, die an Verhältnisse der Dritten Welt erinnern, genauso wie es in Kalkutta, Nairobi und Buenos Aires Villenviertel gibt, die denen der Ersten Welt in nichts nachstehen. Aber die von Wallerstein beschriebene Grundstruktur hat sich auch zu Beginn des 21. Jahrhunderts nicht geändert, und für die Zukunft ist ein wirklich flächendeckendes Aufschließen der Halbperipherien in die Zentren kaum vorstellbar (vgl. Kapitel 9). Wie sollte ein Land oder eine Region auch aufholen können, wenn Überschüsse tendenziell dort reinvestiert werden, wo die Kaufkraft schon am größten ist?

Die globale Absaugung des Reichtums

Während Marx den Mehrwert ausschließlich aus dem Lohnarbeitsverhältnis ableitet, ist für Wallerstein diese Frage nach der arbeitsrechtlichen Stellung zweitrangig. Auch die Arbeit von Sklaven und Leibeigenen auf Plantagen und in Bergwerken wird von den Kapitaleigentümern in den Zentren der Weltökonomie angeeignet, und zwar indirekt, und dies steigert den Mehrwert. Sogar die Arbeit selbstständiger Bauern und Handwerker in den Peripherien wird zur Kapitalakkumulation in den Zentren herangezogen, indem die dortigen Regierungen Steuern einführen, die zur Mehrarbeit für den Markt zwingen.[25] Die Entstehungsgeschichte des kapitalistischen Weltsystems zeigt, dass die Staaten es von Anfang an als ihre Aufgabe angesehen haben, die Rahmenbedingungen für die Absaugung des Mehrwerts aus der Peripherie zu schaffen. Wallerstein betont, im Gegensatz zu Marx, dass die Durchsetzung des kapitalistischen Weltsystems keineswegs als historischer Fortschritt zu werten ist, weder moralisch noch materiell, jedenfalls für eine große Mehrheit der Weltbevölkerung.[26] Welche Zukunft sieht Wallerstein für diese Weltwirtschaftsordnung? Die Kosten für ihre Aufrechterhaltung werden im Vergleich zu den Profiten immer mehr steigen, die Konkurrenz um Akkumulationschancen innerhalb des Zentrums, also zwischen Nordamerika, Europa und Japan wird sich verschärfen, wobei er die weltpolitische Hegemonialstellung der USA bereits in Auflösung sieht. Für die nächsten Jahrzehnte müssen wir, so Wallerstein, mit anarchischen Verhältnissen, mit „extremer Ungewissheit" rechnen.[27] Er prognostiziert den Zusammenbruch des kapitalistischen Weltsystems, wobei keineswegs klar ist, ob das, was danach kommt, besser, also gerechter und demokratischer, oder schlechter, also hierarchischer und autoritärer, sein wird.[28] Sicher ist jedenfalls, dass, wenn heute nahezu eine Milliarde Menschen hungert und täglich zigtausend Menschen am Hunger oder an seinen unmittelbaren Folgen sterben, dies viel mit der herrschenden ökonomischen, sozialen und politischen Ordnung der Welt zu tun hat. Wären konkrete Personen für diese tägliche Katastrophe verantwortlich, so könnte man höchstens darüber streiten, ob es sich um „unterlassene Hilfeleistung" oder, wie es Jean Ziegler, der langjährige Sonderbotschafter der UNO für das Recht auf Nahrung, immer wieder drastisch formuliert, um „Mord" handelt.

Warum konnten sich diese Strukturen so lange halten? Für diese Frage nach der Stabilität des Kapitalismus ist vermutlich von Anfang an der Umstand besonders wichtig gewesen, dass der Staat zwar von den Interessen der Großagrarier, Großkaufleute, Großindustriellen und Großbanker sowie von der Notwendigkeit, nach innen und außen Stärke zu beweisen, angetrieben wurde, dabei aber in gewisser Hinsicht auch den materiellen Interessen der Mehrheit der Gesellschaft diente und weiterhin dient. Denn die Bewohner der Zentren werden nun, ob sie wollen oder nicht, in das globale System der

Ausbeutung der Peripherien integriert und profitieren davon, je nach ihrer sozialen Stellung, mehr oder weniger. Der über mehrere Jahrhunderte aus der sogenannten Dritten Welt abgepumpte Reichtum versetzte die Staaten des Zentrums in die Lage, ihren Bürgern ein relativ hohes Maß an rechtlicher und sozialer Sicherheit zu gewähren. Dies ist vermutlich der zentrale Grund dafür, dass – anders als Marx dies erwartet hatte – es bisher zu keiner flächendeckenden Verelendung in den hoch entwickelten Zentren gekommen ist. Im Gegenteil: Die Lohnabhängigen nahmen am Wohlstandszuwachs der Zentren teil und wurden auch in den Staat immer besser integriert. In Deutschland begann dies bekanntlich unter Bismarck und führte über die Burgfriedenspolitik während des Ersten Weltkriegs zur tragenden Rolle von Gewerkschaften und Sozialdemokratie in der Weimarer Republik. Wer die Erfahrung macht, dass es ihm von Jahr zu Jahr materiell besser geht, der kann relativ leicht über die Schattenseiten des Gesamtsystems, wenn sie ihm denn bewusst werden sollten, hinwegsehen: dass nämlich eine kleine Minderheit sich auf seine Kosten maßlos bereichert und dass sein materieller Aufstieg auf Kosten anderer geht, die in den Peripherien der Welt den Wohlstand in den Zentren weitestgehend bezahlen, indem sie in Bergwerken, Plantagen und Manufakturen die materiellen Grundlagen für den Reichtum der Zentren bereitstellen und dafür ein Zehntel oder ein Hundertstel dessen verdienen, was in den Zentren verdient wird. Einst galt in den Zentren die sozialrevolutionäre Parole, der Arbeiter habe nichts zu verlieren als seine Ketten. Jetzt heißt es: Es stehe auch sein Tariflohn, sein Urlaubs- und Rentenanspruch, sein Reihenhaus zur Disposition.

Andererseits stehen die Staaten des Zentrums in einem ständigen Wettbewerb als Wirtschaftsstandorte und sehen sich deshalb gezwungen, auch die Ausgaben für den Rechts- und Sozialstaat mehr oder weniger zu begrenzen. Die Konsequenz daraus ist, dass auch in den reichsten Gesellschaften der Welt zig Millionen Menschen in Armut leben – und es werden vermutlich immer mehr. Auf lange Sicht könnten Löhne und soziale Sicherungssysteme der Zentren sich denen der Peripherien annähern und sich auf einen Weltdurchschnitt einpendeln. Denn der Wert der Ware Arbeitskraft, das ist eines der zentralen Erkenntnisse im „Kapital", bemisst sich nach den durchschnittlichen Reproduktionskosten, und mit fortschreitender Internationalisierung des Arbeitsmarktes verschiebt sich die Bezugsgröße dieses Durchschnitts immer weiter vom Zentrum weg, hinaus in die Peripherie. Insgesamt aber hat die aus der Entwicklungslogik des Kapitalismus folgende Ausdehnung des Ausbeutungssystems und der Aufbau einer Zentrum-Peripherie-Struktur bisher zu einer gewissen Befriedung der Gesellschaften des Zentrums und so zur Stabilisierung des Kapitalismus geführt. Das System hat gewissermaßen durch seine fortwährende Ausdehnung umfangreiche Stützbalken bekommen – die sich freilich als nicht ganz billig erweisen werden (vgl. Kapitel 9).

Zusammenfassung

Als eine der gravierendsten Täuschungen kann die Vorstellung gelten, der Reichtum einer Person sei die Belohnung für besonders wertvolle Eigenschaften, wie zum Beispiel die Leistungsfähigkeit in Bezug auf die Gesellschaft. Marx entlarvt diese Täuschung, indem er den Blick vom Himmel der Rechtfertigungsideen auf die Erde des realen Lebens lenkt. Da dessen Grundlage die menschliche Arbeit ist, muss die Entstehung persönlichen Reichtums im Zusammenhang mit Arbeit erklärt werden. Die zentrale These des Karl Marx lautet: Der Reichtum einzelner Menschen kann auf Dauer nur durch die Ausbeutung der Arbeit einer großen Zahl anderer Menschen entstehen. Ausbeutung wird dabei umso leichter, je weniger die Ausgebeuteten die Möglichkeit haben, für sich selbst zu arbeiten. Das ist der Fall, wenn sie über keine eigenen Produktionsmittel verfügen. Gegenüber anderen Ausbeutungsordnungen zeichnet sich der Kapitalismus dadurch aus, dass in ihm das Eigentum an den Produktionsmitteln und die Eigentumslosigkeit der Produzenten über einen nicht an Personen gebundenen Mechanismus fest und auf Dauer miteinander verknüpft sind. Dieser erzwingt, so Marx, dass der Produktionsüberschuss immer wieder von den Eigentümern der Produktionsmittel angeeignet wird. Gesteuert wird dies über die Verwendung von Geld als Kapital und die Konkurrenz um dessen bestmögliche Verwertung. Historische Grundlage der kapitalistischen Form der Ausbeutung in Europa waren Marx zufolge die massenhafte Vertreibung von Bauern in England ab dem Ende des 16. Jahrhunderts, die Zerstörung der Zunftordnung und die weltweiten Raubzüge der Kolonialmächte. An Marx anknüpfende Wissenschaftler unterstreichen die Bedeutung der von ganz Europa über Jahrhunderte betriebenen Kolonialpolitik für die Entwicklung der heutigen Weltwirtschaftsordnung: die Plünderung der Schätze Indiens, Amerikas, Afrikas durch die mehr oder minder offene Versklavung der dort lebenden Menschen bis zum heutigen Tag. Was im 21. Jahrhundert harmlos als Globalisierung bezeichnet wird, geht einher mit einer über Jahrhunderte gewachsenen spezifischen weltweiten Arbeitsteilung zwischen hoch industrialisierten Zentren und Peripherien, die ihnen Rohstoffe oder niedrig qualifizierte Lohnarbeit liefern. Das systematische Abpumpen des Reichtums der Welt lässt auch die Lohnabhängigen der Zentren an der Ausbeutung teilhaben, wodurch sie objektiv zu strukturellen Stützen des Systems werden.

3. Kapitel

Sinnlichkeit und Gier

Seine Privathäuser, seinen Waldbesitz, sein Schloss sowie einen einstelligen Millionenbetrag durfte der 74-jährige schwäbische Unternehmer Adolf Merckle behalten.[1] Alles andere, sämtliche Stimmrechte und Firmenbeteiligungen, musste er einem Treuhänder abtreten. Sein Lebenswerk war zerschlagen, vor allem in Folge der dramatisch einbrechenden Börsenkurse im Jahr 2008. Am 5. Januar 2009 unterschrieb Merckle die Bedingungen der 30 Banken, mit denen er am Schluss zusammengearbeitet hatte, und machte sich auf den Weg zum Bahndamm. Dort, unweit seines Wohnhauses, fand man die verstreuten Reste seines Körpers einige Zeit später. Ein Jahr davor hatte er noch zu den reichsten Deutschen gezählt, war Eigentümer eines Firmenimperiums, das 35 Milliarden Umsatz im Jahr gemacht und 100.000 Menschen beschäftigt hatte. Ausgangspunkt dieser Erfolgsgeschichte war 1967 die Übernahme der Arzneimittelfirma seines Vaters. Jedes Jahr musste der Umsatz um 30 Prozent wachsen, das war für Merckle Gesetz. Als der Markt gesättigt war, setzte er zunächst auf die billige Herstellung von Nachahmermedikamenten, ging dann aber immer mehr dazu über, Firmen aus Branchen aufzukaufen, die nichts mit Pharmazeutika zu tun hatten: Baustoffe, Elektrotechnik, Maschinenbau und Pistenfahrzeuge. Natürlich mit geliehenem Geld. „Wir haben jetzt 8 Prozent Rendite, das ist nicht gut und nicht schlecht. Im nächsten Jahr will ich 12 Prozent und im übernächsten Jahr 20 Prozent", soll er seinem langjährigen Geschäftsführer als Marschroute vorgegeben haben. Die Finanzakrobatik Merckles war am Schluss kaum mehr durchschaubar. Dann kam die Krise: Merckle wird von den einen als knallharter Stratege, ja als Hasardeur, von anderen als sensibler, tief religiöser Mensch beschrieben. In der Tat hatte man sich bei den Merckles eine eigene Firmenpfarrerin sowie einen Andachtsraum auf dem Firmengelände geleistet und den Mitarbeitern täglich Bibelworte auf den Schreibtisch gelegt. Als das in mehr als 40 Jahren geschaffene Imperium zerstört war, sah der Unternehmer jedenfalls keinen Sinn mehr in seinem Leben.

Das Schicksal des Adolf Merckle erinnert an das Märchen vom Fischer und seiner Frau. Auch sie hatte nicht genug bekommen können, hatte wie Bürger, Fürst und Kaiser leben wollen und schließlich wie Gott, bis sie „der Butt" wieder in ihre Hütte auf den „alten Pisspot" zurückschickte. Woher kommt die Verengung des Blicks, die Fixierung auf einen einzigen Aspekt des menschlichen Lebens, im Fall Merckles auf den unternehmerischen Erfolg? Wie ist es möglich, dass selbst Menschen, die religiös verwurzelt sind, derart die Orientierung verlieren? Was, so fragt dieses Kapitel, ist aus der Marx'schen Perspektive zu solch einem Schicksal zu sagen? Die Antwort: Es ist der Kapitalismus, der die Sinne des Menschen verarmen lässt und ihn auf einen einzigen Sinn hin „konditioniert" – den „Sinn des Habens".

Ist Maßlosigkeit angeboren?

Merckle ist kein Einzelfall. Rund um die Börsen der Welt häufen sich die psychischen Katastrophen regelmäßig, wenn die Kurse einbrechen. Manche Betroffene verabschieden sich nur offiziell aus der Welt ihrer Gläubiger, indem sie ihren Tod inszenieren, wie jener Amerikaner, der sein Privatflugzeug abstürzen ließ, nicht ohne sich freilich vorher mit dem Fallschirm zu retten. Viele sehen jedoch nur mehr jenen Weg, den auch Merckle gewählt hat, sie richten ihre Aggression gegen sich selbst. Wie sieht es in der Psyche dieser Menschen aus? Wie geht die herrschende Wirtschaftswissenschaft mit dem Thema Maßhalten um?

„Hast du was, dann bist du was"

Der Schlüssel zum Verständnis der psychischen Verfassung solcher Menschen ist das Selbstbewusstsein.[2] Wer zu den Superreichen gehört oder wenigstens als Broker ständig mit Millionenbeträgen handelt und dabei entsprechende Bonuszahlungen kassiert, der gewöhnt sich an eine einfache Gleichung: Je besser die Zahlen, desto höher dein Wert. „Diese Menschen stellen börsentäglich fest, was sie wert sind", erklärt ein Psychiater, der sich auf die Behandlung Superreicher spezialisiert hat. Sie sehen sich ständig benotet, wie in der Schule. Sie beobachten einander genauestens und registrieren kleinste Unterschiede. Wenn zwei Multimillionäre je 100 Millionen haben, der eine dann 10 Millionen zulegen kann, ist das für den anderen eine mittlere Katastrophe. Die Hierarchie ist entscheidend. Zudem wachsen die großen Vermögensbesitzer und Geldhändler in einem Umfeld auf, in dem jeder Erfolg als individuelle Leistung, jede Niederlage als persönliches Versagen gilt. Besonders bei den jungen Brokern setzt sich dieses Verhalten oft als „Macho-Gehabe" auch im Privaten fort, nach dem Motto: je erfolgreicher auf dem Börsenparkett, desto besser die Chancen bei jungen Frauen. Wenn es dann am Markt tatsächlich abwärtsgeht, werden die Männer bezeichnenderweise oft impotent, berichtet der Therapeut. Die Allmachtphantasien erweisen sich plötzlich als Täuschung, der bisherige Sinn des Lebens ist zerstört. Den Gestürzten geht es wie Junkies, die plötzlich auf Entzug gesetzt werden. Dann flüchten viele in richtige Drogen, und nicht wenige werden zudem depressiv. Bei den Superreichen beginnt die Sinnkrise meist nach den ersten fünf Milliarden, meint der Psychiater. Auch ohne Börsencrash dämmert ihnen dann, dass sie nicht wirklich glücklich sind. Ihr Problem ist nur, dass es solchen sehr erfolgsverwöhnten Menschen schwerfällt, sich dem Therapeuten zu öffnen und ihr bisheriges Leben in Frage zu stellen. Auch Merckle gelang es am Ende seines Lebens nicht mehr, sich im Glauben Trost zu holen.

Die Ausrichtung des Lebens auf den materiellen Besitz betrifft aber bekanntlich nicht nur Superreiche und Broker. Das Prinzip „Hast du was, dann bist du was" ist in der Gesellschaft zutiefst verankert, genauso wie die „Geiz-ist-geil"-Mentalität. Es beginnt bei der Kaufsucht. Drei Motive unseres Konsumverhaltens sind wissenschaftlich gut untersucht.[3]

Erstens: Beim kompensatorischen Konsumieren soll uns der Konsum entschädigen für etwas anderes, das uns vorher, meist in der Arbeitswelt, verwehrt worden ist. Nach einem frustrierenden Arbeitstag noch eine kurze Shopping-Runde durch Boutiquen oder Elektromärkte, das gehört für viele zum regelmäßigen Programm.

Zweitens: Beim statusorientierten Konsumieren orientieren wir uns an der Symbolkraft von Konsumgütern. Der Konsum vieler Güter geht mit dem Image einher, der Konsument dieser Marke sei besonders cool, erfolgreich, einflussreich, wohlhabend, sexy. Solche Statussymbole scheinen umso wichtiger, je mehr eine Gesellschaft sich als Leistungs- und Konkurrenzgesellschaft definiert und je weniger Gelegenheit sie ihren Mitgliedern bietet, den Status auf andere Art und Weise der Umwelt darzustellen.

Drittens: Beim auf Selbstverwirklichung zielenden Konsumieren dreht sich alles um die Frage: Wer bin ich? Die Tendenz der Selbststilisierung beherrscht mehr und mehr alle Bereiche des menschlichen Lebens – die Wahl der Wohn- und der Urlaubsorte, der Verkehrsmittel, der Kleidung, der Schönheits-OP. So wird das Konsumieren bisweilen zu einer höchst kreativen Angelegenheit. Selbstverwirklichung durch Konsum gilt mittlerweile als wesentlicher Fortschrittsfaktor für die Kulturgeschichte des Menschen. Der Konsumjunkie kann im Übrigen recht ungemütlich werden, wenn die Zufuhr des Stoffes gefährdet ist, nicht nur bei den klassischen Drogen. Man bedenke zum Beispiel die Reaktionen von Autofahrern auf Benzinpreiserhöhungen oder Benzinversorgungsschwierigkeiten oder die Reaktion des gesamten industrialisierten Westens, als Anfang der 70er Jahre die Organisation Erdöl exportierender Staaten (OPEC) mit einer Begrenzung der Fördermengen gedroht hatte und als Antwort darauf die prophylaktische Besetzung der Erdölfelder des Nahen Ostens gefordert wurde. Der Bildungsbürger von einst ist zum Konsumbürger von heute geworden. Für den Philosophen Norbert Bolz ist die Konsumkultur zu einem „Religionssystem“ geworden, das einzelne Konsumgut zu einer „säkularisierten Hostie“, die Gemeinschaft und Erlösung verspricht.[4]

Souveräne Konsumenten?

Zurück zur Ausgangsfrage nach der Herkunft der Gier: Wie steht es um die Chancen der Reichen, die Gefahr der Gier zu vermeiden? Wie steht es um die Freiheit von uns allen, im Konsumverhalten das rechte Maß zu finden und zu wahren? Befragt man die herrschende Wirtschaftstheorie, so erhält man zunächst zur Antwort, der Konsument sitze am „Manual der Wirtschaftsorgel“ (Antony P. Samuelson), er sei der Souverän. Wie wenig jedoch diese Souveränität in der Praxis zählt, zeigt der faktische Umgang mit den Wünschen des Konsumenten. Bezeichnend ist bereits, welchen Aufwand Konsumgesellschaften für die Werbung betreiben. Um Menschen zum Konsum zu motivieren, sie also immer wieder mit dem, was sie bereits haben, unzufrieden zu machen, wurde in Deutschland schon Anfang der 90er Jahre etwa so viel Geld wie für Bildung ausgegeben.[5] Die bestbezahlten Psychologen sind vermutlich nicht im Gesundheits- oder Bildungswesen tätig, sondern genau in diesem Arbeitsfeld. Werbung gilt heute als die am weitesten verbreitete Massenkultur.

Da brauche man als kritischer Konsument nicht mitzumachen, lautet der naheliegende Einwand. Die Werbungskosten werden aber bekanntlich nicht nur von den Käufern der umworbenen Waren wieder zurückgeholt, sondern zudem vom Steuerzahler subventioniert, weil sie ja von der Steuerschuld abgezogen werden können. Wir müssen also für die Gehirnwäsche, die uns angetan wird, auch noch doppelt selbst bezahlen. Außer diesen Zwangsabgaben zur Aufrechterhaltung der Konsumgesellschaft werden den Konsumenten auch „Abgaben“ für die ständige Produktinnovation abverlangt, ohne dass er gefragt würde. Diese Innovationen betreffen meist das Design der Formen und Farben, der Klänge und Düfte. Die ganze Richtung der Produktentwicklung wird in den Laboratorien der Produzenten ersonnen, die den betriebswirtschaftlichen Interessen der Unternehmen verantwortlich sind. Natürlich muss sich alles irgendwie hinterher verkaufen lassen. Aber welche Optionen in die engere Wahl kommen und welche nicht, hängt eben nicht von den ursprünglichen Wünschen der Konsumenten ab, sondern davon, welche Wünsche man in ihnen erwecken kann und will. Die sogenannte Konsumforschung, die diese Wünsche zwar berücksichtigen muss, aber das aus wiederum betriebswirtschaftlichen Gründen immer nur so tun darf, dass am Ende neue, verwertbare Bedürfnisse entstehen, müsste eigentlich Konsumlenkung genannt werden.

Warum wird diese Widersprüchlichkeit zwischen der Behauptung von der Souveränität des Konsumenten und den Bemühungen, sie zu hintergehen, von der Wirtschaftswissenschaft kaum thematisiert? Es ist die Eigenart des herrschenden Wissenschaftsbetriebs, dass es fast für jeden Aspekt der Frage nach dem Menschen eine eigene Wissenschaftsdisziplin gibt. Jede Disziplin hat ihre spezielle Fragestellung und ihr spezielles Instrumentarium. Das große Problem besteht darin, die einzelnen Teile am Ende wieder zu einem Ganzen zusammenzufügen. So kann es nicht verwundern, wenn die bruchstückhaften Erkenntnisse dieser Wissenschaft in keiner Weise zusammenpassen. Wie verträgt sich zum Beispiel die Fixierung der herrschenden Ökonomie auf materielle Güter und Dienstleistungen mit Erkenntnissen der Zufriedenheits- und Glücksforschung, dass zwischen der absoluten Ausstattung mit materiellen Gütern und dem Wohlbefinden und Glücksgefühl der Menschen ab einem bestimmten, relativ niedrigen Schwellenwert überhaupt kein Zusammenhang mehr besteht: weil sich der Mensch, je mehr er hat, an sein Hab und Gut gewöhnt, weil sich der Mensch ständig mit seinem Nachbarn vergleicht, dem es inzwischen wahrscheinlich ebenfalls etwas besser geht, auf den er aber herunterschauen möchte, und weil für die Zufriedenheit ganz andere Voraussetzungen ausschlaggebend sind – nämlich Gesundheit, Geborgenheit, Beziehungen, Anerkennung und kreatives Tun?[6] Der in Fachdisziplinen aufgegliederte wirtschaftswissenschaftliche Betrieb, der die Welt und den Menschen gnadenlos in Bruchstücke auseinanderreißt, kann genau deshalb Gier und Geiz nicht wirklich erklären. Vermutlich hat der Sozialphilosoph Theodor W. Adorno, einer der Begründer der Kritischen Theorie, diese Situation präzise auf den Punkt gebracht: „Man wagt das Ganze nicht mehr zu denken, weil man daran verzweifeln muss, es zu verändern."[7]

Die Verödung der Sinne

Im Gegensatz zur herrschenden Wirtschaftstheorie beansprucht Marx, von vornherein das Ganze im Blick zu haben. Was heißt das in Bezug auf die menschliche Sinnlichkeit? Wie lässt sich begründen, dass ihre Vielfalt unter dem Einfluss des Kapitalismus notwendigerweise verkümmern muss, so dass am Ende nur mehr der „Sinn des Habens" übrig bleibt? In den 1844 erschienenen „Ökonomisch-philosophischen Manuskripten", den Vorarbeiten zur „Deutschen Ideologie" (vgl. Kapitel 1), stellt Marx die für die Antwort entscheidenden Grundlagen seines Menschenbildes dar.

Das allseitige Wesen des Menschen

Die menschlichen Sinne sind Marx zufolge die entscheidende Verbindung zwischen dem Menschen und seiner Umwelt. Durch Sehen, Hören, Riechen,

Schmecken und Tasten erfahren wir erst, wie die Welt um uns herum beschaffen ist. Zwar sind die körperlichen Voraussetzungen unserer Sinnlichkeit angeboren, aber die Fähigkeit, sie zu nutzen, wird im Laufe des Lebens erst richtig ausgebildet. Je besser und vielfältiger unsere Sinne sind, desto mehr Möglichkeiten haben wir, unser Leben zu gestalten und zu genießen. Nicht geforderte und geförderte Sinne hingegen verkümmern schnell. Was unsere Sinne aufnehmen, ist wiederum Rohstoff für das Fühlen und Denken.

Die Verbindung zwischen Menschen und Umwelt, der „Stoffwechselprozess" (vgl. Kapitel 1), ist zugleich ein Formungsprozess. Dabei muss das Innere, der Körper und die Psyche, an das Äußere, die Natur und die Kultur, angepasst werden und umgekehrt. Es handelt sich also um ein Wechselverhältnis, dessen Richtung und Art aber im Laufe der Kulturgeschichte des Menschen Veränderungen unterzogen ist. Während in Jäger- und Sammlerkulturen die Einwirkungen des Menschen auf die Natur noch recht beschränkt waren, hauptsächlich also die Natur auf den Menschen wirkte, setzte die Ackerbau- und Viehzucht- und erst recht die Industriekultur den Akzent auf der anderen Seite. Aber immer gab es Wechselwirkungen. Marx spricht deshalb von einem wechselseitigen „Aneignungsprozess", für den die Sinne des Menschen, letztlich auch als Basis für die Sinnstiftung des Lebens, die zentralen Andockstellen sind. Vor diesem Hintergrund muss die enorme Bedeutung der Marx'schen These von der Abtötung der Vielfalt der menschlichen Sinne und dem Übrigbleiben des „Sinns des Habens" ermessen werden.

In dem von den Sinnen vermittelten Wechselprozess zwischen Innen und Außen konkretisieren sich, so Marx, nicht nur die elementaren Verhältnisse des Menschen zur Natur, sondern auch zu anderen Menschen: Der Mensch produziert sein eigenes Leben und das anderer Menschen, zunächst durch die Zeugung und Fürsorge für seine unmittelbaren Nachkommen, dann aber auch für seine nähere und fernere soziale Umgebung. Mit den zwischenmenschlichen Verhältnissen werden letztlich auch die Institutionen der Gesellschaft hergestellt und weitervererbt. Der einzelne Mensch muss sich den Voraussetzungen, die sich aus den beiden Verhältnissen, also zur Natur und zum Mitmenschen ergeben, zunächst voll und ganz unterwerfen, ehe er sie im Laufe seines Lebens vielleicht modifizieren oder gar revolutionieren kann. In diesem Zusammenhang bildet sich beim Menschen erst langsam ein Bewusstsein von dem heraus, was um ihn und in ihm geschieht, als Voraussetzung letztlich auch für die Beantwortung der Frage nach dem Sinn des Lebens.

Dies alles ist von vornherein ein ganzheitlicher, ein allseitiger Vorgang in einem doppelten Sinn. Erstens ist an diesem Formungsprozess der ganze Mensch, gedacht als Einzelmensch, beteiligt, wobei nicht nur die Wahrnehmung im engeren Sinn mitwirkt. „Jedes seiner *menschlichen* Verhältnisse zur Welt, Sehen, Hören, Riechen, Schmecken, Fühlen, Denken, Anschauen, Empfinden, Wollen, Tätigsein, Lieben, kurz, alle Organe“ sind an der Aneignung der Welt des Menschen durch den Menschen beteiligt.[8] Beim Fischen werden zum Beispiel die Augen, Ohren und der Geruchssinn des Fischers auf das Meer ausgerichtet und geschärft. Dadurch wird dem Fischer auf der einen Seite das Meer erst vertraut, auf der anderen Seite lernt er, auch seinen Sinnen zu vertrauen, die mit jeder Erprobung weiter geschärft und ausdifferenziert werden. Dasselbe gilt im Übrigen auch für das Denken, für die geistigen „Sinne“ des Forschers, der mit der Durchdringung seines Forschungsobjekts seinen Geist fortwährend schult.

Zweitens ist das Leben auch insofern ganzheitlich und allseitig, als der Mensch stets auch als Gesellschaftswesen tätig ist. Sein Tun ist eingebunden in das mehr oder minder unübersehbare Geflecht der gesellschaftlichen Arbeitsteilung: Seine Materialien, seine Werkzeuge, seine Kenntnisse, selbst seine Sprache hat er anderen Menschen zu verdanken, die vor ihm gelebt haben oder gleichzeitig mit ihm leben, und was er herstellt, ist wiederum mit fortschreitender Kulturentwicklung für andere bestimmt.

An dieser Stelle wird der Gegensatz zwischen dem radikal ganzheitlichen Ansatz bei Marx und dem individualistischen Denken der herrschenden Wissenschaft besonders deutlich: Marx begreift den Menschen von vornherein als Gesellschaftswesen. Auch dann, wenn wir glauben, als Einzelmenschen zu handeln, sind wir in Wahrheit immer mit anderen verbunden – mit denen, die gleichzeitig mit uns leben, und mit jenen, die vor uns gelebt haben und nach uns leben werden. Nehmen wir zum Beispiel einen Wissenschaftler, der in seinem stillen Kämmerlein sitzt und Abdrucke untersucht, die ausgestorbene Lebewesen in Steinen hinterlassen haben: Diese Steine sind vorher vielleicht von anderen Menschen gesammelt worden. Es müssen Begriffe für die einzelnen Formen zur Verfügung stehen, damit die Versteinerungen eingeordnet werden können. Der Forscher muss während der Zeit des Forschens mit einigen materiellen Voraussetzungen versorgt werden: mit Räumen, Geräten, Informationen und natürlich mit allem, was zu seinem Lebensunterhalt erforderlich ist. Entsteht dann als Folge solcher Forschungen ein genaueres Bild von der Geschichte der Evolution des Lebens, so sieht sich zum Beispiel die Kirche dazu gezwungen, den Schöpfungsbericht im Alten Testament neu auszulegen.

Privateigentum und Entfremdung

Welche Spuren hinterlassen Privateigentum und Kapitalismus beim Menschen? Wie wirkt sich die Wirtschafts- und Gesellschaftsordnung auf das Verhältnis zwischen unserer Innen- und Außenwelt und vor allem auf die Ausprägung der Sinne als Andockstellen für Erfahrungen aus? Welche Gedanken werden auf dieser Erfahrungsbasis möglich, welche wahrscheinlich, welche notwendig – und welche werden dem Menschen verwehrt? Was bleibt von der Ganzheitlichkeit und Allseitigkeit des Sinnenwesens Mensch übrig?

Armut durch Reichtum

Ohne die Funktionsweise des Kapitalismus im Detail bereits erforscht zu haben, glaubt der junge Marx zu erkennen, wie weitgehend diese Wirtschaftsordnung in die Formung des menschlichen Wesens eingreift. „Das Privateigentum hat uns so dumm und einseitig gemacht, dass ein Gegenstand erst der *unsrige* ist, wenn wir ihn haben, also als Kapital für uns existiert oder von uns unmittelbar besessen, gegessen, getrunken, an unserem Leib getragen, von uns bewohnt etc., kurz, *gebraucht* wird … An die Stelle *aller* physischen und geistigen Sinne ist daher die einfache Entfremdung *aller* dieser Sinne, der Sinn des *Habens* getreten."[9] Noch unterscheidet Marx also nicht explizit zwischen den Wirkungen, die auf das Privateigentum, die einfache Warenproduktion oder die kapitalistische Warenproduktion zurückgehen. Aber klar ist ihm, dass unter dem Einfluss dieser materiellen Bedingungen eine grundlegende Verarmung der menschlichen Sinnlichkeit stattfindet. „Der Arbeiter wird um so ärmer, je mehr Reichtum er produziert."[10]

Die Erfahrung, die der Mensch im Umgang mit Geld macht, als primitiver Schatzbildner oder als raffinierter Kapitalist (vgl. Kapitel 2), verformt die Sinnlichkeit Marx zufolge ganz besonders stark. Der Mensch gewöhnt sich daran, nicht mehr lange beim Sehen, Hören, Riechen, Schmecken, Fühlen usw. zu verweilen, sich nicht mehr einfach absichtslos gegenüber der Natur und dem, was ihm sonst noch begegnet, zu öffnen, sondern er fragt immer gleich, was er mit dem Wahrgenommenen anfangen, wie er es sich aneignen, benutzen, verwerten kann. Je nach Zielsetzung, so differenziert Marx später, besteht die praktische Verwertung im privaten Gebrauch, im privaten Tausch oder in der privaten Verwendung als Mittel der Akkumulation. Schaut man sich die Entstehung der Entfremdung der Sinne unter der Lupe der materialistisch-historischen Analyse noch genauer an, so findet man ihre Voraussetzungen in engem Zusammenhang mit den Voraussetzungen der menschlichen Existenz überhaupt: der Arbeit. Auch hier geht Marx den entgegengesetzten Erkenntnisweg wie Theologie oder Moralphilosophie, die auch gern von Entfremdung sprechen, diese aber auf den Verlust Gottes oder eine falsche Orientierung des eigenen Lebens zurückführen.

Arbeit und Entfremdung

Für die Entfremdungsdiagnose ist der Zusammenhang zwischen Arbeit, also der Herstellung von Gütern und der Erbringung von Dienstleistungen, und kapitalistischer Warenproduktion entscheidend. Diese erzeugt, so die zentrale

These, eine fundamentale Verlusterfahrung: den Verlust eines Lebensgefühls, das mit Begriffen wie Heimat, Verwurzeltheit, Vertrautheit, Geborgenheit, Sinnhaftigkeit nur vage umschrieben werden kann. Die entfremdete Arbeit zeigt sich Marx zufolge in viererlei Hinsichten.[11]

Erstens ist der arbeitende Mensch seinem Produkt entfremdet. Er kann sich mit diesem nicht richtig identifizieren. Hier wird noch nicht unterschieden, ob die Entfremdung aus der Fixierung auf das private Eigentum am Produkt oder auf den von den Verhältnissen erzwungenen, sich an die Produktion anschließenden Verkauf des Produkts oder gar auf das Beherrschtwerden durch das Produkt in der kapitalistischen Warenproduktion zurückgeht. Im letzteren Fall tritt dem Menschen das Produkt sogar als feindliche Macht gegenüber, weil es als Eigentum des Kapitalbesitzers dem arbeitenden Menschen die Bedingungen der Arbeit aufherrscht. Vielfach reagieren Menschen auf dieses Gefühl durch eine Art Autosuggestion: Sie bemühen sich, sich mit ihren Produkten dennoch zu identifizieren, so als ob sie ihnen gehören würden, weil so die Arbeit erträglicher wird.

Zweitens ist der arbeitende Mensch, so Marx weiter, auch von seinen Mitmenschen entfremdet. Schon unter den Bedingungen der einfachen Warenproduktion ist es ihm verwehrt, die sozialen Beziehungen zu ihnen auch gemeinsam zu gestalten. Das kann dazu führen, dass sie einander wechselseitig in ihrer ökonomischen Existenz bedrohen, zum Beispiel wenn ein einzelner Warenproduzent den Gegenwert seiner Arbeit aus irgendeinem Grund, den er nicht selbst zu verantworten hat, nicht erhält. Erst recht gilt diese Entfremdung für die kapitalistische Warenproduktion. Denn die Tatsache, dass die Produzenten unter der Herrschaft des Kapitals und des Wertgesetzes stehen, reißt auch die arbeitenden Menschen in den Strudel der systematischen Krisen, die mit der Akkumulation des Kapitals einhergehen (vgl. Kapitel 6). Auch diese soziale Seite des Entfremdungsgefühls ist unangenehm und auch für die betrieblichen Abläufe dysfunktional. Deshalb wird es gern durch Täuschungs- und Selbsttäuschungsstrategien vermieden: durch die Beschwörung des „Wir“, durch die überhöhende Rede von „unserem“ Chef, durch den Stolz auf „unsere Firma“. Wehe aber, wenn dieser Schein zerbricht, dann ist die emotionale Enttäuschung umso größer.

Drittens ist der arbeitende Mensch nach Marx von seiner Tätigkeit entfremdet. Auch mit ihr kann er sich nicht identifizieren, sie verwehrt ihm die Einlösung des Anspruchs auf Selbstverwirklichung in der Arbeit. Dies liegt bereits in der einfachen Warenproduktion daran, dass die Unwägbarkeiten des Marktes und des dort herrschenden Wertgesetzes die Bedingungen der Arbeit diktieren. In der kapitalistischen Warenproduktion kommt dann die Herrschaft des Kapitaleigentümers über die Gestaltung der gesamten Umstände der Arbeit hinzu. Die Gefühle und Gedanken, selbst die kreativen Ideen des arbeitenden Menschen, sind im Produktionsprozess nicht gefragt, es sei denn, sie können vom Kapitaleigentümer für die Senkung der Produktionskosten beziehungsweise die Erhöhung des Ausstoßes genutzt werden. Moderne Managementmethoden haben deshalb längst den „Arbeitskraftunternehmer" entdeckt, der sich emotional vom Fremdzwang befreit und eigenverantwortlich die Verwertung seines Beitrags zum Ganzen optimiert (vgl. Kapitel 4).

Dies führt *viertens* dazu, dass der Mensch sich als „Gattungswesen" – nach dem Sprachgebrauch der modernen Biologie müsste es „Spezies" heißen – von sich selbst entfremdet, denn die Entfremdung betrifft jene Aktivität, die den Menschen gegenüber seinen evolutionären Vorfahren, den Pflanzen und Tieren, auszeichnet: die menschliche Arbeit. Sie wird ihm zu etwas Äußerlichem. „Der Arbeiter fühlt sich daher erst außer der Arbeit bei sich und in der Arbeit außer sich. Zu Hause ist er, wenn er nicht arbeitet, und wenn er arbeitet, ist er nicht zu Haus [...] Es kömmt daher zu dem Resultat, dass der Mensch (der Arbeiter) nur mehr in seinen tierischen Funktionen, Essen, Trinken und Zeugen, höchstens noch Wohnung, Schmuck etc., sich als freitätig fühlt und in seinen menschlichen Funktionen nur mehr als Tier. Das Tierische wird das Menschliche und das Menschliche das Tierische."[12] Da der Kapitalismus das Grundbedürfnis nach Selbstverwirklichung in der – gemeinsam mit anderen – verrichteten Arbeit behindert, versucht der Mensch sich das, was ihm verwehrt wird, außerhalb der Arbeit zu holen: im individuellen Konsum. Die Konsequenz ist jene Konsumkultur, die im ersten Teil dieses Kapitels charakterisiert wurde, bei deren Erklärung der herrschende wirtschaftswissenschaftliche Betrieb seine Schwierigkeiten hat. Der seit Jahrzehnten zu beobachtende starke Trend zur Privatisierung und Kommerzialisierung des Alltags in den vergangenen zwanzig Jahren, das Bestreben, alles zur Ware zu machen und auch die menschlichen Fähigkeiten möglichst umfassend in Humankapital zu verwandeln, ist ein Hinweis darauf, wie weit die Entfremdung zu Beginn des 21. Jahrhunderts bereits gediehen ist. Der von seinem Gattungswesen entfremdete Mensch gibt letztlich auch die moralische Verantwortung für die ökologischen Folgen seines Tuns ab (vgl. Kapitel 9).

Bulimie

„Was nützt es dem Menschen, wenn er die ganze Welt gewinnt, sich selbst aber verliert und Schaden erleidet?", heißt es im Lukasevangelium.[13] Das ist die Botschaft vieler Religionen und Philosophen: Je mehr sich der Mensch in seinem Leben auf den Erwerb materiellen Reichtums konzentriert, desto größer ist die Gefahr, dass er als Mensch verarmt. Wer die höchste Stufe der menschlichen Entwicklung erreichen will, der darf gerade nicht nach Besitz streben, lehrt Buddha, und dass Besitz abhängig macht, Angst erzeugt und vom Wesentlichen ablenkt, das ist die ziemlich übereinstimmende Botschaft aller Glückslehren der alten Griechen.

Haben oder Sein

Heute werden wir mit den Konsequenzen dieser Fehlorientierung des menschlichen Lebens in voller Schärfe konfrontiert. Bereits in den 70er Jahren des 20. Jahrhunderts hat vor allem der deutsche Sozialphilosoph und Psychoanalytiker Erich Fromm auf der Grundlage der Marx'schen Erkenntnisse den Zusammenhang zwischen dem Kapitalismus und der seelischen Verfassung des Menschen nachgewiesen. Während Marx aber im Wesentlichen diesen Zusammenhang nur auf Arbeit und Wirtschaft bezogen hatte, zeigt Fromm, wie die herrschende Wirtschafts- und Gesellschaftsordnung den Menschen in seinem Innersten, in seiner „Seele", krank macht. Für Fromm gibt es zwei fundamental unterschiedliche Möglichkeiten, das Leben auszurichten. In der „Existenzweise des Habens" will der Mensch alles und jedermann, einschließlich seiner selbst, zu seinem Besitz machen, darüber verfügen. In der „Existenzweise des Seins" geht es dem Menschen um eine Beziehung zur Welt, die lebendig und authentisch ist. Das Haben betrifft die Oberfläche der Welt, denn wenn ich über etwas verfüge, reicht es, dass die Verfügung klappt. Das Sein hingegen, das auch sprachlich den Gegensatz vom Schein betont, betrifft das innere Wesen der Welt und des Menschen. Erst wenn man zu diesem inneren Wesen vorstößt, öffnet sich der vielfältige Reichtum des Lebens. Die auf Privateigentum und Kapitalakkumulation beruhende Gesellschaft erzeugt, so Fromms Diagnose, systematisch den Haben-Typus.

Die Existenzweise des Habens prägt Fromm zufolge unseren Alltag in all seinen Poren, der Haben-Typus begegnet uns in vielerlei Situationen und Varianten. Die wichtigste Prägung ist die Konsumorientierung, das Streben nach „Einverleibung". Historisch zeigt sich der Zusammenhang zwischen Konsumieren und Besitzen-Wollen im Kannibalismus, der die Aneignung der magischen Kräfte des Einverleibten zum Ziel hat, biografisch im Streben des Säuglings, sich die Welt über den Mund zu erschließen. „Der Konsument ist der ewige Säugling", befindet Fromm.[14] Das Konsumieren ist freilich psychisch ambivalent: Es vermindert die Angst, weil mir das, was ich konsumiert habe, niemand mehr wegnehmen kann. Aber es zwingt mich auch, immer mehr zu konsumieren, weil die befriedigende Wirkung schnell verklungen ist. Auch im Zusammenhang mit dem Lernen und dem Wissen zeigt sich der Haben-Typus: Er will speichern, bilanzieren und abhaken – statt sich einzulassen, sich menschlich zu bereichern, neugierig zu bleiben. Er will viel wissen, aber es reicht ihm die Oberfläche. Was das Verhältnis zu seinen Mitmenschen betrifft, so geht der Haben-Typus strategisch vor: In der Kommunikation mit anderen möchte er vor allem Recht bekommen, beeindrucken, seinen Willen durchsetzen, statt durch Öffnung in Richtung auf sein Gegenüber Neues zu erschließen, sich selbst zu erweitern. In der Liebe geht es dem Haben-Typus um Gewissheit und Kontrolle. Mit der Liebe hat sich Fromm ganz besonders intensiv auseinandergesetzt. Für ihn ist klar, dass man die Liebe niemals „haben" kann, es gibt immer nur den „Akt des Liebens": „Lieben ist ein produktives Tätigsein, es impliziert, für jemanden [...] zu sorgen, ihn zu kennen, auf ihn einzugehen, ihn zu bestätigen, sich an ihm zu erfreuen – sei es ein Mensch, ein Baum, ein Bild, eine Idee. Es bedeutet, ihn (sie, es) zum Leben zu erwecken, seine (ihre) Lebendigkeit zu steigern. Es ist ein Prozess, der einen erneuert und wachsen lässt."[15] Wer sich auf diesen Prozess nicht einzulassen vermag, dem erstickt die Liebe unausweichlich.

Über die Entsorgung des Einverleibten

Die Existenzweise des Habens verwandelt alles, was lebt, „in tote, meiner Macht unterworfene Objekte"[16]. Wer etwas oder jemanden haben will, sieht davon ab, dass sowohl das Objekt seiner Begierde wie er selbst als Subjekt sich ständig verändern. Schon morgen kann alles anders sein. So leugnet der Haben-Typus letztlich auch die Vergänglichkeit, die Zeitlichkeit. Er verabsolutiert die Gegenwart. Wenn er an Vergangenheit denkt, dann ist dies für ihn jener Zeitraum, in dem er seinen Besitz angehäuft hat, und Zukunft ist ihm vor allem deshalb bedeutsam, weil er in ihr sein Vermehrungswerk fortsetzen kann. Der Haben-Mensch vergisst nicht nur das Genießen in der Gegenwart, er hat auch keine lebendige Erinnerung und keine offene Erwartung. Insofern versucht er, sich auch die Zeit zu unterwerfen, statt sie zu respektieren und in und mit ihr zu leben.

Das Krankhafte an der Existenzweise des Habens wird besonders deutlich in ihrem engen Bezug zum analen Charakter, wie ihn Freud charakterisiert hat: Ein Mensch, dessen Reifung früh abgebrochen wurde, in einem Stadium, in dem das Interesse für den eigenen Kot besonders wichtig war, neigt als Erwachsener zu ausgeprägter Sparsamkeit, zum Anhäufen von Sachen und Geld. Während Freud diese Parallele zwischen Geld und Kot auf eine frühkindliche Störung zurückführt, betont Fromm, dass genau in diesem symbolischen Zusammenhang die Krankhaftigkeit der kapitalistischen Gesellschaft mit ihrer Fixierung auf den materiellen Besitz plastisch zum Ausdruck kommt. Die Heilung dieser Krankheit erfordert demzufolge, so Fromm, nichts Geringeres als eine fundamentale Veränderung der Grundlagen der herrschenden Wirtschafts- und Lebensweise. Statt ständig neue materielle Güter zu produzieren und dann dafür künstlich neue Bedürfnisse anzuregen, müssten Menschen die Möglichkeit erhalten, sich schon beim Arbeiten selbst zu verwirklichen – durch schöpferisches Tun und ein von gegenseitiger Achtung und

Solidarität getragenes Miteinander. Es ist der Grundwiderspruch des Kapitalismus, so würde Marx ergänzen, der dazu führt, dass das privat angeeignete Mehrprodukt nicht in dieser Weise an die gesellschaftlichen Produzenten ausgezahlt wird, dass also der Produktivitätszuwachs nicht im selben Maße zur qualitativen Humanisierung und quantitativen Begrenzung der Arbeit genutzt wird.

Das Bild von der analen Fixierung müsste heute vielleicht durch eine andere Metapher ergänzt oder ersetzt werden: die Bulimie. Die Ess-Brech-Sucht breitet sich nach Auskunft der Suchtforschung seit Jahrzehnten aus und erfasst vor allem Mädchen und junge Frauen, die besonders unter Leistungsdruck stehen. Mit welcher ungeheuren Energie bemühen sich die fortgeschrittenen Industriegesellschaften, schnell zu produzieren, das Produzierte zu verbrauchen und die wertlosen Reste ebenso schnell irgendwie wieder loszuwerden. Wen kann es da wundern, dass Gier als selbstverständlich und Geiz als geil gilt? Der Kapitalismus des 21. Jahrhunderts geht nicht nur mit analen Fixierungen einher, er ist in seinem Kern ein bulimisches System – die Entsorgung des Einverleibten wird im Turbomodus erledigt.

Leistet auch die Verödung der Sinnlichkeit und die Fixierung auf das Haben einen Beitrag zur Stabilität des Gesamtsystems? Zumindest zehrt die Beschäftigung mit dem Fressen und Ausscheiden des Gefressenen, dem Wirtschaftswachstum und der Müllentsorgung, eine Menge Aufmerksamkeit, Interesse, Energie und Zeit für die Besinnung auf für das, was da geschieht, also auch darauf, welche Bedeutung dies für das Ziel des guten und glücklichen Lebens eigentlich hat. Wie bei allen Suchterkrankungen fehlt auch dem von der Haben-Sucht Betroffenen in aller Regel der Leidensdruck, ohne den es keine Motivation zur Therapie geben kann. Insofern könnte die von Fromm diagnostizierte seelische Erkrankung als stabilisierende Strukturbildung des Kapitalismus gedeutet werden, eine Struktur, die – im Unterschied zur äußeren Expansion des Kapitalismus über den Globus (vgl. Kapitel 2) – hier das Innere des Menschen, sein Denken und Fühlen, seine „Seele“ erfasst hat.

Zusammenfassung

Die Gier des Menschen gilt einerseits als angeboren, andererseits als in Grenzen durch Erziehung beeinflussbar. Aus der Marx'schen Perspektive muss diese Vorstellung als oberflächlich zurückgewiesen werden. Grundlage ist dabei eine genaue Analyse des Zusammenhangs zwischen der naturgegebenen Sinnlichkeit des Menschen einerseits, andererseits den Wirkungen der geschichtlich entstandenen und gesellschaftlich-politisch geschützten Institution des Privateigentums, der Warenproduktion und des Kapitalismus. Die sinnlichen Eindrücke sind für den Menschen der Rohstoff für seine Gedanken und Ideen, die Sinne gewissermaßen die erste Station der Prägung des Bewusstseins. Marx argumentiert, dass die Vielfalt der menschlichen Sinne unter dem Einfluss von Privateigentum, Warenproduktion und Kapitalismus dergestalt reduziert wird, dass am Ende allein ein Sinn übrig bleibt: der „Sinn des Habens“. Mit anderen Worten: Neugierde, Unzufriedenheit, Genussstreben und ähnliche Triebkräfte des Menschen bringt dieser zwar mit auf die Welt. Aber worauf er neugierig und worüber er unzufrieden ist, welche Art von Genuss ihm vorschwebt, wie er also mit diesen angeborenen Triebkräften konkret umgeht, das wird durch das Umfeld bestimmt, in das er hineingeboren wird. Dazu zählt an zentraler Stelle die entfremdete Arbeit. An Marx orientierte Theoretiker des 20. Jahrhunderts zeichnen im Detail nach, wie arm eine ganz auf das Haben fixierte Lebensweise den Menschen eigentlich macht. Wenn sich fast alles um das Haben, Verfügen, Kontrollieren und Beherrschen dreht, ist der Mensch von einer krankhaften Liebe zum Tod befallen: Je mehr er sich einverleibt, desto mehr muss er ausscheiden, und je mehr er ausscheidet, desto mehr muss er sich wieder einverleiben usw. Auch diese Krankheit kann vielleicht als Strukturbildung gedeutet werden, die im Inneren des Menschen dafür sorgt, dass das Gesamtsystem relativ stabil bleibt.

4. Kapitel

Ordnung und Herrschaft

Zu Beginn des Jahres 2009 sorgten zwei Prozesse in Deutschland für öffentlichen Unmut. Im Februar bestätigte das Berliner Landesarbeitsgericht die fristlose Kündigung der Kassiererin Barbara E. durch ihren Arbeitgeber Kaiser's Tengelmann.[1] Als Kündigungsgrund reichte aus, dass Frau E. Pfandbons im Wert von 1,30 Euro unterschlagen haben soll. Maßgeblich sei nicht der geringe Wert, sondern der Vertrauensverlust. Barbara E. war 31 Jahre lang bei Kaiser's Tengelmann beschäftigt gewesen. Sie ist dreifache Mutter und zweifache Großmutter. Die 50-Jährige lebte nach der Kündigung von Arbeitslosengeld I, wollte sich aber wieder um eine Stelle als Kassiererin bewerben. Einen Monat davor verurteilte das Bochumer Landgericht den Ex-Postchef Klaus Zumwinkel wegen Steuerhinterziehung zu einer zweijährigen Freiheitsstrafe mit Bewährung und zu einer Geldbuße von einer Million Euro.[2] Die Geldbuße entspricht in etwa der Höhe der hinterzogenen Steuern. Erschwerend komme hinzu, so das Gericht, dass Zumwinkel über 21 Jahre hinweg „bewusst, akribisch, mithin mit krimineller Energie“ Steuern hinterzogen, dabei ein „Höchstmaß der Anonymisierung“ hergestellt und dem Staat einen Gesamtschaden von 3,9 Millionen Euro zugefügt habe. Strafmildernd wurde sein „umfassendes, von Reue getragenes Geständnis“ und die Kooperation mit den Behörden bei der Aufklärung der Straftat in Rechnung gestellt. In verschiedenen Interviews brachte Zumwinkel anschließend seine Zweifel am deutschen Rechtsstaat zum Ausdruck, der ihn ungerecht behandelt habe. Kurz darauf meldete sich der 65-Jährige bei den deutschen Behörden ab, zog nach Italien, wo er eine Burg am Gardasee besitzt, und verkündete, in Zukunft als selbstständiger Unternehmer und Investor zu arbeiten.

Vermutlich ist in beiden Fällen juristisch alles weitgehend korrekt gelaufen. Zwar korrigierte das Bundesarbeitsgericht in Erfurt das Urteil gegen die Kassiererin ein Jahr später, betonte aber dennoch die Schwere des Vertrauensbruchs. Die öffentliche Erregung im Jahr 2009 resultiert eher aus dem dumpfen Gefühl, die „formale“ Herangehensweise der Juristen werde den Menschen „inhaltlich“ nicht gerecht, passe nicht zu ihrem konkreten Handeln, Fühlen und Denken.[3] Die Vertreter dieser Herangehensweise halten dagegen, genau diese Beschränkung auf das Formale sei der große Vorzug unserer Rechtsordnung, weil nur so die größtmögliche Freiheit des Bürgers gegen Einmischungen des Staates geschützt werden könne. In diesem Kapitel wird sich zeigen, dass für Marx diese Zurückhaltung eine Scheinneutralität ist, die er allerdings als historischen Fortschritt gegenüber jener Ordnung wertet, die ihr vorausging.

Hat die Vernunft gesiegt?

Schwer nachvollziehbare Gerichtsurteile sind nur ein Beispiel für Ärgernisse und Skandale an den Nahtstellen von Moral, Ökonomie und Politik. Man denke an die lange Geschichte der Bestechungsaffären und Einflussnahmen auf staatliche Organe, an die aus der Verfügung über Arbeitsplätze erwachsende Erpressungsmacht der Wirtschaft, an den Einfluss der Wirtschaft auf Medien und öffentliche Meinung etc. Auch in diesen Fällen lautet die Erwiderung, es gebe zwar immer wieder menschliche Unzulänglichkeiten, die dahinterstehende Ordnung aber sei im Kern durch und durch vernünftig. Nur sie garantiere die bestmögliche Annäherung an jenes Ideal, das seit der Zeit der Aufklärung als verbindliches Ziel jeglicher Ordnung des menschlichen Lebens gilt: ein Leben in Würde, das mit dem Recht auf größtmögliche Freiheit der Lebensgestaltung einhergeht – und zwar für jeden Menschen. Weil es die Besitz- und Bildungsbürger waren, die sich ab dem 18. Jahrhundert für diese Art von Fortschritt einsetzten, nennen Marx und andere diese Ordnung „bürgerlich".

Der Siegeszug der gleichen Freiheit für alle

Um die Zusammenhänge zwischen Ordnung, Herrschaft und Vernunft zu begreifen, ist es sinnvoll, sich zunächst die Begriffe anzusehen. „Ordnung" meint jene relativ stabile Struktur, in die unser Alltagsleben eingebunden ist, an der wir also unser Handeln ausrichten.[4] Als „Herrschaft" bezeichnet die Sozialwissenschaft meist jene Form von Gewalt, die nicht nur die Ordnung aufrechterhält, sondern zudem allgemein als gerechtfertigt gilt. Als gerechtfertigt gilt Herrschaft, wenn sie als vernünftig gelten kann, und „Vernunft" meint die Urteilskraft des menschlichen Verstandes.

Was heißt dies in Bezug auf die bürgerliche Ordnung konkret? An der Wiege der bürgerlichen Welt stand zunächst, nach vielen Jahrzehnten blutiger Religionskriege in ganz Europa, das Prinzip der weltanschaulichen Neutralität des Staates. „Jeder soll nach seiner eigenen Fasson selig werden", hieß die berühmte Formel des Preußenkönigs Friedrich II. Darüber hinaus soll sich jeder frei bewegen und überall niederlassen, ohne Rücksicht auf Standesgrenzen heiraten, beruflich tätig werden, kaufen und verkaufen können, und jeder soll seine Rechte einklagen und, das kam mit der Zeit hinzu, auch indirekt Einfluss auf die Festlegung dieser Rechte nehmen können. Das alles gab es im Mittelalter nicht, wo der Zufall der Geburt die Möglichkeiten des Lebens weitestgehend festlegte und die große Mehrheit der Menschen von der Definition der Spielregeln von Wirtschaft und Politik ausgeschlossen war – weil sie letztlich als Wille Gottes galten.

Wie sollte dieser hohe Anspruch der bürgerlichen Ordnung einzulösen sein?[5] *Erstens*, indem der Staat allen Menschen grundlegende Rechte zusprach, über die sich niemand, auch er selbst nicht, hinwegsetzen können sollte. Das war die Idee des Rechtsstaates. *Zweitens*, indem man die Bürger an der gesetzgebenden und später auch der ausführenden Gewalt des Staates beteiligte, und zwar wiederum im Prinzip alle Menschen in gleicher Weise. Das war die Idee der Demokratie. *Drittens*, indem man die Aufgaben des Staates und die Aufgaben der Wirtschaft prinzipiell in zwei Bereiche trennte. Der Staat sollte, wie ein Nachtwächter, nur darauf achten, dass Leben und Eigentum geschützt, die Türen der Häuser nachts verschlossen sind. Er sollte nur Alarm schlagen, wenn es irgendwo brennt. Für das, was sich im Inneren der Häuser abspielt, für die Versorgung der Menschen und ihr privates Glück, sei der Markt zuständig. Zu dieser Aufgabenteilung gehört auch, dass der Staat das letzte Wort haben muss, denn nur durch das Gewaltmonopol des Staates kann das gleiche Recht aller gewährleistet werden.[6] Das war die Idee des Liberalismus.

Rechtsstaat, Demokratie und Liberalismus traten ab dem 18. Jahrhundert in Europa zu einem historisch beispiellosen Siegeszug an. Das Bürgertum konnte diese neue, aus der Aufklärung geborene Ordnung gegen den Adel erfolgreich durchsetzen. Dieser neue Typus von Herrschaft beruht, so der deutsche Soziologe Max Weber in seinem Hauptwerk „Wirtschaft und Gesellschaft",[7] nicht mehr auf dem Charisma von Personen oder auf der unhinterfragten Gültigkeit von Traditionen, sondern auf einer spezifischen Form von Vernunft, und zwar einer „formalen". Diese Herrschaftsordnung breitete sich von Europa aus schrittweise, aber mit unterschiedlichen Geschwindigkeiten innerhalb von 300 Jahren über den gesamten Globus aus. Mit der Erweiterung auf eine immer größere Fläche ging eine immer stärkere Durchdringung des Lebens einher. So setzte sich zum Beispiel die Erkenntnis erst nach und nach durch, dass auch Frauen über dieselben Rechte wie Männer verfügen müssen und dass zu den staatlichen Pflichten auch eine gewisse soziale Absicherung der Bürger gehört.

Aber genau dieser letzte Punkt führte seit Ende des 19. Jahrhunderts zu zunehmenden Konflikten. Wo soll die Grenzziehung zwischen Staat und Wirtschaft, zwischen Demokratie und Markt genau verlaufen? Wann und wie weit darf oder muss der Staat in den Markt eingreifen, um dessen Funktionieren zu sichern und Schäden vom Gemeinwesen abzuhalten? Und, so die radikalste Kritik an dieser Ordnung: Wie legitim ist die Herrschaft der Märkte eigentlich, wenn sich dort auf der einen Seite immer größere Vermögen konzentrieren, auf der anderen Seite Armut und Abhängigkeit zunehmen? Lässt sich die Vorstellung von der natürlichen Gleichheit und Freiheit der Menschen unter diesen Bedingungen überhaupt aufrechterhalten?

Bürgerliche Vernunft und strukturelle Gewalt

Gegen solche kritische Stimmen hat Max Weber zu zeigen versucht, dass gerade eine marktwirtschaftlich geordnete Gesellschaft der Inbegriff einer vernünftigen Ordnung ist. Vernunft nicht nur im Sinn des Bürgertums mit seinen besonderen Klasseninteressen, sondern im Sinn der ganzen Gesellschaft. Dabei spielt, so Weber, das Geld eine zentrale Rolle. Auf freien Märkten sorge die Konkurrenz dafür, dass unter den Marktteilnehmern ein friedlicher Wettbewerb um die bestmögliche Befriedigung von Bedürfnissen entsteht. In Webers Sprache heißt das, dass der freie Markt der Inbegriff „formaler Rationalität" sei, die den Menschen keinerlei überflüssige inhaltliche Vorgaben macht, sondern ihrem Wettstreit nur einen formalen Rahmen vorgebe. Die Geldrechnung der fortgeschrittenen Marktwirtschaft ermögliche es, dass die Marktteilnehmer mit bestmöglichen Informationen ausgestattet würden. Denn die Geldpreise seien letztlich nichts anderes als das Ergebnis der Nutzenschätzungen der Marktteilnehmer, die durch die Marktkräfte lediglich koordiniert und im Preis zusammengefasst würden. Ein niedriger Preis sage uns, dass etwas oft vorhanden sei und zudem auch nur wenig gewünscht werde, ein hoher Preis, dass etwas knapp sei und zudem stark nachgefragt werde.

Ein kritischer Blick in die heutige Realität lässt einige Zweifel an der Vernünftigkeit dieser bürgerlichen Ordnung, vor allem an der Aufgabenteilung zwischen Staat und Wirtschaft sowie an der Orientierung der Wirtschaft an der Rationalität der Geldrechnung entstehen. *Erstens*: Die strukturelle Gewalt der Ökonomie wirkt oft direkt in die Politik hinein und steuert die Staatsgewalten. Sie zwingt den Staat zu ganz bestimmten Prioritäten, sie definiert, was systemrelevant ist und was nicht (vgl. Kapitel 1). Ein erster Zweifel am Primat der Politik ergibt sich allein schon, wenn man zur Kenntnis nimmt, dass Spitzenkräfte der Wirtschaft ein Vielfaches von dem verdienen, was die politische Elite für ihre Leistungen erhält. Die Zweifel an der Vernünftigkeit dieser Ordnung mehren sich, wenn man andere, ökonomisch gravierendere Vorfälle aus dem Bereich der Rechtsprechung und der Strafverfolgung einbezieht als die eingangs angesprochenen. Wie hilflos erweist sich der Staat, wenn Vorstände oder andere Angestellte von Banken durch Fehlverhalten Schäden in zigfacher Millionen- oder gar Milliardenhöhe oder Industriebetriebe bei fahrlässig verursachten technischen Katastrophen zur Rechenschaft gezogen und zu Schadensersatz verpflichtet werden sollen. Wie ohnmächtig ist eine internationale Sicherheitsstrategie, die Terroristen, deren

Waffe im Wesentlichen aus Selbstmordattentaten besteht, durch Todesdrohungen abzuschrecken bemüht ist. Bei der Exekutive und der Legislative zeigt sich die Macht der Wirtschaft zum Beispiel daran, dass sich Regierungen und Abgeordnete von großen Firmen und Wirtschaftsverbänden beraten sowie Gesetzesvorschläge ausarbeiten lassen und dabei den Anschein erwecken, es handle sich nur um einen gerechten Tausch zwischen Sachverstand und Interessenartikulation. Bei Exekutive und Legislative trifft all das in Reinkultur zu, was Claus Offe in seinem Modell der „Filterstrukturen" bereits vor fast vierzig Jahren beschrieben hat (vgl. Kapitel 1): Der Staat legt bei der Berücksichtigung der Vielfalt der gesellschaftlichen Interessen ein konzentrisches Prioritätenschema zugrunde. Je zentraler ein Interesse ist, desto mehr macht es sich der Staat zu eigen. Höchste Priorität haben solche Interessen, die die Massenloyalität, die äußere Absicherung und das Wirtschaftswachstum betreffen. Indem also die Gewalt der Märkte durch die Politik legalisiert wird, wird aus ökonomischer Gewalt politische Herrschaft. Vor allem in den letzten zwanzig Jahren ist im Zusammenhang mit der Privatisierung öffentlicher Dienstleistungen gut zu studieren, wie die Ökonomisierung des Lebens voranschreitet und die strukturelle Gewalt der Ökonomie unseren Alltag durchdringt.

Zweitens: Unabhängig von dieser direkten Einflussnahme der Wirtschaft auf den Staat wird jene strukturelle Gewalt, die in der Ökonomie selbst herrscht, durch den Staat legalisiert oder zumindest nicht außer Kraft gesetzt. Worin besteht diese innere strukturelle Gewalt der Ökonomie? Wer in einer Marktwirtschaft nicht die nötige Kaufkraft mitbringt, der bleibt außerhalb der Märkte, kann das Marktgeschehen quasi durch die Gitter des Zauns, der den Marktplatz umgibt, verfolgen. Die „Freiheit" des Ausgeschlossenen besteht darin, nicht durch Traditionen oder Personen daran gehindert zu sein, seine Bedürfnisse zu befriedigen, sondern durch Strukturen. Hier geht es um den Zugang zu Märkten für Konsumgüter oder Arbeitsgelegenheiten, wobei der Zugang zu Letzteren in der Regel Voraussetzung für den Zugang zu Ersteren ist. Eine andere Form von ökonomisch erzeugter struktureller Gewalt begegnet dem Menschen auch dann, wenn er zu den Glücklichen gehört, die in den Markt hineingelassen werden. Für den, der einen Arbeitsplatz gefunden hat, ist es das Lohnarbeitsverhältnis selbst, das seine Freiheit beschränkt. Während personelle Gewalt zum Beispiel im willkürlichen Mobbing von Vorgesetzten gegen Mitarbeiter besteht, die einen Betriebsrat gründen wollen, ergibt sich die strukturelle Gewalt allein aus der formal freiwilligen Unterzeichnung des Arbeitsvertrags, durch die sich der Unterzeichner dazu verpflichtet, für die Dauer der Arbeit das zu tun, was man ihm aufträgt. So wird die Freiheit quasi beim Pförtner abgegeben. Aber auch der Unternehmer wird mit struktureller Gewalt konfrontiert, wenn ihm von Banken der Geldhahn zugedreht oder er durch private Investoren, zum Beispiel sogenannte Hedgefonds, entmündigt wird. Selbst Josef Ackermann sieht sich zu Recht als „Getriebener der Märkte“[8].

Drittens: Die Begrenztheit der bürgerlichen Vernunft zeigt sich schließlich in der Geldrechnung selbst. Sie unterscheidet bekanntlich nicht zwischen Gütern, welche die Lebensqualität erhöhen, und solchen, die sie mindern. Wenn ich ein neues Auto kaufe, es gegen den Baum fahre, ein halbes Jahr in der Klinik verbringe, mein Haus rollstuhlgerecht umbauen lasse, habe ich das Bruttosozialprodukt mehrfach beträchtlich gesteigert. Ähnliches geschieht im Zusammenhang mit Kriegsvorbereitung, Kriegen und Wiederaufbaumaßnahmen oder bei der Zerstörung natürlicher Lebensgrundlagen und dem Versuch ihrer anschließenden Reparatur. Wer in seiner Lebensführung der Vernunft der Geldsignale vertraut, ruiniert oft im Zuge des Strebens nach Erhöhung seines Einkommens seine Gesundheit, seine Partnerschaft, seine Familie (vgl. Kapitel 3).[9] Die Richtung unseres technischen Fortschritts zeigt ebenso eine recht beschränkte Form von Vernünftigkeit. Man denke zum Beispiel an Pharmakonzerne, die sich hauptsächlich um die Entwicklung von Lifestyle-Medikamenten bemühen und lebensrettende Arzneien vernachlässigen, an Fahrzeughersteller, die ihren Schwerpunkt immer noch im Geschäft mit dem fossil angetriebenen Individualverkehr sehen, an Energiekonzerne, die die Verlängerung der Laufzeiten von Atomkraftwerken durchsetzen. In diesen Fällen handelt es sich um eine moralisch hoch bedenkliche und technisch wenig zukunftsfähige Form von Vernunft (vgl. Kapitel 9),[10] die auf Druck der Wirtschaft vom Staat geduldet und gefördert wird. Interessant ist auch hier wiederum ein Blick auf die Zeitdimension dieser merkwürdigen Form der Aufgabenteilung zwischen Wirtschaft und Staat: Nicht nur, dass in aller Regel – rein empirisch – die Wirtschaft agiert, der Staat reagiert, sondern dass auch systematisch die wirtschaftlichen Prozesse schneller sind und einen kürzeren Zeithorizont haben: Schneller sind sie, weil in ihnen nicht auf die Zustimmung aller von Entscheidungen Betroffenen gewartet werden muss, sondern der oft einsame Willensentschluss eines Eigentümers ausreicht und weil deshalb die Globalisierung der Politik der Globalisierung der Wirtschaft hoffnungslos hinterherhinkt. Zudem ist der Zeithorizont kürzer, weil ökonomische Bilanzen auf Quartals-, Monats- oder, in der Finanzwirtschaft, auf ultrakurze Zeiträume hin erstellt werden, während sich die Politik an Legislaturperioden und Abstimmungsverfahren orientieren muss und durch Verfassungen zur Rücksicht auf zukünftige Generationen verpflichtet ist.

Kann also die Ausbreitung der aus der Aufklärung geborenen Ordnung des Bürgertums, kann das Zusammenspiel von Rechtsstaat, Demokratie und Marktwirtschaft als Sieg der Vernunft gefeiert werden? Lassen wir an dieser Stelle einen unverdächtigen Zeugen, den in der Einleitung dieses Buches bereits erwähnten ehemaligen Verfassungsrichter, Verfassungsrechtswissenschaftler und Rechtsphilosophen Ernst-Wolfgang Böckenförde, zu Wort kommen. In seinem aufsehenerregenden Artikel für die SÜDDEUTSCHE ZEITUNG „Woran der Kapitalismus krankt" schreibt der Katholik und Sozialdemokrat Böckenförde: „Gewiss können dem System des Kapitalismus durch Staat und Recht von außen Grenzen gezogen und Regulierungen auferlegt werden, die Auswüchse und nicht hinnehmbare Folgen eindämmen, soweit die staatliche Ordnung dazu die Kraft hat, die ja ihrerseits auf eine Wachstum hervorbringende Wirtschaft angewiesen ist. Das geschieht auch in gewissem Umfang. Aber es bleibt, so weit es gelingt, eine Korrektur am Rande, die der Funktionslogik des Systems abgerungen werden muss. Diese zielt stets auf möglichste Deregulierung. Woran krankt also der Kapitalismus? Er krankt nicht allein an seinen Auswüchsen, nicht an der Gier und dem Egoismus von Menschen, die in ihm agieren. Er krankt an seinem Ausgangspunkt, seiner zweckrationalen Leitidee und deren systembildender Kraft. Deshalb kann die Krankheit auch nicht durch Heilmittel am Rand beseitigt werden, sondern nur durch die Umkehrung des Ausgangspunktes."[11] Diesen anderen Ausgangspunkt jenseits des herrschenden „Besitzindividualismus" findet Böckenförde bei Thomas von Aquin, in der christlichen Soziallehre, bei Papst Johannes Paul II. und bei Karl Marx.

Die Unterwerfung des Menschen

Wie stellt sich die Entwicklung dieser Ordnung dar, wenn man nicht das, was das Bürgertum sagt, sondern das, was es tut, zum Ausgangspunkt nimmt? Im „Manifest der Kommunistischen Partei" aus dem Jahr 1848, das Marx und Engels im Auftrag des Bunds der Kommunisten verfassten, findet der erstaunte Leser des 21. Jahrhunderts einen wahren Hymnus auf die Leistungen des neuen, aufstrebenden Standes der Händler, Manufaktur- und Fabrikbesitzer und seiner neuen Wirtschaftsweise. Das „Manifest", vermutlich zusammen mit der Bibel der Text, der weltweit die höchste Auflage hat, beginnt mit der berühmten Feststellung: „Ein Gespenst geht um in Europa – das Gespenst des Kommunismus", und endet mit der nicht weniger oft zitierten Aufforderung: „Proletarier aller Länder, vereinigt euch!"[12] Dazwischen findet sich ein glasklares Bild jener Entwicklung, deren Zeugen wir heute im 21. Jahrhundert sind.

»Alles Ständische und Stehende verdampft«

Übergreifendes Leitbild der Welt des Bürgertums, so wird sich zeigen, ist die Dynamisierung des Gegebenen. Wirtschaft und Gesellschaft werden auf Trab gebracht. Beginnen wir wieder mit dem Verhältnis zwischen Mensch und Natur. Im „Kommunistischen Manifest“ werden die „Wunderwerke der Technik“ der bürgerlichen Produktionsweise in höchsten Tönen gepriesen. Sie lassen „ägyptische Pyramiden, römische Wasserleitungen und gotische Kathedralen“ armselig aussehen, heißt es. Erst durch das Bürgertum ist die moderne, wissenschaftlich angeleitete Industrieproduktion in die Welt gekommen, von der Dampfmaschine über den Webstuhl bis hin zu Eisenbahn und Elektrizität. Es gehört zur Existenzweise des Bürgertums, die Instrumente der Produktion fortwährend zu „revolutionieren“.

Veränderung, Bewegung, Verflüchtigung

Was die sozialen Beziehungen betrifft, so hat das Bürgertum dort, wo es an die Macht gekommen ist, alle „feudalen, patriarchalischen, idyllischen Verhältnisse“ zerstört. Das Bürgertum und seine Wirtschaftsweise haben „die buntscheckigen Feudalbande, die den Menschen an seinen natürlichen Vorgesetzten knüpften, unbarmherzig zerrissen und kein anderes Band zwischen Mensch und Mensch übrig gelassen als das nackte Interesse, als die gefühllose ‚bare Zahlung‘“[13]. Mit anderen Worten: Der Kapitalismus hat persönliche Abhängigkeitsverhältnisse durch sachliche Geschäftsbeziehungen ersetzt, er hat ein wie ein Automat funktionierendes System auf die Welt gebracht. Weiter heißt es, diese Entwicklung hat „die persönliche Würde in den Tauschwert aufgelöst“[14]. Sie hat an die Stelle der religiös und politisch verhüllten Ausbeutung die „offene, unverschämte, direkte, dürre Ausbeutung gesetzt“[15]. Das Bürgertum hat es also nicht mehr nötig, die neuen Verhältnisse zwischen den Menschen aufwändig zu verhüllen, sich ihrer zu schämen, sie zu rechtfertigen. Sie sind einfach da als Errungenschaften der neuen Zeit – und die Ökonomie funktioniert, angetrieben allein durch die Interessen der Menschen.

Veränderung, Bewegung, Verflüchtigung – das sind insgesamt die Markenzeichen der bürgerlichen Epoche, wie Marx sie sieht. Sie lösen die stabilen Verhältnisse der vorindustriellen Zeit ab. Die „fortwährende Umwälzung der Produktion, die ununterbrochene Erschütterung aller gesellschaftlichen Zustände, die ewige Unsicherheit und Bewegung“ zeichnet das Bürgertum vor allen anderen Klassen aus. „Alle festen eingerosteten Verhältnisse mit ihrem Gefolge von altehrwürdigen Vorstellungen und Anschauungen werden aufgelöst, alle neugebildeten veralten, ehe sie verknöchern können. Alles Ständische und Stehende verdampft …“[16] Heute sprechen wir von der Dynamisierung und Flexibilisierung der gesamten Lebenswelt. Der Kapitalismus ist also für Marx und Engels, so könnte man es auch formulieren, von Anfang an durch einen neuen Umgang mit Zeit charakterisiert, er ist im Kern eine Beschleunigungsbewegung (vgl. Kapitel 9).

Eine Welt nach ihrem Bilde

Im „Kommunistischen Manifest" werden auch bereits die Mittel und Methoden, derer sich die so genannte Globalisierung heute bedient, aufgelistet. Die bürgerliche Wirtschaftsweise lässt Produktion und Konsumtion „kosmopolitisch" werden. Produzenten und Konsumenten beziehen das, was sie für Produktion und Konsumtion benötigen, aus immer weiter entfernt liegenden Regionen und suchen auch selbst weltweit den für sie jeweils günstigsten Ort für Produktion und Konsumtion. Der Kapitalismus führt so zu einer explosionsartigen Vermehrung des Welttransports von Sachen und des Weltverkehrs von Menschen, zu einer historisch nie gekannten wechselseitigen Abhängigkeit. Dies gilt auch für geistige Produkte: Der weltweite Austausch lässt die lokalen und nationalen Literaturen zur „Weltliteratur" werden, die geistigen Erzeugnisse der einzelnen Nationen werden „Gemeingut". Nur das World Wide Web fehlt noch.

Das Loblied auf die Leistungen des Bürgertums gipfelt in der Würdigung seines Beitrags zur Zivilisierung der Menschheit. Es „reißt durch die rasche Verbesserung aller Produktionsinstrumente, durch die unendlich erleichterten Kommunikationen alle, auch die barbarischsten Nationen in die Zivilisation. Die wohlfeilen Preise ihrer Waren sind die schwere Artillerie, mit der sie alle chinesischen Mauern in den Grund schießt, mit der sie den hartnäckigsten Fremdenhass der Barbaren zur Kapitulation zwingt. Sie zwingt alle Nationen, die Produktionsweise der Bourgeoisie sich anzueignen, wenn sie nicht zugrunde gehen wollen; sie zwingt sie, die sogenannte Zivilisation bei sich selbst einzuführen, das heißt Bourgeois zu werden. Mit einem Wort, sie schafft sich eine Welt nach ihrem eigenen Bilde."[17]

Produktion um der Produktion willen

Woher nimmt das Bürgertum die Kraft zu dieser Revolution? 19 Jahre nach Erscheinen des „Kommunistischen Manifests" präzisiert Marx, warum dem Bürgertum das gelingt: Weil der bürgerliche Geldbesitzer Gewinn und Investition systematisch rückkoppelt, weil er mithilfe der Verwendung von Lohnarbeit die Schatzbildung auf eine rationelle Stufe hebt und weil er durch die Konkurrenz dazu gezwungen wird, dies alles zu tun, wenn er nicht ökonomisch und politisch wieder untergehen möchte (vgl. Kapitel 2). „Als Fanatiker der Verwertung des Werts zwingt er [der Kapitalist] rücksichtslos die Menschheit zur Produktion um der Produktion willen [...] Was aber bei diesem [dem Schatzbildner] als individuelle Manie erscheint, ist beim Kapitalisten Wirkung des gesellschaftlichen Mechanismus, worin er nur ein Triebrad ist."[18]

Der Automatismus der Akkumulation

Die Entwicklung der kapitalistischen Produktion macht „eine fortwährende Steigerung des in einem industriellen Unternehmen angelegten Kapitals zur Notwendigkeit, und die Konkurrenz herrscht jedem individuellen Kapitalisten die immanenten Gesetze der kapitalistischen Produktionsweise als äußere Zwangsgesetze auf. Sie zwingt ihn, sein Kapital fortwährend auszudehnen, um es zu erhalten, und ausdehnen kann er es nur vermittelst progressiver Akkumulation.“[19] Man könnte diesen Akkumulationszwang auch in die Sprache der Kybernetik übersetzen. Die permanente, durch die Konkurrenz erzwungene Verbindung von Gewinn und Investition stellt eine „positive Rückkoppelung“ dar, positiv freilich nicht in einem alltagssprachlichen oder moralischen, sondern in einem rein technischen Sinn: Der Gewinn, das Endresultat eines Prozesses, geht wieder als Ausgangsfaktor in den Prozess ein, so dass der Prozess sich selbst trägt und verstärkt. Das kapitalistische Akkumulationsprinzip heizt die Wirtschaft beständig an, so wie ein Thermostat, der mit zunehmender Raumwärme für die weitere Erhöhung der Raumtemperatur sorgen würde. Je größer der Gewinn, desto besser die Startchancen in der nächsten Runde. Und umgekehrt.

Wenn diese Analyse zutrifft, ist es auch vergebliche Liebesmühe, einem Kapitalisten zu empfehlen, sich doch mit dem zu begnügen, was er hat, und davon vielleicht noch etwas für gute Zwecke abzuzweigen. Zwar mag es immer wieder angesichts guter Geschäfte und fetter Vermögen Spielräume geben, die besonders in Marktnischen gut gedeihen können. Aber das Gesetz der Konkurrenz sorgt dafür, dass dies die Ausnahme bleiben muss, Nächstenliebe bestraft der Kapitalismus gnadenlos. Durch das Gesetz der „progressiven Akkumulation“ macht das Bürgertum die Hervorbringung von Neuem, die Produktion selbst, zum Zweck des Wirtschaftens, genauer: die Akkumulation von Geld. Die Nützlichkeit des Produzierten, so die letztliche Konsequenz, wird zur Nebensache. Wer Schweine „erzieht“, ist demnach produktiv tätig, wer Menschen erzieht, nicht, bemerkte Friedrich List, ein Zeitgenosse des Karl Marx, treffend.[20] Die Frage des Geldbesitzers, der sein Geld als Kapital verwendet, lautet: Wie kann ich möglichst schnell aus einem Dollar, Euro oder Yen zwei machen? Von der Antwort hängt es ab, wo, wie und was produziert wird – und was nicht. Wenn sich nichts verdienen lässt, hat der Kapitalist auch kein Interesse – und sei die Bedürftigkeit der Menschen auch noch so groß.

Genau darin besteht auch die spezifische Gewalt, die diese Wirtschaftsordnung über die Menschen hat. Für Marx ist Gewalt im Kapitalismus keine normative Restgröße, wie im liberalen Denken. Das liberale Denken orientiert sich an der Idealvorstellung, alle Formen der Unterordnung von Menschen unter Menschen sollten freiwillige Vertragsbeziehungen sein, an die Stelle der gewaltsamen Unterwerfung von Menschen durch Menschen sollte die Koordinierung der Verträge der Menschen durch eine „unsichtbare Hand“ treten, und nur im Falle von Vertragsverletzungen sei der Staat gefordert. Für Marx hingegen ist Gewalt integraler Bestandteil des Kapitalismus, ohne den das ganze System nicht funktionieren könnte – Gewalt allerdings als strukturelle Gewalt. Der zentrale Gedanke ist hier: Weil dem Lohnarbeiter eigene Produktionsmittel fehlen, ist er gezwungen, seine Arbeitskraft zu verkaufen. Und weil in der warenproduzierenden Gesellschaft die Waren beim Tausch allein an der gesellschaftlich durchschnittlich notwendigen Arbeitszeit gemessen werden, erhält der Besitzer der Ware Arbeitskraft genau so viel, wie er und seine Familie zur Wiederherstellung der Arbeitskraft benötigen (vgl. Kapitel 2). So ist – allein aufgrund von unpersönlichen Strukturen – gewährleistet, dass der Arbeiter in aller Regel Arbeiter bleibt und der Kapitalist in aller Regel Kapitalist. Die strukturelle Gewalt des Kapitalismus liegt für Marx genau in diesem Zusammenhang begründet. Man kann ihn auch von der Sozialstruktur der Gesellschaft her formulieren: Der Kapitalismus ist für Marx genau deshalb eine Klassengesellschaft, weil seine Eigentumsverhältnisse durch den Gegensatz von Eigentümern und Nicht-Eigentümern an Produktionsmitteln gekennzeichnet sind, also durch die Trennung zwischen der lebendigen Arbeit und den sachlichen Mitteln, die für das Arbeiten erforderlich sind. Diese Verhältnisse werden von Generation zu Generation vererbt und verschärfen sich weiter.

Staat und Ordnung

In der längsten Zeit in der Geschichte des Menschen, der Zeit der Jäger und Sammler, gab es zwar Stammesälteste und Häuptlinge, die mit Autorität ausgestattet waren und für die Ordnung in der Gemeinschaft zu sorgen hatten, aber keine Staaten als eigenständige Gebilde. Erst mit dem Sesshaftwerden, der Durchsetzung der Ackerbau- und Viehzuchtkultur, entstand das Privateigentum an Produktionsmitteln (vgl. Kapitel 2), und mit ihm wurde der Staat nötig, damit die gemeinsamen Interessen der Eigentümer der Produktionsmittel gewahrt werden konnten.

Erstens musste das Eigentum an Grund und Boden von Anfang an gegen Übergriffe aller Art, vor allem natürlich der Eigentumslosen, geschützt werden. *Zweitens* waren die Eigentümer auf den Staat angewiesen, wenn es um die Erschließung des Eigentums durch den Bau von Wegen und um die Fruchtbarmachung durch Bewässerungsanlagen ging. Dieses doppelte Interesse der Eigentümer, so Marx, hat den Staat als eigenständige Institution neben – oder über? – der Gesellschaft hervorgebracht.

Zentrales Kennzeichen dieser Institution ist die „öffentliche Gewalt“, betont Friedrich Engels.[21] Damit ist nicht nur die Gewalt von Menschen gemeint, deren Spezialaufgabe darin besteht, mithilfe von Waffen das Eigentum zu schützen, sondern auch die „sachlichen Anhängsel“, „Gefängnisse“ und

„Zwangsanstalten aller Art". Von alldem hatte die Stammesgesellschaft noch keine Ahnung gehabt. Der Staat ist für Marx und Engels also alles andere als ein Produkt des Weltgeistes, der sich auf der Erde niederlässt, indem er die Menschen vernünftig im Sinn von gemeinschaftsfähig macht, wie Hegel und seine Schüler geglaubt hatten (vgl. Kapitel 1). Auch weist Marx alle Vorstellungen zurück, die den Staat als Folge eines Vertrages begreifen, den die Bürger untereinander schließen, um sich voreinander gegen Übergriffe zu schützen, wie dies in den liberalen Staatstheorien behauptet wird. Der Staat ist für Marx nicht verankert in der menschlichen Natur, sondern in den Bedingungen, unter denen die Menschen ihr Leben produzieren. Dabei ist die Verfügung beziehungsweise Nichtverfügung über Produktionsmittel als strukturelle Voraussetzung der Ausbeutung von ausschlaggebender Bedeutung.[22]

Nicht nur die Existenz, auch die Form des Staates hängt von den konkreten historischen Beziehungen zwischen den Eigentümern der Produktionsmittel und den unmittelbaren Produzenten ab. Das zeigt ein kurzer Blick in die Geschichte. Die Vorstellung von der politischen Gleichheit der Staatsbürger war archaischen Gesellschaften genauso fremd wie der griechischen und römischen Antike, in der Frauen, Ausländer und Sklaven nicht als Bürger galten, sondern als Hilfsmittel für den freien Mann. Erst mit dem Bürgertum, erst mit der Entwicklung des Warentausches und schließlich der Akkumulation von Kapital wurden solche revolutionären Ideen wie die Gleichheit vor dem Gesetz möglich und auch notwendig. Erst jetzt konnte man ernsthaft auf die Idee kommen, der Staat sei für die Menschen da, eine *res publica*, also eine öffentliche Angelegenheit, und die Staatsbürger könnten sich, unter bestimmten Bedingungen, sogar selbst regieren. Die Menschen- und Grundrechte, die formale Freiheit und Gleichheit der Bürger, sind Voraussetzung dafür, dass diese untereinander Verträge abschließen und sich auf deren Einhaltung auch verlassen können – eine historisch völlig neue Vorstellung, wenn man bedenkt, dass im aufgeklärten Absolutismus oder erst recht in mittelalterlichen oder antiken Staatskonzepten der Staat noch als „guter Hirte" seinen Bürgern beim Gelingen ihres Lebens beistehen sollte. Aber Marx zufolge darf die republikanische beziehungsweise demokratische und rechtsstaatliche Form des bürgerlichen Staates nicht mit seinem Inhalt, mit seiner tieferen Struktur, verwechselt werden. Inhaltlich dient der bürgerliche Staat Marx zufolge zunächst der Absicherung der Klassenverhältnisse – als Voraussetzung der Aufrechterhaltung von Ausbeutung und Akkumulation. Hier liegt die entscheidende Differenz zur Staatsauffassung des Liberalismus, die unter der Oberfläche der Rechtsverhältnisse, also in der Tiefe, nichts Weiteres zu entdecken vermag als den freien Willen und die Natur des Menschen. Allerdings erschöpft sich die Marx'sche Auffassung vom Staat nicht in der Feststellung seines Klassencharakters, denn für das konkrete staatliche Handeln kommt es Marx zufolge immer auch auf das Bewusstsein der Handelnden an, in Republiken und Demokratien also auf das Bewusstsein der Bürger (vgl. Kapitel 5). Der Staat ist auf jeden Fall, so kann in Bezug auf den Grundwiderspruch zwischen gesellschaftlicher Produktion und privater Aneignung der Produkte festgehalten werden, eine Einrichtung, die zur Stabilisierung der Gesellschaft maßgeblich beiträgt: Er schützt das private Eigentum und sorgt zugleich für die Aufrechterhaltung der öffentlichen Interessen, die ansonsten im Konkurrenzkampf der Eigentümer existenziell gefährdet wären.

Selbstzwang

Viele linke Theoretiker des 20. Jahrhunderts, die das politische Denken des Karl Marx weiterentwickelt haben, suchten nach Wegen, wie der staatliche Machtapparat durch Ausnutzung seiner Strukturen für den Kampf gegen den Kapitalismus genutzt werden könnte.[23] Hier soll jedoch eine andere Frage aufgeworfen werden: Warum ordnen sich die Menschen eigentlich diesen Strukturen unter? Warum begnügen sich vor allem die Lohnabhängigen mit einer rein formalen Freiheit und Gleichheit, warum verlangen sie nicht deren inhaltliche Auffüllung, warum wollen sie sich nicht vom Staats- zum Besitzbürger emanzipieren? Ein solcher Anspruch lag seit der Krise des Liberalismus ab den 70er Jahren des 19. Jahrhunderts, seit der vielfältigen Organisierung gesellschaftlicher Interessen und dem daraus folgenden Wandel vom Nachtwächter- zum Interventionsstaat durchaus nahe und wurde durch die Arbeiterbewegung massiv erhoben. Warum aber, so ist heute zu fragen, wurde dieser Anspruch im 20. Jahrhundert wieder weitgehend aufgegeben? Oder anders gefragt: Warum erwies sich der Kapitalismus als so stabil?

Fordern und Fördern

Eine interessante Antwort auf diese Frage, die Marx noch nicht stellen konnte, hat der französische Sozialphilosoph Michel Foucault gegeben, der sich selbst als „Archäologe“ und „Ethnologe“ der abendländischen Kultur bezeichnet.[24] Die Unterordnung der Menschen, also auch der Lohnabhängigen, unter das Regime des Bürgertums, so die Grundthese, hängt mit einem eigenartigen Zusammenwirken von Fremd- und Selbstherrschaft zusammen: Durch Fremdzwang werden die Menschen dazu gebracht, sich selbst dazu zu zwingen, das zu tun, was sie tun sollen. Demnach ist es eigentlich der Selbstzwang, der die Unterordnung des Menschen unter die herrschenden Verhältnisse bewirkt. Damit wird der Charakter von Zwang an sich fundamental verändert. Entscheidend ist dabei das „Fordern und Fördern“ von Techniken der Selbstoptimierung. Foucault formuliert dies als technisches Problem: Die Fremdtechnik muss den Menschen die Erlaubnis zur Selbsttechnik geben und ihnen zugleich die Mittel dazu zur Verfügung stellen, damit Fremdtechnik und Selbsttechnik einander ergänzen können. An die Stelle von Verboten und Strafen treten andere Mittel: Fremdtechnik im Sinne Foucaults „stachelt an" oder „lenkt ab", „erleichtert" oder „erschwert", „erweitert" oder „begrenzt". Ziel bei alldem ist, dass die Adressaten *wollen*, was sie *sollen*.

Nehmen wir ein Beispiel aus der aktuellen bildungspolitischen Diskussion. Statt eine Schulpflicht für alle zu erlassen, kann eine Gesellschaft aufgefordert werden, selbst für die Bildung der Nachkommen zu sorgen. Es können Anreize und Stützungssysteme geschaffen werden, damit dieser Aufforderung auch nachgekommen wird. Es kann formale Chancengleichheit gewährt und das Leistungsprinzip konsequent durchgesetzt werden, so dass dann am Schluss behauptet werden kann, die Verteilung der Positionen in der Gesellschaft an ihre Mitglieder sei absolut gerecht erfolgt. Wenn einzelne Individuen oder ganze Gruppen, wie zum Beispiel Migranten, besonders gefördert werden und sie es dennoch nicht schaffen, dann kann es in diesem System nur an ihnen selbst liegen. Dass vielleicht zu wenig akzeptable gesellschaftliche Positionen vorhanden sind und dass durch Fördermaßnahmen vielleicht nur die Geförderten die Nichtgeförderten verdrängen oder auf einer höheren Stufe am Ende genau dieselbe Konkurrenz und dieselben Verliererschicksale zu finden sind wie ohne diese Förderung, wird so aus dem Bewusstsein verdrängt. Was bleibt ist eine simple Botschaft: Wer scheitert, ist eben selber schuld. Er hat sich der Förderung nicht würdig erwiesen, entweder weil er nicht wollte oder weil er nicht konnte oder aus beiden Gründen. Ganz gleich, ob er zu wenig initiativfreudig, zu wenig flexibel, zu wenig mobil, zu wenig diszipliniert oder zu wenig kreativ war: Er hat sich jedenfalls der ihm gewährten Freiheit nicht würdig gezeigt.[25] Entscheidungen und Verantwortung liegen nun nicht mehr beim Kontrolleur, sondern beim Kontrollierten, nicht mehr beim Herrscher, sondern beim Beherrschten. Wo Fremd- und Selbsttechniken der Herrschaft derart ineinandergreifen, wo das Bestreben des Menschen nach Selbstverwirklichung, Selbstverantwortung und Selbstoptimierung unter gegebenen Bedingungen als Mittel des Herrschens genutzt werden, dort ist Herrschaft nach betriebswirtschaftlichen Effizienzkriterien gewissermaßen optimiert, weil man sich Kontrollsysteme weitgehend sparen kann.[26]

Philosophie der Fitness

Diese Theorie eröffnet auch eine neue Perspektive auf Institutionen wie Unternehmen, Behörden, Vereine. Auch sie werden gleichermaßen gefordert und gefördert, „attraktiv", „schlank", „flexibel", „fit" und „autonom" – in einem sehr spezifischen Sinn freilich – zu sein. Sie werden darin unterstützt, dass sie dieser Aufforderung nachkommen, in freudiger Erwartung, dass es ihnen dann besser gehe. Die „Philosophie der Fitness“ reicht also weit über Fitnessstudios und Schönheitsoperationen hinaus. Individuen und Institutionen geht es nicht mehr darum, Normen zu erfüllen und Konformität zu zeigen, sondern sich einzusetzen, um zukünftige Anstrengungen meistern zu können, fit zu sein für die Zukunft. Wenn man sich ansieht, wie die sozialdemokratisch dominierten deutschen Gewerkschaften im Vorfeld des Ersten Weltkriegs dem Druck des Staates nach einem Burgfrieden nachgaben und gleichzeitig das in Deutschland für die Arbeiter Erreichte gegenüber der möglichen Konkurrenz anderer nationaler Gewerkschaften zu verteidigen bemüht waren, erhält man einen Eindruck davon, wie sehr auch die Arbeiterbewegung diesem Selbstzwang erlegen ist.[27] Und heute? Das Zusammenspiel von Fremd- und Selbsttechnik führt dazu, dass der Staat in seinem Bemühen um optimale Fitness in wirtschaftlich guten Zeiten möglichst viele seiner Leistungen privatisiert, in schlechten Zeiten vieles wieder unter seine Fittiche zurücknimmt. Wenn also marode Banken oder Autokonzerne für eine bestimmte Zeit teilweise oder ganz in Staatsregie übernommen werden, dient dies einem einzigen Zweck: Sie sollen für den Markt fit gemacht werden, so dass sie nach dem Training wieder Gewinn abwerfen.

Herrschaft ist für Foucault also kein einfaches Verhältnis zwischen einem Oben (Staat) und einem Unten (Gesellschaft), sondern betrifft immer auch den breiten Raum dazwischen. Die Legitimität von Herrschaft kann dieser Theorie zufolge dann nicht einfach daran gemessen werden, wie stark die vermeintlich natürliche Freiheit des Einzelnen beschränkt wird, sondern diese Freiheit ist selbst ein Resultat des Zusammenwirkens von Fremd- und Selbstzwang. Letztlich verschwindet dadurch das Bewusstsein von Herrschaft überhaupt. Wer beherrscht wen? Wo? Auf welcher Grundlage? Zu welchem Zweck? – alles Fragen, die kaum mehr eine Antwort finden. So bleiben viele Menschen mit all den Widersprüchen, die sie zu zerreißen drohen, mit ihren Sorgen, deren Ursachen sie nicht verstehen und für deren Abhilfe sie kein Mittel haben, allein gelassen. Zum Beispiel mit der Frage: „Rentier’ ich mich noch?“[28]

Auch wenn mit dem Selbstzwang die Herrschaft tendenziell unsichtbar und unbewusst wird, heißt das nicht, dass die Gewalt sich in Luft auflöst. Es gibt überzeugende Argumente dafür, dass sich die strukturelle Gewalt, die als Fremd- und Selbstzwang erlebt wird, zwei Ausdrucksformen sucht: nach innen in Gestalt von Erkrankungen, die aus Flexibilitätszwängen und Fitnesszumutungen resultieren, welche die weit fortgeschrittene kapitalistische Arbeits- und Lebenswelt den Körpern und Seelen der Menschen zumuten,[29] und nach außen in Gestalt von plötzlichen Gewaltexplosionen in Amokläufen. Denn wenn konkrete Personen, die für die erlittenen Verletzungen verantwortlich gemacht werden, nicht mehr existieren, wenn Leid immer mehr als Folge einer unbestimmten Überforderung angesichts des Missverhältnisses zwischen strukturellen Anforderungen und ungenügender eigener Möglichkeiten erlebt wird, dann bleibt immer häufiger die im wahrsten Sinn des Wortes „blinde" Gewalt als einziger Ausweg. Diese Explosionen ereignen sich bevorzugt an Orten, an denen Lebenschancen verteilt werden, also Schulen, Arbeitsämter, Parlamente, Märkte und Handelszentren, und sie finden nicht zufällig unter den Augen der Öffentlichkeit statt. Insofern haben die Zerstörung des World Trade Centers in New York und die Schulmassaker von Erfurt und Winnenden eine gemeinsame Wurzel.[30] Aber diese Explosionen bleiben die Ausnahme. Die große Mehrheit der Menschen leidet still an der strukturellen Gewalt und setzt alles auf die Hoffnung, sie durch Selbstdisziplinierung zumindest für sich selbst erträglich zu machen. Das ist vermutlich ein weiterer Stützbalken des Gesamtsystems.

Zusammenfassung

In jeder historischen Epoche versuchen die Herrschenden, die jeweilige Ordnung durch Vernunftgründe zu rechtfertigen. So wollen sie sich die Gefolgschaft der Beherrschten sichern. Dies gilt auch für das Bürgertum, das in Europa ab dem 18. Jahrhundert den Adel als politisch herrschende Klasse ablöste. Das Bürgertum erhob den Anspruch, erstmals in der Geschichte Freiheit für alle Menschen gleichermaßen zu gewährleisten. Marx lobt das Bürgertum einerseits für seine herausragende historische Leistung bei der materiellen und geistigen Entwicklung des Menschen, die zu einer beispiellosen Befreiung von Zwängen geführt hat. Er zeigt aber auch, dass die bürgerliche Ordnung gleichzeitig zu neuen Unfreiheiten und Ungleichheiten führt. Der in Bezug auf die Herrschaftsordnung entscheidende Unterschied zwischen der vorbürgerlichen und der bürgerlichen Ordnung besteht Marx zufolge darin, dass sich die Menschen in der bürgerlichen Ordnung nicht mehr konkreten Personen, sondern anonymen Strukturen unterwerfen. Deren Motor ist das ökonomische Prinzip des Kapitalismus, das Produzieren um der Produktion willen. Dieser Triebkraft kann sich weder der Staat noch das Individuum entziehen. Vernunft ist innerhalb dieser Vorgaben im Kern Unterwerfung unter die Prioritäten des Produktionismus. Wer ihnen gehorcht, sich also selbst bezwingt, so Theoretiker des 20. Jahrhunderts, dem fällt das Bezwungensein bald nicht mehr auf. Daraus folgt nicht nur die schleichende Erosion des Primats der Politik, die Tendenz zur sogenannten Postdemokratie. Diese scheinbare Verflüchtigung von Herrschaft trägt vermutlich auch wesentlich zur Stabilität des Kapitalismus bei, weil sie den Kampf um die Ausgestaltung der Herrschaftsordnung und um die Vor- und Nachteile unterschiedlicher Ordnungsvorstellungen gegenstandslos werden lässt.

5. Kapitel

Vertrauen und Betrug

Geld an sich bedeutet ihm nichts, sein Lebensstil ist äußerst bescheiden, 50 Euro Bargeld im Monat reichen.[1] Der einzige Luxus ist ein Cappuccino in der Raststätte, wenn er mit seinem alten Golf von einem Vortrag nach Hause fährt. Die Rede ist von Anselm Grün, Benediktinerpater, Autor und Wirtschaftsverwalter im fränkischen Kloster Münsterschwarzach. Als Autor hat Pater Grün mehr Bücher verkauft als Günter Grass, 15 Millionen sollen es sein, was einem Umsatz von 100 Millionen Euro entspricht. Er könnte also Multimillionär sein. Als Wirtschaftsverwalter ist er Arbeitgeber von 200 Mitarbeitern und führt das Kloster mit seinen Betrieben wie eine mittelständische Firma. Er ist also gezwungen, betriebswirtschaftlich zu denken, und das tut er auch. Nicht nur, dass er sich um eine gute Wirtschaftsführung bemüht, ihn reizt auch die Kreativität im Umgang mit Geld, die er bei anderen Klöstern vermisst. Dazu macht er Schulden, legt das Geld an und hofft auf Gewinn. Renditen von 10 bis 15 Prozent sind normal. Riskante Wertpapiere werden durch einen sogenannten Puffer meist erfolgreich abgesichert. Als einmal argentinische Staatsanleihen um zwei Drittel ihres Werts sanken und das Kloster drei Millionen Euro verlor, konnte Grün diesen Verlust mit Russland-Anleihen schnell wieder wettmachen. Er kaufte sie für 29 und verkaufte sie für 170 Euro. Auf die Interviewfrage, ob er nach seiner Zeit als Klosterverwalter das Spekulieren vermissen werde, meint der Pater: „Kann schon sein."

Etliche seiner Bücher handeln vom rechten Umgang mit Geld. Die nicht überraschende Botschaft lautet: Wir sollen das Geld nicht nur dort anlegen, wo es die höchste Rendite bringt, sondern auch ethische Kriterien berücksichtigen.[2] Da drängt sich die Frage auf: Hat sich Pater Grün genau angesehen, was der argentinische Staat und die russischen Investoren mit dem Geld des Klosters eigentlich anstellen? Bekannt ist, dass in Argentinien viel in die Rinderzucht investiert wird, in Russland in die Öl- und Gasförderung. Dass dort ordentliche Löhne gezahlt werden und menschenwürdige Arbeitsbedingungen herrschen, könne er nicht garantieren, das könne er nur „hoffen", räumte der Pater ein.[3] Es wäre weiter zu fragen: Wie steht es mit den ökologischen Belastungen, die diese beiden Branchen mit sich bringen? Aus der Marx'schen Perspektive, so wird sich in diesem Kapitel zeigen, ist das Vertrauen des Paters naiv: Betrug und Selbstbetrug gehören im Kapitalismus im wahrsten Sinne des Wortes „zum Geschäft".

Ist der Mensch des Menschen Wolf?

Was ist das eigentlich, Vertrauen? Der Begriff bezeichnet eine besondere Qualität in der Beziehung zwischen Menschen, die zunächst zwar einseitig ist, aber mit der Hoffnung auf Erwiderung einhergeht. Vertrauen und Erwiderung sind wichtig für das Selbstvertrauen, nur wer dieses Zusammenspiel der Vertrauensgefühle von früher Kindheit an erfahren kann, entwickelt sich zu einer gesunden Persönlichkeit. So weit die individuelle Perspektive, wie sie die Entwicklungspsychologie verfolgt.

Blindes und sehendes Vertrauen

Beim Vertrauen in der Gesellschaft ist es komplizierter, weil man zwischen Ungleich- und Gleichgestellten unterscheiden muss.[4] Geht der Vertrauensappell von oben nach unten, handelt es sich meist eher um eine einseitige Vertrauenszumutung: Die Unteren sollen dem vertrauen, was ihnen von oben gesagt wird. Umgekehrt herrscht eher das Prinzip „Vertrauen ist gut, Kontrolle ist besser", zum Beispiel bei der Prüfung der Steuererklärung oder der Kreditwürdigkeit. Beim Vertrauen unter Gleichgestellten aber ist die Frage der Wechselseitigkeit prinzipiell offen. Gesellschaftliches Vertrauen unter Gleichgestellten entsteht spontan, wenn Menschen an einem Ort zusammenleben und die Arbeitsteilung noch wenig ausgeprägt ist. Je größer aber die Entfernung zwischen Menschen ist und je spezieller ihre Tätigkeiten sind, desto schwieriger wird die Entstehung von Vertrauen.[5] Deshalb wird der moderne Mensch besonders anfällig für den Missbrauch des Vertrauens – den Betrug. In Bezug auf das Wirtschaftsleben heißt das: Weil mit einem hohen Grad der Arbeitsteilung und der Geldwirtschaft für den einzelnen Marktteilnehmer zwangsläufig Informationsdefizite über die Herkunft und Qualität von Waren, die Bedürfnisse und die Zahlungsfähigkeit von Kunden, die Sorgfalt von Herstellern und Bonität von Investoren einhergehen, entsteht ein wachsender Bedarf nach Vertrauensbeziehungen und gleichzeitig ein hohes Betrugsrisiko. Eine Möglichkeit, sich dagegen zu wappnen, knüpft an die bekannte Unterscheidung zwischen „blindem" und „sehendem" Vertrauen an. Sehendes ist aufgeklärtes, kritisches Vertrauen, es bezieht die Umstände und Konsequenzen des auf dem Vertrauen beruhenden Handelns ein. Blindes Vertrauen blendet dies aus, oft, weil es zu unbequem wäre, sie wirklich zur Kenntnis zu nehmen – es ist geradezu eine Einladung an den anderen zum Betrug. Es scheint im Umgang mit Vertrauen und Betrug keinen besseren Weg als das

Bemühen um sehendes, also kritisches Vertrauen zu geben, also gewissermaßen „Vertrauen auf Verdacht" (Erwin Pelzig).

Das ist bekanntlich nicht einfach. Schließlich sind wir täglich mit raffiniertesten Betrugsversuchen konfrontiert. Das beginnt beim Einkauf im Supermarkt, wo wir durch Mogelpackungen oder Verpackungen variabler Größe oder Preise irritiert, durch die Anordnung der Waren im Regal, die Berieselung mit Musik und die Betörung mit Düften verführt, durch Analogkäse und Klebefleisch und vieles andere für dumm verkauft werden sollen. Es geht weiter damit, dass man aus Kostengründen Rinder mit Knochenmehl und Schweine mit Maschinenfetten füttert. Sehr erfinderisch sind bekanntlich auch die Werbeabteilungen: Ein Hersteller von Kinderriegeln mit hohem Zucker- und Fettgehalt hält Kinder durch einen Wettbewerb dazu an, in großen Mengen seine Riegel zu verspeisen, und sponsert gleichzeitig Sportförderungsprogramme für ebendiese Kinder.[6] Ein Autohersteller verwendet bei der Ermittlung von Spritverbrauch und CO_2-Ausstoß für Testfahrten Spezialöle und Spezialreifen und koppelt Klimaanlagen und Lichtmaschinen ab,[7] und eine Autovermietung wirbt für ihre Produkte damit, dass Frauen in ihren fruchtbaren Tagen auf andere Männertypen stehen als in ihren unfruchtbaren.[8] Viele dieser Betrugsversuche gehen mit Selbstbetrug einher: wenn jemand beim Kauf von T-Shirts um fünf Euro davon ausgeht, dass solche Preise auch ökologisch und sozial verantwortet werden können, oder wenn wir gar nicht wissen wollen, welche Zustände auf Bohrinseln im Golf von Mexiko, in Bergwerken in China oder in Aluminiumfabriken in Ungarn herrschen. Solche Informationen werden der Öffentlichkeit zudem auch so gut wie möglich vorenthalten, weil sie neben dem Image auch den Aktienkurs schädigen könnten.[9] Entscheidend für den wirtschaftlichen Erfolg scheint heute immer mehr eine grundlegend positive Einstellung zu sein. Die amerikanische Autorin Barbara Ehrenreich zeigt in ihrem Buch „Smile or Die", wie „die Ideologie des positiven Denkens die Welt verdummt", wie Motivationstrainer und Fernsehprediger im großen Stil den Glauben verbreiten, man müsse etwas nur fest genug wollen, dann könne man es auch erreichen.[10] Der Kölner Soziologe Wolfgang Streeck meint gar, die ganze Politik bestehe heute fast nur mehr aus Gesundbeterei nach dem Motto: Wenn wir nur optimistisch genug sind, dann wird schon alles gut.[11]

Von Theaterbühnen und Schlachtfeldern

Das Verschweigen und Verdrängen der Wahrheit und die systematischen Vertrauensbrüche greifen massiv in die Beziehungen zwischen Menschen und in ihr eigenes Selbstverständnis ein. Die amerikanische Soziologin Arlie Hochschild beschreibt in ihrem Buch „Das gekaufte Herz", wie Gefühle instrumentalisiert und kommerzialisiert werden.[12] Gefühle stören heute nicht mehr, wie zu Zeiten der frühmodernen Industriegesellschaft, den reibungslosen Produktionsbetrieb, sondern werden selbst zur Ware gemacht. Prostituierte und Bestattungsunternehmer sind die Prototypen dieses Sozialcharakters in der Dienstleistungsgesellschaft, der sich auch in einer großen Zahl von Berufen, bei Verkäufern und Vertretern, bei Ärzten und Lehrern, bei Managern und Politikern, beobachten lässt. Entscheidend für den Erfolg ist, ob die Gefühle glaubwürdig dargestellt werden, ob die Oberfläche also so wirkt, als ob sie die ganze Person ausmache. Viele Menschen müssen diese Simulation von Glaubwürdigkeit aber erst lernen und dazu sogar ihre Fähigkeit, sich in die Gefühle anderer Personen hineinzuversetzen, entwickeln. Am besten gelingt das, so der Saarbrücker Sozialpsychologe Peter Winterhoff-Spurk, jenen Menschen, die von ihrer Veranlagung her zu einem „theatralischen und emotional aufdringlichen Verhalten“ neigen.

Das Spiel mit dem Vertrauen kann unter Umständen recht martialisch klingen. Manager reden wie Faschisten, meint der Schweizer Autor Urs Widmer, der in seinen Büchern die Sprache der Ökonomie besonders unter die Lupe nimmt.[13] Die Ökonomen wollen Sieger sein, deshalb lieben sie das militärische Vokabular. Als die Investmentbank Lehman Brothers pleite ging, sprachen Banker von einem „Blutbad und Massaker“. Konzerne, die möglichst geräuschlos Personal abbauen wollen, delegieren diese Aufgabe gern an vertrauenswürdige Mitarbeiter, die nach getaner Arbeit selbst entlassen werden. Bei einer Umfrage einer Personalberatungsfirma unter ein paar hundert Führungskräften wurde klar, dass das moralische Fehlverhalten als zum Managerdasein dazugehörig angesehen wird.[14] Vom ersten Tag an gewöhne man sich an das moralische Unwohlsein, bekannten viele der Befragten. „Als Barsch unter Haifischen überlebt sich's halt schlecht, also werden viele zum Haifisch.“

Neue Regeln für das Spiel?

Es gibt in der weit fortgeschrittenen Moderne – manche sprechen auch von Postmoderne – ein starkes Bedürfnis, dem Kreislauf von erodierendem Vertrauen und verzweifelter Vertrauensarbeit etwas Stabiles entgegenzusetzen. Wie also kann aus einem von Gefühlen gesteuerten „blinden“ ein von Überlegungen gesteuertes „sehendes“ Vertrauen werden, das als Basis von Kooperation und wechselseitiger Verantwortungsübernahme unverzichtbar ist? Der derzeit von neoliberal orientierten Wissenschaftlern am meisten diskutierte Ansatz kommt aus der mathematischen Spieltheorie und wird in der herrschenden Wirtschafts- und Sozialwissenschaft unter dem Stichwort „Gefangenendilemma“ thematisiert. Zwei Häftlinge sitzen in je einer Zelle, ohne miteinander kommunizieren zu können. Sie werden verdächtigt, einen schweren Raub begangen zu haben. Aber da man ihnen nichts nachweisen kann, hofft man auf ihre Geständnisse. Es werden getrennte Verhöre durchgeführt. Man bietet demjenigen, der gesteht, ein reduziertes Strafmaß an. Der andere, den der Geständige durch sein Geständnis verpfeift, muss dann die ganze Strafe absitzen. Wenn keiner dieses Angebot wahrnimmt, bleiben beide nur für eine relativ kurze Zeit wegen des Tragens einer Waffe in Haft und müssen dann mangels Beweisen frei gelassen werden. Wie werden sich die beiden Häftlinge verhalten? Vermutlich wird jeder, aus Angst, vom anderen verpfiffen zu werden, gestehen. So werden sie beide die volle Strafe absitzen müssen. Könnten sie sich jedoch untereinander absprechen, würden sie sich selbstverständlich auf die Strategie des Leugnens einigen und kämen kurz darauf frei.

Diese Laborsituation kann als typisch für die Konkurrenzgesellschaft gelten. Je nachdem, welche Arena des Konkurrenzkampfes wir betrachten, streben die Konkurrenten nach unterschiedlichen Arten von knappen Ressourcen: in der Schule um Zensuren, in der Wirtschaft um Geld, im Alltag um Aufmerksamkeit, in der Politik um Macht. So versucht jeder in seinem Feld immer besser zu werden, sich selbst und anderen immer mehr abzuverlangen. Weil dies aber alle tun, wird die Messlatte immer höher gelegt, steigen die Anforderungen, um ein und dasselbe Ziel zu erreichen. Wo bisher der Realschulabschluss reichte, braucht man nun das Abitur, wo eine niedrigere Geschwindigkeit mit erheblich geringerem Treibstoffverbrauch ausreichen würde, pflügen Containerschiffe mit Hochdampf durch die Weltmeere, wo der Verzicht auf aufwändige Werbung Produkte deutlich billiger machen könnte, tobt die Propagandaschlacht auf allen Medienkanälen. Die auf Konkurrenz basierenden Spielregeln zwingen also ständig dazu, gigantische Schäden anzurichten, die bei vernünftiger Kooperation entfielen.

Die Spieltheorie hat nun gezeigt, dass durch ganz bestimmte Variationen der Laborsituation selbstschädigendes Verhalten begrenzt werden kann. Wenn nämlich Spieler nicht nur einmal, sondern mehrere Male hintereinander spielen, ergibt sich eine neue Situation: Zwar können die Spieler nicht direkt miteinander kommunizieren, aber indirekt aufeinander reagieren. Riskiert es ein Spieler zum Beispiel in einem Spielzug einmal, nicht seinen individuellen Nutzen, sondern den gemeinsamen Nutzen zu maximieren, kann der Gegenspieler darauf positiv reagieren. Tut er dies, wird dies beim ersten Spieler wiederum die Bereitschaft zur Kooperation verstärken. Durch das Prinzip „Wie du mir, so ich dir" kann Vertrauen systematisch aufgebaut werden, auch ohne dass dabei direkte Kommunikation zwischen den Beteiligten stattfindet,[15] aber nur unter sehr strengen Bedingungen: Das kooperative Verhalten muss sich für den Einzelnen lohnen, die Gruppe der Entscheidungsträger muss überschaubar sein und das Spiel lange genug dauern – Voraussetzungen also, die in einer hoch komplexen und hoch beschleunigten Welt kaum vorstellbar sind: Wie sollte solche Transparenz und Langfristigkeit global umsetzbar sein, wenn es zum Beispiel um die Frage geht, wie die Abkehr von einem rücksichtslosen

Lebensstil in einer Welt möglich werden soll, die durch das Zusammenwirken von Ungleichheit, Konkurrenzverhalten und Vertrauenserosion längst eine ungeheure Komplexität und ein atemberaubendes Veränderungstempo erreicht hat? Zu dieser Frage hat die herrschende Wirtschaftswissenschaft nicht die leiseste Ahnung. Sie ist am Anfang des 21. Jahrhunderts nicht weiter, als es ihre Vorläufer im 17. Jahrhundert waren. Damals hatte der englische Philosoph Thomas Hobbes die oft zitierte Erkenntnis „Der Mensch ist des Menschen Wolf" zum Ausgangspunkt seiner Staatstheorie gemacht. Weil die Menschen von Natur aus einander nicht über den Weg trauten, bräuchten sie den Staat, der ihre tierische Triebnatur kultivieren müsse, wenn der „Krieg aller gegen alle" verhindert werden solle. Die Aufforderung an das Volk, auf den Staat zu vertrauen, war damals die Konsequenz des Zusammenbruchs des Vertrauens auf Religion und Konfession. Aber dieses Vertrauen auf den Staat wurde im 18. Jahrhundert, wie wir gesehen haben, abgelöst durch eine neue Vertrauensinstanz, die den Staat teilweise ersetzen sollte: die „unsichtbare Hand" des Marktes, die der Wirtschaft als Basis der Gesellschaft ein Höchstmaß an Vernunft verleihen sollte (vgl. Kapitel 4). Heute wissen wir: Auch das Vertrauen auf die Vernunft des Marktes ist durch und durch brüchig geworden – und die herrschende Wirtschaftswissenschaft hat kein wirkliches Konzept, wie wieder Boden unter den Füßen zu gewinnen wäre.

Das Heilsversprechen der Moderne

Die Allgegenwart von Täuschungsversuchen und Betrügereien wird meist moralisch angeprangert, ohne dass die fundamentale Bedeutung des systematisch brüchigen Vertrauens wirklich zur Kenntnis genommen wird. *Erstens* zeigen empirische Untersuchungen, dass ein Mangel an Vertrauen – in Verbindung mit einem hohen Grad an Konkurrenzorientierung und sozialer Ungleichheit – permanenten Stress erzeugt, ungesund ist, soziale Kosten mit sich bringt und die Zivilgesellschaft schädigt.[16] *Zweitens*, und das scheint noch gravierender, trägt die prekäre Vertrauenssituation ganz wesentlich zur fundamentalen Entmündigung des Menschen bei. Der Kapitalismus, so der amerikanische Sozialphilosoph Charles Taylor, ist ein Heilsversprechen, das auf dem blinden Vertrauen beruht, das Paradies auf Erden schaffen zu können, indem man die Augen verschließt für die Aufzehrung der ökologischen, kulturellen und sozialen Lebensgrundlagen und blind auf die „Hohenpriester der Moderne" vertraut.[17]

Ein Blick auf die deutsche Geschichte des 20. Jahrhunderts zeigt im Übrigen, dass selbst nach den großen Katastrophen der beiden Weltkriege immer wieder schnell im Großen und Ganzen der Ordnung vertraut wurde, die in die Katastrophe geführt hatte.[18] Auch glaubte man, keine Zeit für die Erprobung von Neuem zu haben – „Keine Experimente!" war bekanntlich der Leitspruch

Adenauers. Und bei der Wiedervereinigung Deutschlands 1990 war es nicht viel anders: Die Kritiker des Kapitalismus, im Osten wie im Westen Deutschlands, wurden nicht wirklich ernst genommen, die ursprünglich für diesen Fall im Grundgesetz vorgesehene Überarbeitung der deutschen Verfassung wurde unterlassen. Der Gipfel der Vertrauenszumutung besteht in der Behauptung, diese Form des Lebens und seine Ethik seien auch für alle Zukunft ohne Alternative, wie es in den 80er Jahren des vergangenen Jahrhunderts Margaret Thatcher, die konservative Premierministerin Großbritanniens, bereits vor dem Ende des Ost-West-Gegensatzes formulierte: „TINA – There is no alternative.“[19]

Die Vergötterung der Verhältnisse

Das Bemühen um sehendes, also kritisches Vertrauen ist aus der Marx'schen Perspektive ein klassischer Fall von Individualisierung und Psychologisierung gesellschaftlicher Strukturen. Die Strukturen der kapitalistischen Warenproduktion zwingen die Menschen zu Konkurrenzverhalten und verwehren ihnen jene Informationen und jene Gelegenheiten zu Kommunikation sowie Kooperation, die sie für ein wirklich vertrauensvolles Miteinander bräuchten. Der Kapitalismus nährt ständig die Illusion, über die Herstellung kritischen Vertrauens zwischen Individuen die Bewältigung gesellschaftlicher Erfordernisse des Wirtschaftens erreichen zu können. Oder anders formuliert: Dieses Wirtschaftssystem lässt die Menschen auf der personalen Ebene nach etwas Festem suchen, das es aufgrund der Strukturen gar nicht geben kann. Wenn Menschen auf diese objektiven Gegebenheiten durch den Versuch der Herstellung subjektiver Vertrauensbeziehungen reagieren, zeigen sie nur, dass sie nicht begreifen, was sie sich ständig wechselseitig antun. Während Marx in seinen Frühschriften diese umfassende Täuschung des Bewusstseins noch auf die Arbeitsteilung, vor allem die zwischen Hand- und Kopfarbeit, zurückführt (vgl. Kapitel 1), präzisiert er im „Kapital“ den Zusammenhang zwischen Sein und Bewusstsein auf eine ausgesprochen originelle Weise – durch die Entwicklung einer Fetischtheorie.

Der Fetisch von Ware und Geld

Der moderne Mensch, so die Kernthese, ist keineswegs aufgeklärter als der Gläubige einer primitiven Religion. Beide schaffen sich kultische Gegenstände, denen sie Zauberkräfte zusprechen, sehen sich dann gezwungen, ihnen wertvolle Opfer zu bringen, und fürchten schließlich deren Rache, wenn diese Opfer nicht auf Wohlgefallen treffen. Im Klartext heißt das: Der Kapitalismus hat die Grundlage der Aufklärung auf den Kopf gestellt, der Mensch ist vom Subjekt zum Objekt geworden, er vertraut seinen eigenen Werken nicht mehr. Um das zu verstehen, muss man sich auf die Marx'sche Wertformanalyse einlassen, in der er die eigenartige Verbindung privater und gesellschaftlicher Momente der Produktion in der bürgerlichen Gesellschaft analysiert.

Hinter dem Rücken

In der einfachen Warenproduktion, in der es also noch kein Kapital gibt (vgl. Kapitel 2), arbeitet zunächst jeder für sich allein, ohne zu wissen, ob seine Arbeit auf dem Markt auch als wertvoll anerkannt wird. Es besteht das ständige Risiko, dass sich jemand zwar bei der Produktion der Ware angestrengt und er auch einen durchaus soliden Gebrauchswert erzeugt hat, jedoch auf dem Markt die bittere Erfahrung machen muss, dass seine Mühen nicht entschädigt werden. Die gesellschaftliche Anerkennung der Einzelarbeit als wertvolle Arbeit zeigt sich erst, wenn der Tausch auf dem Markt klappt. Alles hängt von den Wertgrößen ab, die sich auf dem Markt ergeben. Die Wertgröße sagt dem Warenbesitzer, wie viel der in der Ware steckenden Arbeit gesellschaftlich durchschnittlich notwendig gewesen ist.

Wichtig zum Verständnis des Fetischcharakters der Ware ist nun, dass die Wertgrößen beständig wechseln, ohne dass die einzelnen Tauschenden dies wollen, ohne dass sie dies voraussehen können und ohne dass sie darauf Einfluss haben. Die Werte ergeben sich einfach wie das Wetter und müssen zur Kenntnis genommen werden. Wenn zum Beispiel eine Tonne Eisen auf dem Markt über lange Zeit immer wieder mit zwei Unzen Gold gleichgesetzt wird, dann erscheint dieses Austauschverhältnis, in dem sich der Wert des Eisens zeigt, wie eine natürliche Eigenschaft des Eisens. Dann heißt es einfach: Eine Tonne Eisen *ist* zwei Unzen Gold *wert*. Wertgleichheit erscheint dann ähnlich wie Gewichtsgleichheit, obwohl zwei Dinge, die gleich schwer sind, völlig unterschiedliche physikalische oder chemische Eigenschaften haben können, wie zum Beispiel ein Pfund Eisen, ein Pfund Gold oder ein Pfund Dreck. Die Gleichsetzungen von Werten scheint im Bewusstsein also nur eine Variante natürlicher Gleichheiten zu sein, genauso wie eben die Gleichsetzung von Gewichten. Tatsächlich aber ist die Gleichheit der Gewichte durch die Natur, die Gleichheit der Werte durch nichts anderes als durch das Handeln der beteiligten Menschen entstanden – nur dass dieses Handeln nicht von den Menschen selbst koordiniert worden ist, sondern sich „hinter ihrem Rücken", eben durch das Gesetz der Wertbildung, einfach ergeben hat. Werte sind wie Krücken oder Brillen, Hilfsmittel also, die Menschen, die keine Chance hätten, einander zu begegnen, befähigen, mit ihren jeweiligen Arbeitsprodukten Kontakt zueinander aufzunehmen.

Dass auch eine direkte Verbindung der Warenproduzenten, also von Angesicht zu Angesicht, möglich wäre, zeigt ein einfaches Gedankenexperiment. Nehmen wir statt einer Tonne Eisen hundert handgemachte Ziegelsteine in einem beliebigen Dritte-Welt-Land. Unterstellen wir, diese Ziegel könnten beim Verkauf zehn Dollar einbringen, genug für Reis, Gemüse und Fleisch, so dass die Familie des Ziegelherstellers eine Woche lang gut über die Runden kommt. Stellen wir uns nun weiter vor, dass durch eine im Nachbarort gebaute Ziegelsteinfabrik der Wert dieser hundert Ziegel plötzlich auf einen Dollar falle. Dann sehen wir die Brisanz dieser Form der Arbeitsteilung über das Wertgesetz. Sie kann Produzenten von heute auf morgen um die Früchte ihrer Arbeit bringen. Hätten sich die Beteiligten darauf geeinigt, dass die hundert handgemachten Steine trotz der Existenz der Fabriksteine acht oder fünf Dollar wert oder dass die Fabriksteine ebenfalls so teuer wie die handgemachten sein sollten oder dass die Fabrik weniger Steine macht oder dass der Ernährer der Familie ab jetzt in der Fabrik mitarbeitet etc., dann könnte die betroffene Familie relativ sorgenlos sich weiterhin von der Produktion von Ziegelsteinen ernähren, vielleicht müsste sie nur das Fleisch weglassen. Wenn die Produzenten sich abgesprochen hätten, hätten sie sich jedenfalls auf ganz andere Tauschrelationen einigen können. Direkter Diskurs oder indirekte Beauftragung von Koordinatoren – das wäre also die Alternative zur Warenproduktion.

Wenn zig Millionen Menschen auf den Märkten dieser Welt ihre elementaren Bedürfnisse nicht befriedigen können und daran krank werden und vielleicht sterben, dann sind dies die Menschenopfer, die dem vom Menschen selbst geschaffenen Götzen, der beschönigend „ökonomische Vernunft" genannt wird, gebracht werden müssen. Die Ärmsten der Armen haben eben das Pech, dass ihre Produkte als ziemlich wertlos eingestuft werden oder ihnen die Voraussetzungen für das Produzieren ganz fehlen. Die ökonomische Vernunft der Marktwirtschaft gebiete es, so heißt es, die Zinsen für arme Länder nicht zu senken, ihre Kredite nicht zu stunden, die Handelshürden gegen sie nicht zu beseitigen, Medikamente nicht zu verschenken etc. Das alles ist gemeint, wenn Marx das Fetischproblem wie folgt auf den Punkt bringt: Die „gesellschaftliche Bewegung" der Menschen „besitzt für sie die Form einer Bewegung von Sachen, unter deren Kontrolle sie stehen, statt sie zu kontrollieren".[20] Oder auf das Vertrauen bezogen: Die Menschen vertrauen den Sachen, weil ihnen das Vertrauen zu sich selbst aufgrund der Strukturen der kapitalistischen Warenproduktion verwehrt ist.

Der Schein des Geldes

Der Warenfetisch zeigt sich natürlich auch an der Ware Geld, und dort besonders deutlich. Was ist ein 50-Euro-Schein, den jemand in seiner Brieftasche stecken hat? Ein wertvolles Stück Papier. Aber warum ist es wertvoll? Weil man sich 50 belegte Brötchen, fünf Taschenbücher, zwei ordentliche Essen oder ein einfaches Handy dafür kaufen kann? Aber warum geht das? Weil in diesem Geldschein eine ganz bestimmte Menge abstrakter gesellschaftlicher Durchschnittsarbeit enthalten ist. An jedem Geldschein klebt also Arbeitsschweiß – von Menschen, mit denen ich über das Geld durch den Kauf meiner Brötchen etc. verbunden werde. Geld ist damit kein harmloses Hilfsmittel, das uns den Tausch erleichtert, sondern es verkörpert den Anspruch auf das Resultat eines – wenn auch winzigen – Teils der gesamten Arbeitszeit der Gesellschaft. Dem Geldbesitzer erscheint dieser Anspruch als ein Recht der Natur, in Wirklichkeit ist es nichts anderes als eine gesellschaftliche Festlegung, also ein Produkt des Menschen.

Dieser Täuschung unterlagen vermutlich auch viele ehemalige DDR-Bürger, die angesichts der Abwicklung der ostdeutschen Volkswirtschaft verzweifelt darauf hinwiesen, dass sie doch „auch gearbeitet" hätten. Sie konnten nicht verstehen, dass ihre jahrzehntelang, teils unter schwersten Bedingungen erbrachten Leistungen nun plötzlich nichts mehr wert sein sollten und ganze Fabriken von der Treuhand um eine Mark verscherbelt wurden. Das Problem der Ostdeutschen war folgendes: Sie vertrauten auf ihre *individuellen* Anstrengungen in der Volkswirtschaft der DDR, jetzt aber, in der weltwirtschaftlich eingebundenen BRD, zählte das *gesellschaftliche* Durchschnittsmaß, und zwar in Bezug auf den Weltmarkt. Im Weltmaßstab waren viele Industrieprodukte aus der DDR, auch wenn sie noch so gut und nützlich zur Befriedigung menschlicher Bedürfnisse auf unserem Globus gewesen sein mögen, also plötzlich wertlos. Im Kapitalismus zählt eben nicht die konkrete Arbeit beziehungsweise der konkrete Gebrauchswert, sondern allein die abstrakte Arbeit beziehungsweise der Wert.

Der Fetisch des Lohns

Das Phänomen, dass in der einfachen Warenproduktion das Verhalten der Menschen als Verhältnis von Sachen erscheint, findet sich Marx zufolge auch in der kapitalistischen Warenproduktion wieder, und zwar als sogenannter Lohnfetisch. Der Kapitalbesitzer und der Besitzer der Arbeitskraft schließen einen Vertrag unter formal Freien und formal Gleichen ab (vgl. Kapitel 2). Der Form nach, also oberflächlich beziehungsweise rechtlich betrachtet, sind beide frei: Keiner ist rechtlich gezwungen, und rechtlich muss sich auch jeder gleichermaßen, wenn der Vertrag einmal abgeschlossen ist, an ihn halten. Stand, Verwandtschaft, Sympathie, Mitgefühl etc. sind im Hinblick auf Freiheit und Gleichheit also bedeutungslos. Man interessiert sich für einander nur als Eigentümer der Arbeitskraft beziehungsweise des Kapitals, und beide betrachten sich gleichermaßen als Nutznießer, weil jeder erhält, was ihm zusteht:

der Kapitalbesitzer die Arbeitsleistung, der Arbeitskraftbesitzer den Wert seiner Arbeitskraft, und dieser bemisst sich, wie der Wert jeder anderen Ware, durch die gesellschaftlich durchschnittlich notwendige Arbeitszeit, die zu ihrer dauerhaften Wiederherstellung nötig ist.

Wechselt man von dieser oberflächlichen zu einer tiefer gehenden, inhaltlichen, auf die menschliche Beziehung abzielende Betrachtung, so zeigt sich in der kapitalistischen Warenproduktion ein völlig anderes Bild, das Marx so beschreibt: „Der ehemalige Geldbesitzer schreitet voran als Kapitalist, der Arbeitskraftbesitzer folgt ihm nach als sein Arbeiter; der eine bedeutungsvoll schmunzelnd und geschäftseifrig, der andre scheu, widerstrebsam, wie jemand, der seine eigne Haut zu Markt getragen und nun nichts andres zu erwarten hat als die – Gerberei.“[21] Gerberei ist die Zur-Verfügung-Stellung der Arbeitskraft für die Produktion von Mehrwert. Die Oberfläche des Marktgeschehens täuscht also das Gegenteil dessen vor, was in der Tiefe der Produktionsstätten tatsächlich der Fall ist. Wer also aus der sachlichen Form des Arbeitslohns auf den menschlichen Inhalt der Arbeitsverhältnisse schließt, hat Marx zufolge ein – im wahrsten Sinn des Wortes – „verkehrtes“ Bewusstsein.

Die Brisanz dieser Verkehrung von Form und Inhalt, die in diesem Fortschreiten von der einfachen zur kapitalistischen Warenproduktion enthalten ist, wird besonders deutlich, wenn man den Kapitalismus mit vorkapitalistischen Verhältnissen vergleicht. In der mittelalterlichen Fronarbeit war klar, welcher Teil der Arbeit des Bauern für ihn selbst und welcher für den Grundherrn geleistet wurde, weil diese Arbeiten in der Regel an unterschiedlichen Tagen oder/und an unterschiedlichen Orten zu tun waren. Noch weniger konnte bei der antiken Sklavenarbeit der Eindruck entstehen, der Sklave arbeite für sich selbst. Im Kapitalismus jedoch löscht die Form des Arbeitslohns „jede Spur der Teilung des Arbeitstags in notwendige Arbeit und Mehrarbeit, in bezahlte und unbezahlte Arbeit aus. Alle Arbeit erscheint als bezahlte Arbeit.“[22] Was an der Oberfläche der Rechtsformen übrig bleibt, ist die sachliche, formal freie und formal gleiche Beziehung zwischen zwei Rechtsträgern, die miteinander ein Geschäft zum beiderseitigen Vorteil abschließen.

Auf dieser Oberfläche „beruhn alle Rechtsvorstellungen des Arbeiters wie des Kapitalisten, alle Mystifikationen der kapitalistischen Produktionsweise, alle ihre Freiheitsillusionen, alle apologetischen Flausen der Vulgärökonomie“[23]. Mit dem Letzteren sind die Rechtfertigungslehren jener Wirtschaftswissenschaften gemeint, deren falsches Bewusstsein das Denken der Gesellschaft prägt. Indem die Arbeiter nur um einen höheren Lohn streiten, nicht aber das Lohnarbeitsverhältnis insgesamt in Frage stellen, lassen sie sich von diesem Lohnfetisch leiten, und wo sie aus taktischen Gründen manchmal auf Lohnerhöhungen verzichten, bringen sie ihm sogar Opfer dar. Aus dem Vertrauen in sich selbst ist das Vertrauen in ihren Fetisch geworden.

Der Einkommensfetisch oder Die Heilige Dreifaltigkeit

Falsches Bewusstsein in diesem Sinn des verkehrten Bewusstseins findet sich in seiner entwickeltsten Form im Einkommensfetisch.[24] Zum wirtschaftswissenschaftlichen Grundwissen, so wie es in den Lehrbüchern an Schulen und Hochschulen verbreitet wird, gehört, dass Arbeit, Boden und Kapital die drei Produktionsfaktoren seien und sich Wirtschaftsordnungen nur in der Akzentsetzung dieser Faktoren unterscheiden würden.[25] Dementsprechend gelten die zu diesen Faktoren gehörenden Einkommen, also Arbeitslohn, Bodenrente und Kapitalgewinn, als Ausgleich für die Leistungen, die die drei Faktoren jeweils erbringen. Die fundamentale Unterschiedlichkeit der Einkommensquellen fällt der Abstraktion dieser Betrachtungsweise zum Opfer. Das praktische Interesse der Menschen in Bezug auf ihr Einkommen richtet sich dementsprechend immer nur auf seine Höhe. Die Frage, wo das Geld herkommt, gilt, solange das Geld problemlos fließt, als nicht weiter wichtig.

Arbeit, Boden, Kapital

Aus dieser Perspektive der herrschenden Wirtschaftstheorie scheint die Gleichberechtigung von Lohn, Rente und Gewinn eine sachliche Selbstverständlichkeit, so wie Arbeit, Boden und Kapital für die Produktion sachlich einfach erforderlich sind. Weil Marx die Täuschungen der sich aufgeklärt wähnenden Zeiten immer wieder durch Vergleiche mit angeblich weniger aufgeklärten Zeiten illustriert, greift er ein Bild aus der christlichen Tradition auf: die Heilige Dreifaltigkeit. Die Einheit von Arbeitslohn, Bodenrente und Kapitalgewinn ist demzufolge dem Glauben der kapitalistischen Moderne ähnlich heilig wie den Christen die trinitarische Einheit Gottes – die Einheit von Vater, Sohn und Heiligem Geist.

Wer die gesellschaftlichen Einkommensverhältnisse hingegen nicht mythologisch verklärt, sondern nüchtern analysiert, der muss Marx zufolge unter die Oberfläche schauen und entsprechend der materialistisch-historischen Analysemethode prüfen, auf welcher Grundlage das jeweilige Einkommen erst möglich wird. Dies erfordert den Blick auf die Menschen, durch deren Tun das jeweilige Einkommen erst entsteht, genauer: auf deren Beziehungen – zur Natur und zueinander. Auf dieser Ebene der Betrachtung ergibt sich ein völlig anderes Bild als in der herrschenden Wirtschaftstheorie. Der Arbeitslohn resultiert aus abhängiger Arbeit und diese aus dem Fehlen eigener Produktionsmittel. Der Kapitalertrag entsteht durch die Aneignung des Resultats der Mehrarbeit, also des Mehrwerts durch den Eigentümer dieser Produktionsmittel. Die Grundrente entspringt durch die Abtretung eines Teils dieses Mehrwerts an den Grundeigentümer. Da für Marx nur die menschliche Arbeit Wert schaffen kann, beruhen die anderen beiden Einkommensarten allein auf der Enteignung der Früchte der Arbeit von Menschen durch andere Menschen – und zwar direkt durch die Eigentümer des Kapitals, indirekt durch die Eigentümer des Bodens.[26]

Der Perspektivenwechsel von der Oberfläche der Rechtsformen führt Marx so zur Tiefenstruktur der Klassenverhältnisse. In der Vorstellung von der Gleichheit der drei Einkommensquellen, aus denen aller Reichtum sich speist, „ist die Mystifikation der kapitalistischen Produktionsweise, die Verdinglichung der gesellschaftlichen Verhältnisse [...] vollendet“[27]. Wer in seinem Bemühen um das Verstehen wirtschaftlicher und gesellschaftlicher Zusammenhänge nicht bis zur Arbeit als wertbildender Grundlage zurückgeht, sondern seine Vorstellungen über Einkommensquellen aus der Oberfläche der sachlichen Beiträge zur Entstehung fertiger Waren entnimmt, kann nicht anders, als Arbeit, Kapital und Boden als gleichermaßen erforderlich für die Produktion anzuerkennen und ihnen deshalb gleichermaßen ein Recht auf Einkommen zuzusprechen. Wie beim Waren- und Lohnfetisch verkehrt sich auch beim Einkommensfetisch im Bewusstsein das Verhältnis von zwischenmenschlichen Beziehungen und sachlichen Gegebenheiten. So bleibt den Menschen das ihrer alltäglichen Praxis zugrunde liegende zwischenmenschliche Verhältnis – die Ausbeutung von Menschen durch Menschen – verborgen.

Oberfläche und Staat

Die Vorstellung von der Gleichheit von Arbeitslohn, Bodenrente und Kapitalprofit, die „trinitarische Formel“, ist für die Marx’sche Staatstheorie von großer Bedeutung. Der Staat wurde bisher (vgl. Kapitel 4) als eine Institution dargestellt, die dazu dient, das Privateigentum zu schützen und all jene Angelegenheiten zu übernehmen, welche die einzelnen Privateigentümer nicht alleine erledigen können. Wie aber verändert sich das Bild vom Staat, wenn man die in der Gesellschaft herrschende Vorstellung von der Gleichheit der drei Einkommensquellen wirklich ernst nimmt? Wenn der Kapitalismus funktionieren soll, dann muss der Staat alle Einkommensquellen gleichermaßen schützen. Der staatliche Schutz darf keinen Unterschied in der Bedeutung und Berechtigung dieser Quellen machen. Er darf also auch die Lohninteressen der Arbeitenden nicht schutzlos lassen, denn sobald diese den Wert ihrer Arbeitskraft nicht erstattet bekommen, ist deren Reproduktion und damit das gesamte System der Mehrwertproduktion fundamental gefährdet.

Historisch zeigt sich dies zum Beispiel in England schon im 19. Jahrhundert darin, dass der Staat – sogar auf Druck des Kapitals – die ruinösesten Formen der Kinderarbeit, v.a. die Arbeitszeit der Kinder in Abhängigkeit von ihrem Alter beschränkte, um zu gewährleisten, dass immer genügend kräftige Erwachsene als Arbeitskräfte und – bei den Männern – auch als Soldaten zur Verfügung standen. Um dieser Aufgabe des Schutzes der Arbeit nachzukommen, nahm der Staat im Laufe der Zeit Grundrechtskataloge in die Verfassungen auf, erließ Arbeits-, Wirtschafts-, Finanzgesetze usw. Insofern die Oberfläche der Gesellschaft betrachtet wird, muss der Staat als Anwalt des Allgemeininteresses bezeichnet werden. Was allerdings die Tiefenstruktur betrifft, so ermöglicht nach Marx genau dieses formalrechtliche Freiheits- und Gleichheitsprinzip den Gesamtprozess, dessen Kern die Ausbeutung von Arbeit und die Aufrechterhaltung der Klassenstruktur ist. So versucht der Staat, den kapitalistischen Grundwiderspruch zwischen der gesellschaftlichen Produktion und der privaten Aneignung der Produkte (vgl. Kapitel 2) so gut es geht zu überbrücken.

Kommen wir zurück zum Ausgangspunkt: Inwiefern wirft die Marx'sche Fetischtheorie ein neues Licht auf den Zusammenhang zwischen Vertrauen und Betrug? Zum einen ist es der Nachweis der systematischen Überforderung des Menschen, der angesichts des erreichten Grads der Arbeitsteilung auf Vertrauen angewiesen ist, dieses aber aufgrund der Verhältnisse ständig wieder zerstören muss.[28] Zum anderen, und das ist hier entscheidend, beruht das Heilsversprechen des Kapitalismus auf der Autorität einer Wirtschafts- und Gesellschaftsordnung, die aufgrund ihrer Oberflächenstrukturen den Menschen den Eindruck vermittelt, es gebe zu ihr keine Alternative, sie entspringe der Natur selbst, ihre Spielregeln seien nichts weiter als die logische Konsequenz der Zwänge der „Sachen". Wo aber das Handeln der Menschen letztlich nur Naturgegebenheiten folgt, wie den Jahreszeiten oder dem Wetter, also letztlich der Schöpfung Gottes beziehungsweise der Evolution der Natur, gibt es keinen Grund mehr, daran zu zweifeln, dass auch der Kapitalismus als Wille Gottes beziehungsweise Gesetz der Natur bis ans Ende aller Tage alternativlos bestehen bleibt. Wenn der Kapitalismus das Vertrauen auf sein ewiges Leben erzeugt, betrügt er die Menschen um die Möglichkeit, für die Zukunft eine andere Form des Lebens und des Wirtschaftens zu suchen und zu finden. Weil Marx aber konsequent materialistisch denkt, warnt er vor der Illusion, mit der Entfernung des Schleiers, also mit der Erkenntnis des Fetischcharakters, sei der Betrug schon zu Ende. Erst wenn sich auch die ökonomische und gesellschaftliche Praxis radikal verändert hat, so Marx, wenn die Menschen ihre sozialen Beziehungen nicht hinter ihrem Rücken entstehen lassen, sondern von Angesicht zu Angesicht selbst und bewusst gestalten, können sie einander wirklich vertrauen (vgl. Kapitel 8).

Gleichschaltung

Die Gleichschaltung der Menschen im Nationalsozialismus und Stalinismus gilt als fundamentale Negation des Menschenbildes der Aufklärung, auch wenn die politischen Ziele und wohl auch die Dimensionen der Opfer in beiden Fällen nicht vergleichbar waren. Wie aber gehen wir heute, in der pluralistischen Demokratie, mit dem Menschenbild der Aufklärung um? Aufklärung ist, so die viel zitierte Formulierung von Immanuel Kant, „der Ausgang des Menschen aus seiner selbst verschuldeten Unmündigkeit" und „Unmündigkeit ist das Unvermögen, sich seines Verstandes ohne Leitung eines anderen zu bedienen".[29] Dass der Mensch einen Verstand hat, hängt bekanntlich damit zusammen, dass er nicht aufgrund eines Instinktprogramms zu einem ganz bestimmten Handeln gezwungen ist: Er kann – muss es freilich nicht – sein Handeln reflektieren. Ein zentrales Merkmal der Reflexionsfähigkeit ist das Vermögen, aus einer Vielzahl von Alternativen nach bestimmten Kriterien eine Alternative auszuwählen. Genau das macht die Souveränität des menschlichen Willens aus, nur so kann der Mensch Subjekt seines Tuns und seiner Geschichte sein. Die Frage nach der prinzipiellen Vielfältigkeit und Offenheit des menschlichen Fühlens und Denkens hatte sich Marx im 19. Jahrhundert noch nicht gestellt, weil damals eine relativ überschaubare Klassenstruktur und eine relativ klare Ausrichtung des historischen Fortschritts in Richtung auf die Entwicklung der technischen Möglichkeiten und letztlich des Kommunismus innerhalb der Arbeiterbewegung als weitgehend unstrittig galten. Um heute aber die erstaunliche Stabilität des Kapitalismus zu erklären, reicht diese Sichtweise nicht mehr aus.

Als Ganzes irrational

Eine der überzeugendsten Beschreibungen der Gleichschaltung durch die ökonomischen Strukturen des Kapitalismus hat der vor den Nazis in die USA geflohene deutsche Sozialphilosoph Herbert Marcuse vorgelegt. Ausgangspunkt seines 1964 erschienenen Buches „Der eindimensionale Mensch" ist die Bedrohung der fortgeschrittenen Industriegesellschaft durch das Damoklesschwert einer atomaren Katastrophe. Diese Bedrohung zeige überdeutlich, wie weit der Widerspruch zwischen den technischen und den menschlichen Möglichkeiten heute gediehen sei. Die Gesellschaft ist für Marcuse „als Ganzes irrational": „Ihre Produktivität zerstört die freie Entwicklung der menschlichen Bedürfnisse und Anlagen, ihr Friede wird durch die beständige Kriegsdrohung aufrecht erhalten, ihr Wachstum hängt ab von der Unterdrückung der realen Möglichkeiten, den Kampf ums Dasein zu befrieden."[30] In früheren Phasen der gesellschaftlichen Entwicklung war die Schwäche des Menschen, seine geringen geistigen und materiellen Fähigkeiten, für diese Behinderung seiner Möglichkeiten verantwortlich, heute ist es seine Stärke, die den Menschen blockiert.

Eine kritische Theorie, so kennzeichnet Marcuse seine Aufgabe, muss zeigen, wie es zu dieser Irrationalität gekommen ist und welche Alternativen zu ihr existieren. Sie geht davon aus, dass menschliches Leben lebenswert gemacht werden kann und sollte und dass in der gegebenen Gesellschaft spezifische Möglichkeiten zur Verbesserung des menschlichen Lebens existieren. Marcuses Maßstab ist einerseits die Befriedigung der Bedürfnisse, einschließlich des Bedürfnisses nach Entwicklung menschlicher Potentiale, andererseits die Schwere der Arbeit und des Elends. Marcuse nennt seine Analyse eine „transzendierende", weil sie die gegebenen Tatsachen „im Lichte ihrer gehemmten und geleugneten Möglichkeiten" übersteigt. Ihm geht es darum, die Alternativen, die als „subversive Tendenzen" heute schon vorhanden sind, offenzulegen und ihnen zum Durchbruch zu verhelfen.

Der hoch entwickelte Produktions- und Verteilungsapparat, so Marcuses zentrale Botschaft, legt nicht nur die Instrumente für das gute Leben fest, sondern auch seine Ziele.[31] Wenn man heute beispielsweise in den industrialisierten Ländern Autos bauen kann, die mit einem Tempo von weit über 200 Kilometern pro Stunde über sechsspurige Autobahnen rasen, und diese Autos fast von jedem Führerscheininhaber auf Kredit gekauft werden können, dann werden dadurch nicht nur technische Fähigkeiten von Planern, Logistikern und Ingenieuren hervorgebracht, die für alle möglichen Aufgaben im Zusammenhang mit der Bewältigung technischer Probleme bei der Befriedigung menschlicher Bedürfnisse hilfreich sind. Diese Möglichkeiten lassen auch bei unzähligen Fahranfängern das Motiv entstehen, solch ein Auto zu besitzen, bei dem Hersteller, solche Autos möglichst oft zu verkaufen, und bei den Banken, dafür möglichst viele Kredite bereitzustellen.

Die Vorgabe nicht nur der Mittel, sondern auch der Ziele hält Marcuse für „totalitär". Der Totalitarismusbegriff bezeichnet gemeinhin eine gesellschaftliche und politische Ordnung, die nicht nur das Denken der Menschen gleichschaltet, sondern auch das Fühlen und Handeln kontrolliert. Ein solcher Totalitarismus findet sich Marcuse zufolge auch in den rechtsstaatlich-demokratisch verfassten Industriegesellschaften des 20. Jahrhunderts. Diese Gesellschaften setzen alles daran, den bestehenden Produktions- und Verteilungsapparat weiter zu entwickeln und dabei die Menschen möglichst umfassend zu instrumentalisieren – und dies mit globalem Geltungsanspruch. Das, so Marcuse, hat zur Konsequenz, dass der soziale Wandel unterbunden wird. Damit meint er die Entwicklung anderer Formen des Arbeitens und Produzierens, des Lebens insgesamt. Damit einher geht Marcuse zufolge der Niedergang des geistigen Pluralismus, also der Vielfalt der Ideen vom guten Leben, zugunsten der Einfalt des materiellen Wohlstands. Als Kernstück dieser Gleichschaltung gilt ihm „das betrügerische Einverständnis von Kapital und organisierter Arbeiterschaft", dass alles so bleiben soll, wie es ist. So konnte sich ein möglicher „Entwurf" von Fortschritt zum einzig möglichen verselbstständigen. Alle Bestrebungen und Ideen, die dem eindimensionalen Fortschrittsprogramm zuwiderlaufen, werden entweder abgewehrt oder dadurch entwertet, dass sie in das bestehende System integriert werden. Die Gleichschaltung nimmt den Menschen systematisch die Fähigkeit, Alternativen zu denken, Visionen und Utopien zu entwerfen – ihr kreatives Potential versiegt.

Verschüttete Bedürfnisse

An welche Art von Alternativen Marcuse denkt, wird zum Beispiel deutlich, wenn er beschreibt, was man unter einer „freien Gesellschaft" verstehen könnte.[32] Marcuse definiert die freie Gesellschaft, indem er angibt, wovon die Menschen dieser Gesellschaft befreit werden könnten. Dabei hat Freiheit mehrere Dimensionen: Freiheit im ökonomischen Sinn könnte die Befreiung von den Zwängen des Wirtschaftens bedeuten, vom täglichen Kampf ums Dasein. Freiheit im politischen Sinne könnte als Befreiung von jener Politik verstanden werden, auf die der Mensch keinen Einfluss hat, weil sie nur auf sogenannte Sachzwänge reagiert. Freiheit im geistigen Sinn schließlich könnte die Befreiung von vorgefertigten Denkschablonen bedeuten, die Befähigung zum selbstständigen und kreativen Denken.

Das klang in der zweiten Hälfte des 20. Jahrhunderts, in einer Zeit, die vom Kalten Krieg geprägt war, für viele Ohren nicht nur hochgradig utopisch, sondern selbst wieder totalitär. Marcuse wird auch immer wieder vorgeworfen, im Bemühen um die Befreiung des Menschen seinerseits einer neuen Form der Entmündigung das Wort zu reden. Dieser Vorwurf zielt hauptsächlich auf seine Äußerungen über Bedürfnisse. Haupthindernis bei der Befreiung der Menschen aus der Eindimensionalität ist nach Marcuse die Tatsache, dass die existierende Gesellschaft den Menschen ständig materielle und geistige Bedürfnisse „einimpfe".[33] Diese Impfung sorgt Marcuse zufolge dafür, dass die eigentlich veralteten Formen des Kampfes ums Dasein verewigt werden. So wird die Entwicklung neuartiger Bedürfnisse, solche nämlich, welche die Kontrolle über die Menschen verringern würden, gewaltsam behindert. Marcuse geht sogar so weit, dass er „wahre" und „falsche" Bedürfnisse unterscheidet.[34] Falsch sind jene von außen kommenden Bedürfnisse, die „harte Arbeit, Aggressivität, Elend und Ungerechtigkeit verewigen", auch wenn ihre Befriedigung als noch so angenehm empfunden werden möge. Wahr hingegen sind jene Bedürfnisse, die von innen kommen. „In letzter Instanz muss die Frage, was wahre und was falsche Bedürfnisse sind, von den Individuen selbst beantwortet werden, das heißt sofern und wenn sie frei sind, ihre eigenen Antworten zu geben."[35] Zentrale Herausforderung für die Gesellschaft muss es demnach sein, diese Freiheit des Denkens und Sprechens zuallererst zu gewährleisten. *Eine* Ausnahme von diesem Prinzip gibt es für Marcuse freilich: jene Bedürfnisse, die einen uneingeschränkten Anspruch auf Befriedigung haben, nämlich „die vitalen – Nahrung, Kleidung und Wohnung auf dem erreichbaren Kulturniveau"[36]. Marcuse nahm also die Freiheit des Individuums ausgesprochen ernst, der gegen ihn erhobene Totalitarismusvorwurf ist abwegig.

Solange die Richtung des Fortschritts durch die sogenannten Sachzwänge der Ökonomie vorgegeben ist, bleibt dem Einzelnen, der innerhalb des Systems gefangen ist, nur eine Option, nämlich sich unterzuordnen und ggf. die gesamte Entwicklung zu beschleunigen: dafür zu sorgen, dass das, was sich im Kampf ums Dasein – am Markt und anderswo – als nicht überlebensfähig herausstellt, möglichst schnell verschwindet. Der Feuilleton-Chef der Wochenzeitung DIE ZEIT, Jens Jessen, hat mit verblüffender Klarheit nachgewiesen, dass die von der Politikwissenschaftlerin Hannah Arendt in den 50er Jahren vorgelegte Studie zum Totalitarismus, die eigentlich auf Faschismus und Stalinismus gemünzt war, genauso auf den gegenwärtigen Kapitalismus zutrifft.[37] In ihm wird der Mensch um die Möglichkeit der Entdeckung seiner verschütteten Bedürfnisse, um die Möglichkeit einer anderen Art von Fortschritt, jenseits des Kapitalismus, betrogen. Auch dies lässt sich vermutlich als Teil der inneren Stützbalken-Konstruktion deuten, die das kapitalistische System stabilisieren, indem es den Blick und die Hoffnung auf eine Alternative systematisch verstellt.[38]

Zusammenfassung

Vertrauen und Betrug scheinen auf den ersten Blick eine Frage von Offenheit und Fairness zu sein. Für Marx lenkt eine solche moralisierende und psychologisierende Sichtweise von der tatsächlichen Bedeutung ab, die Vertrauen und Betrug im Kapitalismus haben. Denn ein Wesenszug dieser Wirtschaftsordnung besteht Marx zufolge darin, dass die Menschen die Kontrolle über ihr Tun längst verloren haben. Sie sind zwar individuell auf Vertrauen angewiesen, doch sie bemühen sich aufgrund der gesellschaftlichen Strukturen ständig mit hohem Energieaufwand, Vertrauen zu zerstören. Das liegt nicht nur an den Anreizsystemen der Konkurrenzbeziehungen der Oberfläche der kapitalistischen Warenproduktion, sondern letztlich an der eigenartigen Form der Arbeitsteilung, bei welcher der soziale Zusammenhang unter den Menschen sich hinter ihrem Rücken als Zusammenhang von Sachen ergibt. Die Menschen versuchen, die objektiven Probleme dieser „anarchischen" Form des Wirtschaftens durch subjektive Anstrengungen zu kompensieren, und sind dabei notwendigerweise ständig überfordert. Da ihnen ihr eigenes Tun als „Sachzwang" gegenübertritt, fügen sie sich den ökonomischen Gegebenheiten ähnlich wie den Launen des Wetters. Im Anschluss an Marx wurde im 20. Jahrhundert gezeigt, wie das falsche Vertrauen auf die herrschenden Strukturen eine Eindimensionalität des Denkens, Fühlens und Handelns nach sich zieht, die letztlich auf eine Gleichschaltung selbst der Bedürfnisse der Menschen zielt. Auch pluralistische Demokratien können demnach totalitäre Züge entwickeln.

6. Kapitel

Risiko und Krise

Herr H. wollte hundertprozentige Sicherheit für sein Geld.[1] Mit 80 Jahren ist man nicht mehr so experimentierfreudig. Das Geld sollte für seine kranke Tochter angelegt werden, die ohne eigenes Erwerbseinkommen ist. Herr H., der in einem kleinen Dorf 20 km vor München lebt, ließ sich in seiner örtlichen Raiffeisenbank beraten, in der er seit 30 Jahren Kunde war. Auch der Beraterin konnte er vertrauen, er kannte sie seit Jahren. Sie empfahl ihm eine Anlage der DZ-Bank, dem Zentralinstitut der Volks- und Raiffeisenbanken. „Fällig am 21.09.2010 zu 100 Prozent" war auf dem Papier zu lesen, das ihm die Beraterin gegeben hatte. Deshalb stand für Herrn H. fest: Das Wertpapier ist zu hundert Prozent sicher. Was er nicht wusste: In der Geldanlage waren Zertifikate von Lehman Brothers verborgen, jener amerikanischen Investmentbank, die am 15. September 2008 Konkurs anmelden musste. Herr H. verlor 40.000 Euro. Herr H. ist einer von Zehntausenden sogenannter „AD-Kunden", wie sie im Jargon von Bankern bisweilen genannt werden: A für alt und D für doof. Prägnant formulierte der Münchner Anwalt Jochen Weck diesen Umgang mit Finanzrisiken: „Die Bank lässt sich von dem Kunden dafür bezahlen, dass sie ihm das Risiko aufbürdet." Dabei genießen Raiffeisenbanken und Sparkassen auch in der Krise immer noch ein relativ hohes Vertrauen. Die eigentlichen Übeltäter werden bei Investmentbanken und bei jenen Finanzinstituten ausgemacht, mit denen Normalbürger eher weniger Kontakt haben.

Angesichts der öffentlichen Erregung über die Dreistigkeit und Skrupellosigkeit, aber auch über die Naivität und Dummheit, die in Krisen ganz besondere Blüten treiben, wird von Vertretern der herrschenden Wirtschaftsordnung immer wieder versucht, Krisen auch in ein positives Licht zu rücken. Beliebt ist zum Beispiel die Metapher der „Blase". Es gebe halt im Wirtschaftsleben, wie im übrigen Leben auch, immer wieder solche unangenehmen Ausbuchtungen, wie sie auch der Bergsteiger auf seinem Weg zum Gipfel in Kauf nehmen muss, wenn er schnell und lange unterwegs ist. Irgendwann platzen sie, und dann ist alles wieder wie neu. Aus der Marx'schen Perspektive ist dies eine gigantische Verkennung der Tatsachen. Vielmehr zeigt sich in der Krise, was geschieht, wenn die Spirale des Vertrauens in eine Spirale des Misstrauens umkippt (vgl. 5. Kapitel). Dies muss, so Marx, im Kapitalismus immer wieder geschehen, weil diese Wirtschafts- und Gesellschaftsordnung sich von anderen

Ordnungen dadurch abhebt, dass sie zu den unvermeidlichen Risiken des Lebens wie Krankheiten, Unfälle, Katastrophen weitere – vermeidbare – hinzufügt.

Sind Krisen heilsam?

Die These von der Heilsamkeit, Produktivität, ja Kreativität der Wirtschaftskrisen wird mit der selbstreinigenden Funktion von Krisen begründet. Krisen trennen angeblich das Solide vom Windigen, das Wertvolle vom Wertlosen, die Güter vom Müll. Hinterher sei die Wirtschaft stärker denn je. Lässt sich diese These rechtfertigen? Schauen wir uns die jüngste Krise daraufhin einmal etwas genauer an, werfen anschließend einen Blick auf ihre historischen Vorgänger und fragen schließlich nach den Chancen der Begrenzung dieser künstlichen Lebensrisiken in der Zukunft.

Die Explosion der Werte

Die Zahlen sprengen jedes Vorstellungsvermögen. 596 Billionen Dollar habe das globale „Nominalvolumen von außerbörslich gehandelten Finanzderivaten" im Dezember 2007 betragen, war zum Beispiel im Spiegel unter Berufung auf den Internationalen Währungsfond (IWF) und die Bank für Internationalen Zahlungsausgleich (BIZ) in Basel zu lesen.[2] „Derivat" kommt vom lateinischen Wort „derivare" für „ableiten" und bezeichnet ein Wertpapier, das von wirtschaftlichen Größen wie den Preisen bestimmter Güter oder den Preisen von Krediten (Zinssatz) oder auch den Kursen anderer Wertpapiere abgeleitet ist. Vergleichen wir diese abgeleitete Größe zunächst mit ursprünglicheren wirtschaftlichen Kennzahlen. Der Wert des weltweit 2007 angelegten Vermögens betrug gerade einmal 106 Billionen Dollar, die Wertschöpfung aller Güter und Dienstleistungen, die in diesem Jahr erbracht wurde, 54 Billionen Dollar. Es ist ja schon bei einer einzelnen Billion nicht ganz leicht, eine wirkliche Vorstellung zu entwickeln: Es handelt sich bekanntlich um eine Zahl mit zwölf Nullen, also 1.000.000.000.000. Würde man Fünfhundert-Euro-Scheine so lange stapeln, bis man die Billion vollkriegt, käme man in jene Höhen, in denen Satelliten um die Erde kreisen.[3] Noch schwindliger als bei solchen absoluten Zahlen kann einem werden, wenn man vom Tempo der Vermehrung der Billionenwerte hört: Der Wert der besagten Finanzderivate hat sich innerhalb von sieben Jahren versechsfacht, während das Sozialprodukt bekanntlich jährlich immer nur um ein paar Prozent zulegen kann.

Wie konnte es so weit kommen? Grundlage der Entwicklung ist die Tatsache, dass seit langem die Menge an Geld und Krediten schneller wächst als die Menge an Gütern und Dienstleistungen und sich auch schneller global ausbreitet. Die Vorgeschichte bringen viele Beobachter mit der Pleite der Kölner Herstatt-Bank 1974 in Verbindung.[4] Sie und andere Vorfälle waren ein Grund dafür, dass die BIZ weltweit schärfere Eigenkapitalvorschriften für Banken erließ. Je strenger Eigenkapitalvorschriften sind, desto mehr werden die Wachstumsinteressen der Wirtschaft gebremst. So entstand ein massives Interesse in der Finanz- wie in der Realwirtschaft, diese Bremsen zu umgehen. Das war die Geburtsstunde jener Derivate, die als sogenannte innovative Finanzprodukte in den letzten Jahrzehnten entwickelt worden sind. Eine zentrale Rolle spielte dabei eine Idee, die zunächst amerikanische und britische Banken entwickelt hatten, die dann nach und nach weltweit Anhänger fand: sogenannte Zweckgesellschaften zu gründen, denen man Kredite überschrieb, um sie vor der Bankenaufsicht zu verstecken und um mit ihnen nach freiem Ermessen spekulieren zu können. Zweckgesellschaften sind also von Banken eingerichtete Zwischenlager für Kredite, die für den Weiterverkauf an Anleger, in der Regel an Pensionsfonds, bestimmt sind.

Ökonomische Massenvernichtungswaffen

Im Kern handelt es sich bei dieser Finanzinnovation, die technisch „Verbriefung" heißt, um eine Umetikettierung, aus Gammelfleisch wurde Frischfleisch, das wiederum zerkleinert und, neu portioniert, als Edelwurst verkauft werden sollte. Die gefährlichsten unter diesen Derivaten, die Versicherungspapiere gegen Zahlungsausfall, charakterisierte der amerikanische Großinvestor Warren Buffett als „Massenvernichtungswaffen"[5]: Wie die atomare Abschreckung sollen sie Sicherheit schaffen. Aber sie haben ein enormes Zerstörungspotenzial, wenn man sie nutzt, um mit geringem Einsatz hohe Wetten auf die Zukunft abzuschließen.[6]

Aus den Zweckgesellschaften wurde in rasendem Tempo ein gigantisches Schattenbankensystem. Eine wichtige Rolle spielten die Ratingagenturen, deren Aufgabe es ist, die Risiken und Chancen der verschiedenen Papiere zu beurteilen und Käufer und Verkäufer mit halbwegs sicheren Informationen zu versorgen. Im Interesse der Investmentbanken und ihrer Zweckgesellschaften wurde durch diese Agenturen massenhaft Giftmüll mit Bestnoten ausgezeichnet, so dass sie wie die warmen Semmeln weggingen. Und mit von der Partie waren schließlich noch die Notenbanken beziehungsweise die Politik vor allem der USA. Sie sorgte vor allem nach den Anschlägen vom 11. September 2001, dem Startschuss zum „Krieg gegen den internationalen Terrorismus", für den nötigen Optimismus bei den Amerikanern, indem sie den Leitzins drastisch senkte, wodurch Kredite im großen Stil fast umsonst vergeben werden konnten. Das freute die Konsumenten wie die Kreditgeber: Nahezu jeder, auch wenn er kein festes Einkommen hatte, meinte, sich nun ein eigenes Haus leisten zu können. Und für Banken und Schattenbanken ergab sich ein riesiger Markt. Das ging so lange gut, solange die Immobilienpreise stiegen oder zumindest stabil waren. Als aber der Markt gesättigt war und die Preise einbrachen, begann die rasante Talfahrt. Jetzt zeigte sich, dass die Risiken nicht verschwunden, sondern nur in der ganzen Welt verteilt waren. Niemand wusste, wer wie stark „vergiftet" war.[7] Also begannen alle einander zu misstrauen, die Schattenbanken wie die Banken. Der Geldkreislauf, der sie am Leben erhält, begann zu stocken.

Doch das wollten die Regierungen weltweit nicht zulassen. Sie sprachen den Banken Bürgschaften aus, kauften ihnen faule Papiere im großen Umfang ab, gaben ihnen staatliche Kredite und übernahmen ganze Geldhäuser in staatliche Hand. Schritt für Schritt kam die ganze Wahrheit ans Tageslicht. Die Banken hatten viel mehr Leichen im Keller, als sie anfangs zugaben. Ständig musste man neue Schreckenszahlen eingestehen, das verschärfte das Misstrauen unter den Banken weiter. Der Geldfluss wollte nicht in Gang kommen, die Wirtschaft drohte auszutrocknen. Die Finanzkrise begann voll auf die Realwirtschaft durchzuschlagen. In der Automobilbranche wurden im Winter 2008 die Weihnachtsferien verlängert, Kurzarbeit angekündigt und Bänder stillgelegt. Um den Schaden zu begrenzen, entschlossen sich die Regierungen der führenden Staaten der Welt ab Ende 2008 zu weiteren Maßnahmen: Senkung von Steuern, Abgaben und Zinsen, Subventionierung des privaten Konsums, Investitionen in öffentliche Einrichtungen etc. Kauft, Leute, kauft! Das war die Devise. Im Grunde setzte man auf dieselben Mittel, die in die Krise geführt hatten, man trieb den Teufel mit dem Beelzebub aus. Dass Deutschland 2010 vergleichsweise gut aus der Krise herausgekommen ist, liegt hauptsächlich an den massiven Exporten, vor allem nach China

Aus der Geschichte gelernt?

Wirtschaftskrisen im eigentlichen Sinn sind nicht durch natürliche Bedingungen wie zum Beispiel Missernten, sondern durch kulturelle und soziale Faktoren verursacht. Seit sich die moderne bürgerliche Wirtschaftsweise, ausgehend von Europa, auf die ganze Welt ausgebreitet hat, werden Menschen regelmäßig durch solche Krisen um die Früchte ihrer Arbeit betrogen. Auch das hat zunächst im Kleinen begonnen, und zwar im Zusammenhang mit den ersten Fällen von Spekulation.[8] Es begann in Holland im 17. Jahrhundert, als die einst aus der Türkei eingeführten Tulpen so sehr in Mode kamen, dass ein lebhafter Börsenhandel mit Tulpenzwiebeln entstand. Die Preise stiegen und stiegen. Immer mehr Menschen beteiligten sich, aus ganz Europa wurde Kapital angelockt. Auch mittellose Mägde und Knechte liehen sich schließlich Geld, um mitspekulieren zu können. Am Ende erreichten die Zwiebelpreise astronomische Höhen, in Utrecht soll eine ganze Brauerei gegen drei Zwiebeln getauscht worden sein. Bis eines Tages ein Spekulant den erwarteten Preis nicht mehr einlösen konnte, die Preise plötzlich einbrachen, die Zwiebeln praktisch wertlos wurden. Ähnliches geschah in der Folgezeit beim Spekulieren mit Aktien von Getreideproduzenten, Eisenbahngesellschaften und Schifffahrtsunternehmen.

1848 kam es in Europa schließlich zum ersten Mal zu einer Krise in mehreren Ländern gleichzeitig, die zu einem der wichtigsten Auslöser für die Unruhen und Revolutionsversuche dieses Jahres in ganz Europa wurde. 1857 und vor allem 1873 folgten weitere Krisen mit weltweiten Dimensionen. Letztere war eine Spätfolge der deutschen Reichsgründung und bewirkte eine Annäherung zweier sich bis dahin reserviert gegenüberstehender gesellschaftlicher Gruppen, die beide vom Verfall der Weltmarktpreise besonders betroffen waren: die adeligen Großagrarier und die bürgerlichen Schwerindustriellen. Dieser Pakt von „Roggen und Eisen" führte die deutsche Innenpolitik auf einen fast 30 Jahre währenden fast krisenfreien, aber dafür umso entschiedener imperialistisch ausgerichteten Aufrüstungs- und Kriegskurs.[9] Die Aufbauphase nach dem Ersten Weltkrieg endete in Deutschland jäh mit der – diesmal in den USA ausgebrochenen – bis dahin größten Weltwirtschaftskrise: der Krise von 1929.[10] Sie war bekanntlich der Auftakt für die Zerstörung der Weimarer Republik durch die Nationalsozialisten und für den Zweiten Weltkrieg. So viel zur angeblich heilsamen Wirkung von Krisen.

Und wie geht es weiter?

Angeblich haben die Regierungen heute einiges aus der Geschichte der Krisen, vor allem aus der großen Depression von 1929, gelernt. Der Staat darf sich in der Krise nicht zurückziehen, weil er sonst die Krise noch verschärft, vielmehr muss er aktiv werden, den Geldfluss und die Kaufkraft fördern, also den Empfehlungen des englischen Ökonomen John Maynard Keynes entsprechend antizyklisch reagieren. Heute weiß man auch, dass die Regierungen miteinander kooperieren müssen, weil nur so eine Abwärtsspirale in Kombination mit einem ruinösen Verdrängungswettbewerb um Anteile am Weltmarkt vermieden werden und das verloren gegangene Vertrauen wieder hergestellt werden kann. Einig scheint man sich heute im Prinzip auch darüber, dass in Zukunft die Rahmenbedingungen für die Finanzwirtschaft schärfer gefasst werden müssen.[11] Haben wir also tatsächlich Grund, die bisherigen Krisen mit ihren politischen Begleitkatastrophen als heilsam anzusehen? Die Argumente der Skeptiker gehen hauptsächlich in zwei Richtungen[12]:

Erstens: Je mehr der Staat die Risiken der Privatwirtschaft übernimmt, desto mehr muss der Steuerzahler für sie aufkommen. Durch staatliche Rettungsmaßnahmen wird ja nur neues, gutes Geld dem alten, schlechten Geld nachgeworfen, der Konkurs nur „verschleppt", wie der bekannte deutsche Währungsexperte Wilhelm Hankel es nennt.[13] Je höher sich der Staat verschuldet, desto mehr wird die Last der damit einhergehenden Zinszahlungen auf die Steuerzahler der zukünftigen Generationen abgewälzt. Die Geschichte zeigt, dass hoch verschuldete Staaten sich schließlich dazu gezwungen sehen, ihre Schulden mit Hilfe der Notenpresse, also durch bewusste Inkaufnahme von Inflation, loszuwerden oder, wenn auch dies nichts mehr hilft, durch die Einführung einer neuen Währung – mit schwer abwägbaren Folgen für den sozialen Frieden und die Zukunft der Demokratie.[14] Euro-Staaten steht dieser Ausweg nicht mehr zur Verfügung, wie uns das Beispiel Griechenland jüngst vorgeführt hat. Sie bezahlen durch die erzwungene Abgabe von Teilen ihrer nationalen Souveränität – mit nicht weniger unabwägbaren Folgen für den inneren Frieden. Krisen führen also nicht nur zur massiven Verarmung, sondern können letztlich auch zur Entmündigung von Menschen und Staaten führen, die die Zinseinkünfte der privaten oder öffentlichen Gläubiger bezahlen müssen und so die individuelle oder kollektive Souveränität über ihr eigenes Leben mehr oder minder weitgehend abtreten müssen. Das ist die moderne Version dessen, was in der Antike Schuldknechtschaft hieß.

Auch wenn der Staat nach einer Krise das Heft größerer Teile der Wirtschaft in der Hand hält, heißt das *zweitens* noch lange nicht, dass er nicht an deren Prioritäten festhalten muss. Bekanntlich waren ja schon an der Ausarbeitung der jüngsten Rettungsschirme führende Bankenvertreter beteiligt. Auch wenn der Staat eingreift, sitzt die Wirtschaftslobby immer in der ersten Reihe. Die Devise heißt also nach wie vor: Wachstum, Wachstum, Wachstum. Dazu kommt: Je ausgeprägter die Rettungsmaßnahmen des Staates sind, desto weniger Anreiz hat die Wirtschaft, Risiken zu begrenzen. Sie kann ja damit rechnen, auch beim nächsten Mal wieder aufgefangen zu werden. Je stärker der Staat die Eigendynamik der Finanzmärkte zügelt, desto mehr stört er also jene Dynamik, der das bisherige Wachstum zu verdanken war. Die Erfahrung zeigt zudem, dass die Kooperation der Regierungen nur so lange funktioniert, solange die akute Bedrohung durch Spekulanten und unkalkulierbare Bewegungen auf den Finanzmärkten besteht und die Massenloyalität gefährdet sein könnte. Sobald sich die Lage wieder etwas beruhigt hat, geht der Kampf der konkurrierenden Staaten um die jeweiligen Wirtschaftsstandorte weiter. Je nach Ausgangslage versuchen sie, durch niedrige Löhne, niedrige Sozial- und Umweltstandards, niedrige Leitzinsen und niedrige Bewertungen für die eigene Währung Vorteile für sich auf Kosten anderer zu erzielen. Verwiesen sei auf die derzeitigen Spannungen zwischen den USA und China oder in Europa zwischen Griechenland und Deutschland. Die pessimistische Zukunftserwartung gründet auf die Tatsache, dass die Ausgangslagen der Volkswirtschaften nicht nur höchst unterschiedlich sind, sondern diese Unterschiede sich aufgrund der spezifischen Form der Rückkoppelung von Gewinn und Investition (vgl. Kapitel 4) immer mehr vertiefen. Es ist völlig unklar, wie es im 21. Jahrhundert zu einer halbwegs gleichgewichtigen, sich selbst synchronisierenden ökonomischen Entwicklung kommen kann. Das Vorpreschen der ökonomischen und das Nachhinken der politischen Globalisierung machen das Ganze nochmals komplizierter. Wie sollten, so fragt der SPIEGEL, die staatlichen Polizisten auf ihren langsamen Pferden auf Dauer die privaten Porschefahrer überwachen können?[15]

Angesichts dieser Perspektiven ist die Gefahr groß, dass sich der Staat, sobald die Krise vorbei ist, wieder zurückzieht und alles beim Alten bleibt.[16] So kann das Zerstörungswerk der Krisen in die nächste Runde gehen: die Vernichtung von Werten, die Menschen vorher im Schweiße ihres Angesichts geschaffen haben, die Aussortierung der Schwachen, die als Erste in der Krise in die Knie gehen, zuerst die Tagelöhner in der Dritten, dann die Zeitarbeiter in der Ersten Welt, die Unternehmen mit der dünnsten Kapitaldecke usw. Krisen zeigen schmerzhaft, wie sehr die Wirtschaft und mit ihr auch die Politik als Gesamtsystem außer Kontrolle geraten können, ohne dass Verantwortliche dingfest gemacht werden könnten und ohne dass überzeugende Therapie- und Präventionskonzepte zur Verfügung stünden.

Die Produktion von Unsicherheit

Aus der Marx'schen Perspektive verfehlt die herrschende Krisendiskussion ihren Gegenstand. Eine erste Annäherung an den Gegenstand Krise ergibt sich bereits aus dem im vorausgehenden Kapitel dargestellten, prinzipiell immer nur prekären Vertrauen im Kapitalismus: In der Krise geht die Balance zwischen Vertrauen und Kritik verloren, es kommt zur Eskalation des Betrugs. Für ein vollständiges Verständnis des Krisengeschehens ist Marx zufolge aber der Bezug zur Basis der kapitalistischen Warenproduktion, letztlich zur menschlichen Arbeit, entscheidend. Ähnlich wie Marx bei der Analyse von Täuschungen im Bewusstsein der Menschen zwischen Möglichkeit und Notwendigkeit unterscheidet (vgl. Kapitel 1), erklärt er auch die Krise in zwei Schritten: Die einfache Warenproduktion macht Krisen möglich, die kapitalistische lässt sie notwendig werden.

Die Möglichkeit der Krise

Dieser erste Schritt der Marx'schen Krisentheorie ist bisher oft übersehen worden. In der reinen Marktwirtschaft gibt es keine der Produktion vorausgehende Planung, die den Wert im Voraus festlegt und den Auftraggeber zur Abnahme des Produkts zu diesem Wert verpflichten würde. Der gesellschaftliche

Zusammenhang der Einzelarbeiten ist zunächst völlig unsichtbar. Erst der Tauschwert macht das Unsichtbare sichtbar.

Der Todessprung und die Frage nach dem Gebrauchswert

Marx fragt nun, welche objektiven Hindernisse der Einlösung des Warenwertes entgegenstehen können. „Das Überspringen des Warenwerts aus dem Warenleib in den Goldleib [d. h. Geldschein] ist … der Salto mortale der Ware (…) Die Teilung der Arbeit verwandelt das Arbeitsprodukt in Ware und macht dadurch seine Verwandlung in Geld notwendig. Sie macht es zugleich zufällig, ob diese Transsubstantiation [Wechsel von einer Form in eine andere] gelingt."[17] Der „Salto mortale" ist in der Mythologie jener Sprung, mit dem der Mensch dem Sensenmann entkommen möchte. Welche Bedingungen müssen also gegeben sein, damit dieser Rettungssprung gelingt, der das Risiko des Warenproduzenten beseitigt? Unter welchen Bedingungen zieht der Käufer sein Geld aus der Tasche und kauft unserem Warenbesitzer die Ware ab? Marx unterscheidet sehr akribisch insgesamt vier Voraussetzungen. Die ersten beiden hängen mit dem Gebrauchswert der produzierten Ware, die letzten beiden mit dem Tauschwert zusammen.[18]

Erstens müssen die Waren für den Käufer tatsächlich einen Gebrauchswert haben. Wenn aber auf dem Markt gerade ein anderes Produkt mit ähnlichen Eigenschaften aufgetaucht ist, kann es leicht geschehen, dass der Käufer zu diesem greift, dann geht der Verkäufer leer aus. Wenn zum Beispiel zu einem bestimmten Zeitpunkt zigtausend Video-Recorder auf Halde stehen, kann dies daran liegen, dass sich viele Käufer für einen DVD-Recorder entschieden haben. Dasselbe Schicksal erleidet der Verkäufer, wenn – *zweitens* – bei ein und derselben Warenart die anderen Produzenten dieser Ware mehr produziert haben, als der Markt aufnehmen kann. Dann gehen zwangsläufig einige der Produzenten leer aus. Es könnte zum Beispiel sein, dass Sony und Panasonic so viele Recorder produziert haben, dass die Produkte von Philips nicht mehr gebraucht werden.

In beiden Fällen kann dem Verkäufer keinerlei Schuld daran zugewiesen werden, dass seine individuelle Arbeit keinen Gebrauchswert hatte und der Markt seiner Arbeit deshalb auch keinen Wert zumisst. Wie hätte er gegen dieses Risiko vorsorgen können, gibt es doch keinerlei den Gebrauchswert betreffende Absprachen und Planungen zwischen den Produzenten und Konsumenten, ehe und während Erstere für Letztere arbeiten? Natürlich kann eine genaue Beobachtung der Märkte inklusive der Wünsche der Kunden und der Möglichkeiten und Strategien der Konkurrenten das Risiko des Scheiterns im Todessprung mindern, aber niemals ganz ausschließen.

Der Todessprung und die Frage nach dem Tauschwert

Drittens müssen die Arbeitsprodukte des Verkäufers für den Käufer auch als Tauschwerte akzeptiert werden können. Was aber, wenn sich die Produktionsbedingungen in der Zeit während der Produktion gewandelt haben, wenn andere Hersteller mit einer neueren Technik schneller zum Ziel gekommen sind? Wenn genügend der auf den Markt geworfenen Produkte in kürzerer Zeit hergestellt werden, sinkt die gesellschaftlich durchschnittlich notwendige Arbeitszeit für dieses Produkt, mithin also ihr Wert. Dann erhält unser Verkäufer seine individuelle Arbeitszeit nicht mehr voll erstattet und geht schlimmstenfalls leer aus. Im Beispiel mit dem Philips-Recorder wäre das dann der Fall, wenn die Konkurrenzprodukte von Sony und Panasonic aufgrund einer weiter fortgeschrittenen Produktionstechnik kostengünstiger produziert werden könnten.

Und *viertens* schließlich: Was geschieht, wenn zwar die Produktionsbedingungen für Recorder gleich geblieben sind, aber die Produktionsbedingungen anderer Waren, die in die Reproduktion und damit den Wert der Arbeitskraft eingehen, also zum Beispiel Lebensmittel oder Energieversorgung, sich verbessert haben, wenn der Wert der Arbeitskraft also sinkt? Dann steht für den Kauf von Recordern zu wenig Kaufkraft zur Verfügung. Dann heißt es für jeden Verkäufer: „Mitgefangen, mitgehangen!" Wir sehen also: Selbst wenn alle Produkte als Gebrauchswerte Anerkennung finden, ist noch lange nicht sicher, dass sie auch als Werte Anerkennung finden.

Für alle vier Fälle gilt Marx zufolge: Weil der gesellschaftliche Zusammenhang der Arbeitsteilung nicht im Voraus geplant war, sondern alle darauf vertraut haben, dass er sich im Nachhinein von selbst einstellt, können die Betroffenen am Ende eine böse Überraschung erleben. Das von ihnen individuell hergestellte Produkt wird auf dem Markt gesellschaftlich nicht als wertvoll anerkannt, die Ware lässt sich nicht verkaufen. Man mag also für seine Arbeit noch so begabt sein, man mag sich bei ihr noch so sehr anstrengen, man mag ein noch so brillantes Ergebnis abliefern – es kann sein, dass man unter den Bedingungen der Warenproduktion keinen Gegenwert erhält. Auch die schärfsten Beobachter des Marktgeschehens und die erfolgreichsten Prognostiker können diese Risiken nicht ausschließen, weil sie in der fehlenden Koordination selbst begründet liegen. Die Produzenten können eben weder in die Köpfe und Herzen ihrer Kunden noch in die Werkstätten und Fabriken ihrer Konkurrenten hineinschauen. Und wenn sie es könnten, kann sich nach diesem Blick während des anschließenden Produktionsprozesses wieder alles ändern.

Das bisher dargestellte vierfache Risiko bei der Einlösung des Werts existiert bereits im Naturaltausch. Verschärft wird die Situation, sobald in der entwickelten Warenproduktion das Geld als Vermittler der Waren dazukommt. Das Geldsymbol auf dem Preisschild teilt dem möglichen Käufer einer Ware ja zunächst nur mit, wie viel wertbildende Arbeitszeit für den Erwerb dieser Ware erforderlich ist. Ob der Produzent und Verkäufer aber die genannte Geldsumme tatsächlich erlösen kann, ist damit noch lange nicht gesagt. Denn im Gegensatz zum Naturaltausch beinhaltet der über Geld vermittelte Tausch die Möglichkeit, den Verkauf der produzierten Ware und den Kauf der gewünschten Ware zeitlich zu trennen und so die Bewegung des Wertes von einer Hand in die andere zu unterbrechen. Verkauf und Kauf können auseinandertreten – müssen es aber nicht.

Die Notwendigkeit der Krise

Auch wenn in einer etwas fortgeschritteneren Warenproduktion Geld als Tauschmittel ins Spiel kommt, handelt es sich Marx zufolge noch um einfache Warenproduktion. Was aber ändert sich, wenn Geld als Kapital auftritt, die Waren also in Lohnarbeit hergestellt werden? Dann zeigt sich Marx zufolge, dass aus der Möglichkeit der Krise eine Notwendigkeit wird. Es ist nämlich die Entwicklungslogik des Kapitals selbst, den Menschen den gerechten Ausgleich für ihren Beitrag zum Ganzen systematisch zu verwehren. Diese Eigenschaft des Kapitalismus schlummert in der Regel über längere Zeit, bis sie plötzlich, und für die meisten unerwartet, aufbricht. Das ist der Augenblick, in dem Millionen Menschen die Erfahrung machen, dass ihre Arbeit wertlos wird, dass sie vor die Tür gesetzt werden. Warum ist das so?

Die Großen fressen die Kleinen

Eine erste Antwort ergibt sich schon aus einer oberflächlichen Betrachtung der Unterschiede in der Anfälligkeit auf die Risiken des Todessprungs. Die praktische Erfahrung zeigt sofort, dass die soeben aufgezählten Risiken der einfachen Warenproduktion für den Kapitaleigentümer umso leichter zu bewältigen sind, je größere Kapitalreserven er hat. Mit der Größe dieser Reserven wachsen die Möglichkeiten, Durststrecken zu überstehen, sich kostengünstig weiteres Kapital zu beschaffen, die technischen Möglichkeiten der Massenproduktion zu nutzen, durch technische Innovation schneller als die Konkurrenz zu sein und so dem Entwertungsrisiko ein Schnippchen zu schlagen. Allein diese Erfahrung macht plausibel, warum im Kapitalismus tendenziell jeder der Größte sein will: Er weiß, dass die Großen die Kleinen fressen, und nicht umgekehrt. Und um bei den Großen zu sein, muss er für eine ständige Ausweitung des Kapitals und damit auch der Produktion sorgen. Ob all die Produkte auch gekauft werden, spielt hier zunächst keine Rolle.

Eine tiefer gehende Betrachtung muss am kapitalistischen Grundwiderspruch zwischen gesellschaftlicher Produktion und privater Aneignung ansetzen. Wie wir gesehen haben (vgl. Kapitel 2), ist eine Form, wie dieser Widerspruch erscheint, der Gegensatz von Produktion und Konsum: Während in einer nichtkapitalistischen Gesellschaft sich die Produktion prinzipiell nach den Bedürfnissen des Konsums richtet, ist dies im Kapitalismus nicht der Fall. Produktion und Konsum haben hier völlig unterschiedliche Bestimmungsgründe: Die Art und Menge des Produzierten richtet sich nach den Profiterwartungen, die Art und Menge des Konsums außer nach den Bedürfnissen ganz wesentlich nach der Kaufkraft. Dabei ist im weit fortgeschrittenen Kapitalismus mit seinem hohen Grad an Zentralisation und Konzentration die Kaufkraft der Kapitaleigentümer eine vernachlässigbare Größe, quantitativ entscheidend ist die Kaufkraft der Lohnabhängigen.

Individuell vernünftig, gesellschaftlich unvernünftig

Und hier zeigt sich ein zweiter Aspekt des Grundwiderspruchs: Da der Lohn, also der Wert der Ware Arbeitskraft, für den Kapitaleigentümer ein wichtiger Kostenfaktor ist und jeder Kapitalist seine Kosten so niedrig wie möglich halten möchte, versucht er auch beim Arbeitslohn so gut wie möglich zu sparen. Das aber reduziert die gesellschaftliche Kaufkraft, die nötig wäre, um die gesellschaftlich produzierte Warenmenge kaufen zu können. Aus dieser Perspektive resultiert die Krise aus dem Umstand, dass diejenigen Kapitaleigentümer, die sich individuell vernünftig verhalten, genau das tun, was gesellschaftlich unvernünftig ist. Und das müssen sie, weil die Konkurrenten sie andernfalls sofort bestrafen würden.

Anders formuliert: In der Konkurrenzsituation hofft jeder, dass der andere weniger produziert, aber dafür mehr Lohn zahlt. Und weil dies jeder hofft, deshalb tut keiner, was geboten wäre – tatsächlich selbst weniger zu produzieren und tatsächlich selbst mehr Lohn zu zahlen. Würde einer auf die Idee kommen, nicht seiner individuellen, sondern der gesellschaftlichen Vernunft zu gehorchen, würde ihn der Markt sofort bestrafen. Krisen sind so das notwendige Resultat des Grundwiderspruchs zwischen dem gesellschaftlichen Charakter der Produktion und dem privaten Charakter der Aneignung der Produkte, der sich in der übermäßigen Ausdehnung der Produktion beziehungsweise in der unterentwickelten Möglichkeit zur Konsumtion zeigt. Ob man die kapitalistische Krise, wie vielfach diskutiert wurde, nun Überakkumulations- oder Unterkonsumtionskrise nennt, dürfte dabei nachrangig sein. Entscheidend ist: Die gegeneinander konkurrierenden Kapitaleigentümer befinden sich in jenem klassischen Gefangenendilemma, in dem sich die Beteiligten wechselseitig Schaden zufügen, weil sie sich nicht direkt absprechen können (vgl. Kapitel 5).

Es gibt noch einen weiteren Aspekt der Marx'schen Krisentheorie. Besonders solche Kapitalisten, die Investitionsgüter herstellen und sich zunächst um die Massenkaufkraft weniger Gedanken machen, orientieren sich an einer anderen Größe: an der Differenz zwischen Profitrate und Zinssatz. Je niedriger die Profitrate beziehungsweise je höher der Zinssatz ist, desto eher verzichten Kapitalisten auf die Ausweitung der Produktion und des Kapitals in ihrem Unternehmen und engagieren sich stattdessen direkt auf den Finanzmärkten. Marx führt etliche Argumente dafür an, dass in einem weit fortgeschrittenen Stadium des Kapitalismus mit einem hohen Anteil an Maschinenarbeit die Profitrate sinken muss, weil ein immer größerer Teil der allein wertbildenden lebendigen Arbeit nur dem Erhalt der Maschinen dient. Marx räumt aber ein, dass es auch entgegengesetzte Faktoren gibt. Dies hat zu einer heftigen Debatte über die Marx'sche Krisentheorie geführt, die hier nicht weiter verfolgt werden soll.[19]

Virtualisierung

Wie hat die finanzwirtschaftliche Aufrüstung in den vergangenen 150 Jahren die Kultur des Wirtschaftens verändert? Und, mit Blick auf die letzten zwei Jahrzehnte, besonders interessant: Welche Bedeutung hat dabei die digitale Revolution bekommen? Die Antwort kann vielleicht im Schlagwort „Virtualisierung" zusammengefasst werden. „Virtuell" bedeutet, dass etwas nicht wirklich, aber – so der Fremdwort-Duden – „der Kraft oder der Möglichkeit nach" vorhanden ist.

Nur die Performance zählt

Die These von der schleichenden Virtualisierung der Welt drängt sich dann auf, wenn man mit dem Blick des Kulturdiagnostikers auf die gegenwärtige Wirtschaftskrise sieht. Der amerikanische Soziologe Daniel Bell hat bereits in den 70er Jahren des 20. Jahrhunderts einen tiefgreifenden Mentalitätswandel von der Moderne zur Postmoderne diagnostiziert. An die Stelle des Strebens nach wirtschaftlicher Sicherheit trete immer mehr das Streben nach Lebensgenuss, womit eine eigenartige Umkehrung des Verhältnisses von Realität und Ästhetik einhergehe: Während in der Moderne die Realität als Vorbild der Kunst gedient habe, werde in der Postmoderne der Wille des Künstlers zum Vorbild der gesellschaftlichen Realität erklärt.

Diese Ästhetisierung, so der Journalist Andreas Zielcke, erfasst auch die Wirtschaft immer stärker. Kunst und Werbung, Ästhetik und Design, ästhetisches und finanzielles Ranking gehen ineinander über. Und so wie in der postmodernen Kunst der Schaffensprozess immer mehr hinter dem Event- und Sensationscharakter zurücktrete oder bei sogenannten Konzeptkünstlern die

Beherrschung handwerklicher Fähigkeiten sogar völlig überflüssig sei, sieht Zielcke auch die Wirtschaft sich von der stofflichen Seite des Produktionsprozesses immer weiter entfernen: Einmal, weil die symbolischen Eigenschaften der Produkte immer wichtiger, die Markenlogos selbst zum Gebrauchswert werden. Zum andern, weil die Unternehmen sich immer weniger als Institutionen zur Produktion von Gütern und Diensten und immer mehr als Institutionen zur Erwirtschaftung von Renditen definieren. „Wenn die Botschaft der Marke über das Produkt, wenn der Geldkreislauf über die Produktion und wenn das Anlage-Portfolio über jeden noch so angestammten Unternehmensgegenstand siegt, dann ist es nur konsequent", so Zielcke, „dass im Zuge dieser Entmaterialisierung des Kapitalismus der Kapitalmarkt über die Realwirtschaft triumphiert."[20] Statt der Realwirtschaft zu dienen, dient sich der Kapitalmarkt selbst, er wird zum eigentlichen Wachstumsmarkt – losgelöst von den Niederungen der stofflichen Welt.

Für die Zukunft sieht Zielcke innerhalb des herrschenden Wirtschaftssystems wenig Chancen, diese Virtualisierung der Welt rückgängig zu machen. Denn es hat sich eine merkwürdige „Kultur des Erfolgs" herausgebildet.[21] Die mathematisch hochgerüstete Finanzakrobatik wird auch weiterhin die Illusion erzeugen, alle Risiken versichern und ausgleichen zu können. Die ungeheure Menge an innovativen Finanzprodukten wird sich nicht mehr so leicht aus der Welt schaffen lassen. Wer den Wert von Derivaten bezweifeln wollte, müsste heute immerhin bereits ein Mehrfaches des Weltsozialproduktes zur Abschreibung freigeben. Es wird, so Zielcke, nicht lange dauern, bis man die Preiseffekte der dichteren Kontrolle und der schärferen Eigenkapitalvorschriften in die Differenzialgleichungen eingerechnet habe. Zwischen dem Derivat als Instrument zur Risikoabsicherung und dem Derivat als Spekulationspapier lässt sich keine feste Grenze ziehen. In jener Finanzkultur, so Zielcke abschließend, welche die traditionelle, gewissermaßen handwerkliche Bankenethik verdrängt hat, gilt das Prinzip: „Bist du berühmt? Bist du sexy? Hast du gewonnen?" Ein Geldhändler an der Wall Street, der bei der Bemessung seines Bonus auf seinen Fleiß pochen würde, würde sich lächerlich machen. In einer Kultur, in der statt Solidität nur der Erfolg, statt Anstrengung nur die Performance zählt, wird man der Versuchung immer wieder erliegen, aus Dreck Gold zu machen, aus Gammelfleisch Edelwurst.

Vielleicht könnte man im Anschluss an Zielcke weiter fragen: Wo genau beginnt diese Virtualisierung der Welt? Meine These: Der entscheidende Schritt findet genau in dem Moment statt, in dem eine Ware nicht mehr mit realem Geld bezahlt wird, sondern lediglich mit etwas Fiktivem: mit einem Zahlungsversprechen, einer virtuellen Zahlung also. Durch die Virtualisierung der Zahlung wird die Verwertung der geschaffenen Werte an einem seidenen Faden des Vertrauens befestigt: des Vertrauens darauf, dass Realität und Virtualität eng verbunden sind. Nur wenn der Verkäufer damit rechnen kann, dass das Versprechen, das der Käufer ihm gibt, von diesem auch eingehalten wird, kann er die fiktive Zahlung anstelle einer realen Zahlung akzeptieren. Im Grunde begann die Virtualisierung der Zahlung in dem Moment, in dem nicht mehr Gold oder Silber, sondern Münzen, Scheine, Wechsel etc. als Zahlungsmittel eingeführt wurden. Damit begann gewissermaßen eine neue Zeitrechnung. Es eröffneten sich völlig neue Möglichkeiten, sich aus den Niederungen der physischen Welt zu erheben. Zu dieser revolutionären Entwicklung im Bereich der zwischenmenschlichen Beziehungen auf den Märkten, die ihren Ausgangspunkt bekanntlich vor vielen Jahrhunderten hatte, kommt seit zwei Jahrzehnten im Bereich der Technologieentwicklung die digitale Revolution. Sie erweitert noch einmal ganz massiv die Möglichkeiten, reale durch virtuelle Zahlungen zu ersetzen, indem sie dem Transport, der Speicherung und der Darstellung von Informationen völlig neue Dimensionen erschließt. Was geschieht nun unter dem Eindruck der Krise mit dem seidenen Faden zwischen Realität und Virtualität? In der Krise, so die folgenden Überlegungen, wird das Verhältnis zwischen realer und virtueller Welt auf den Kopf gestellt. Dies betrifft alle Aspekte der bisherigen Kapitel dieses Buches. Gehen wir also noch einmal Schritt für Schritt zurück.

Auf den Kopf gestellt

Thema dieses Kapitels ist das *Risiko.* Bereits in den „guten" Jahren, also zwischen den Krisen, sind alle Marktteilnehmer bemüht, reale Risiken virtuell zu verschleiern. Der Verkäufer preist die Vorteile seines Produkts an, über die Risiken – die Schäden für die Gesundheit, die Umwelt etc. – schweigt er sich aus. Der Käufer verfährt ähnlich mit den Risiken, die mit der Einlösung seines Zahlungsversprechens verbunden sein können. Das doppelseitige Schön-Reden von Ware und Geld ist der erste Akt der Virtualisierung der Welt. Lassen sich Risiken absolut nicht ausblenden, so wird versucht, sie durch allerlei Versicherungen abzudecken und das Prinzip der Risikostreuung zu nutzen. Reißt der Vertrauensfaden dennoch, bricht die Krise also aus, stockt der Geldkreislauf, weil jeder Angst hat, sich zu vergiften, dann ist man auf Rettung von außerhalb der Wirtschaft angewiesen, auf jene Sicherheit, die allein der Staat und letztlich überstaatliche politische Instanzen erwartungsgemäß zu bieten haben.

Was das *Vertrauen* (vgl. Kapitel 5) betrifft, bemühen sich Verkäufer und Käufer in der Vorkrisenzeit um eine tragfähige Basis für einen möglichst tief verwurzelten Zukunftsoptimismus. Je besser das Vertrauensklima, je eindeutiger die positive Großwetterlage, desto bedenkenloser werden Zahlungsversprechen gegeben und geglaubt. Sowohl der Käufer, der noch nicht zahlen kann, aber sich zur Zahlung verpflichtet, wie der Verkäufer, der noch kein Geld bekommt, aber auf die Einlösung des Versprechens vertraut, um mit dem Zahlungsversprechen seinerseits Geschäfte machen zu können, tut so, als lasse sich diese Ablösung der Bewegung des Geldes von der Bewegung der Waren auf Dauer durchhalten. Systematische Ausgabe von Fehlinformationen gehört von Anfang an zum Geschäft, der Betrug wird so zum Mittel der künstlichen Vertrauensproduktion und Vertrauenspflege. Ist die Krise dann wirklich ausgebrochen, weil anfangs einer, später viele der größeren Akteure ihr Versprechen doch nicht einlösen können, wird versucht, den Schaden so klein wie möglich zu reden – bis nach und nach die volle Wahrheit ans Tageslicht gekommen ist. Zur Wiederherstellung der Vertrauensbasis, die durch gebrochene Zahlungsversprechen in der Gesellschaft verloren gegangen ist, wird wiederum der Staat aktiv: durch Appelle an die Bürger, ihr Geld weiter bei den Banken zu lassen, durch Schutzschirme für Banken und große Unternehmen, die aus Bürgschaften, Krediten, Teilübernahmen und Vollverstaatlichung bestehen, durch Steuersenkungen, Konjunkturprogramme. So wird das Versprechen der realen Zahlung von der Wirtschaft zum Staat, vom Käufer zum Bürger geschoben. Und wichtig noch: von der näheren in die fernere Zukunft, weil der Staat erfahrungsgemäß die Einlösung seiner Zahlungsversprechen weiter hinauszögern kann als private Akteure. Die Folgen von Betrug und Selbstbetrug lassen sich also innerhalb der gegebenen Spielregeln nur bewältigen, indem – auf höherer Ebene – der nächste, noch viel massivere Betrug vorbereitet wird, und zwar an jenen, die sich nicht wehren können, weil sie noch nicht geboren sind.[22]

Dass Marktgeschehen und Geldlogik der *Vernunft* zum Durchbruch verhelfe (vgl. Kapitel 4), diese Täuschung wird durch die Krise mit aller Wucht entlarvt. Die Krise zeigt im Gegenteil, dass die Orientierung der Wirtschaft am Geld zur gewaltigen Desorientierung der Menschen geführt hat. Die Konsumenten, die in der herrschenden neoliberalen Theorie die Souveräne des Geschehens sein sollen, werden in der Realität zu Getriebenen. Bereits zugesagte Kredite werden storniert, Konditionen durch Risiokoaufschläge verschlechtert, neue Kredite verweigert, die Verlässlichkeit des Marktmechanismus und der Vertragsbeziehungen also ins Gegenteil verkehrt. In der Krise sieht sich der Staat gezwungen, das zu tun, was er dem liberalen Modell gemäß gerade nicht tun darf: selbst auf den Märkten mitmischen, nicht wettbewerbsfähige Firmen künstlich hochpäppeln, Prämien für die Vernichtung von Sachwerten ausgeben.[23] Staatliche Niedrigzinspolitik wird zum universellen Doping der Wirtschaft. Ein schönes Beispiel für die Verkehrung der Vernunft in der jüngsten Krise lieferte ein hochrangiger Vertreter einer der europäischen Zentralbanken, die ja auf ihre Unabhängigkeit von der Politik so viel Wert legen, und zwar der *Banque of France* im Oktober 2008. „Wir hatten uns eigentlich vorgenommen, ein Finanzprodukt nur dann zu genehmigen, wenn es wenigstens einer von uns wirklich verstand. Diesen Grundsatz konnten wir aber nicht durchhalten, denn wir mussten stets befürchten, dass es dann von den Briten oder den Deutschen genehmigt würde. Also haben wir die Augen zugedrückt und die Genehmigung erteilt.“[24]

Die Krise gibt auch der *Gier* (vgl. Kapitel 3) noch einmal einen gewaltigen Auftrieb. Schon in der Zwischenkrisenzeit ist mancher von der Real- zur Finanzwirtschaft umgestiegen, weil dort mit weniger Aufwand mehr Geld zu holen war. In der Krise zahlen selbst Banken und Versicherungen, die bereits riesige Verluste machen, ihren Aktionären stattliche Dividenden aus. Und Manager von Firmen, die in der Krise staatliche Hilfe in Anspruch nehmen müssen, bestehen auf Bonuszahlungen in Millionenhöhe. Die Wertpapierhändler von Investmentbanken, die meist noch sehr viel besser verdienen als die Vorstände und durchaus 40 oder 50 Millionen Euro im Jahr kassieren können, haben in der Krise besonders gute Bedingungen. Diese Experten, die „Söldnern“ gleichen, die sich umgehend einen neuen Arbeitgeber suchen, wenn ihre finanziellen Erwartungen nicht erfüllt werden, können jetzt triumphieren, denn nun ist jedes Finanzunternehmen existenziell darauf angewiesen, die Allerbesten unter den Guten in den Kampf schicken zu können.

Schließlich zur Basis allen Wirtschaftens: zur *Arbeit* (vgl. Kapitel 2 und 1). Bereits in den Blütezeiten ist das Gesetz des Produzierens um der Produktion willen dafür verantwortlich, dass Richtung und Umfang der Arbeit von den Bedürfnissen, die der Mensch als biologisches und soziales Wesen mit auf die Welt bringt, losgelöst sind. Die der Geldvermehrung dienende Arbeit hat kein Maß und kein Ziel, sie ist endlos, der Gewinn darf im Wesentlichen nicht genossen, sondern muss reinvestiert werden. Insofern ist der Produktionismus allein deshalb schon eine prinzipielle Absage an die Realwirtschaft, weil in ihm die Bedürfnisbefriedigung immer nur eine mögliche Nebenwirkung der Akkumulationsdynamik darstellt. Was ist nun das Spezifikum der finanzwirtschaftlichen Produktionsarbeit? Dieses zeigt sich besonders klar in Bezug auf den Umgang mit Zeit. Während unter den Bedingungen einer Subsistenzwirtschaft ein Bedürfnis erst befriedigt werden kann, wenn der benötigte Gebrauchswert hergestellt ist und in einer auf Naturaltausch basierenden Marktwirtschaft erst ein anderes Produkt geschaffen werden muss, das dann gegen das Gewünschte eingetauscht wird, reicht jetzt ein bloßes Zahlungsversprechen. Und das geht, im Vergleich zur zeitraubenden Produktion, blitzschnell – vorausgesetzt freilich, derjenige, der das Versprechen gibt, hat vorher ausreichend für seine Glaubwürdigkeit gesorgt. An die Stelle der zeitlichen Grenzen der realen Produktionsprozesse, die an die „Schwerkraft“ der inneren und äußeren Natur des Menschen angeschlossen sind, treten jetzt die ultraschnellen, unbegrenzten Zahlungsversprechen als Maßstab für Art und Umfang der Produktion. Löst sich die virtuelle Zahlungsfähigkeit in reale Luft auf, wird die

Arbeit schlagartig eingestellt – auch wenn die Bedürfnisse der Menschen noch so ungestillt sein mögen. Wie wir wissen, trifft es dann zuallererst jene, denen am meisten fehlt. So wird in der Krise schließlich auch der Sinn der Arbeit, nämlich die Mittel für das Leben bereitzustellen, völlig auf den Kopf gestellt.

Tempo und Kurzsichtigkeit

Die Finanzmärkte bilden die Spitze einer Zeithierarchie der Märkte, weil die Bewegung von Geld um Dimensionen schneller erfolgt als die jeder anderen Ware und weil Geld sich von den Bedingungen der Natur fast vollständig emanzipiert hat – im Gegensatz zu Arbeitskräften, Gütern und Rohstoffen, die langsamer und träger sind.[25] Der Jenenser Zeitsoziologe Hartmut Rosa beschreibt eindrucksvoll, wie die Finanzökonomie in zeitlicher Hinsicht funktioniert[26]: An der New Yorker Börse steigerte sich die durchschnittliche Umschlagsgeschwindigkeit von Aktien zwischen 1960 und 2005 um das Zehnfache, finanzielle Transaktionen lassen sich heute nahezu beliebig bis zur Lichtgeschwindigkeit beschleunigen. Schon in der turbokapitalistischen Realwirtschaft haben sich die Konsumenten daran gewöhnt, mehr und schneller zu kaufen, als sie konsumieren können, wie die vielen ungelesenen Bücher, ungehörten CDs und ungenutzten Funktionen technischer Geräte in jedem Haushalt belegen. In der Finanzwirtschaft und den von ihr geschaffenen virtuellen Welten aber zeigt sich noch viel deutlicher, dass nicht nur das Konsumieren, sondern auch das Produzieren immer zu lange dauert, weshalb man zum Verkaufen ohne zu produzieren übergeht, wie das Beispiel der sogenannten „Leerverkäufe“ belegt. In der Krise, so Rosa, schlägt die virtuelle Ökonomie hart auf dem Boden der realen Tatsachen auf – wie ein Auto ohne Bremsen, das früher oder später durch einen harten Gegenstand gewaltsam gestoppt und deformiert wird.

In Bezug auf den generellen Zusammenhang von Krise und Zeit scheint mir ein weiterer Aspekt wichtig: Wenn es in einer Gesellschaft üblich wird, heute zu konsumieren, aber morgen oder übermorgen erst zu bezahlen, und wenn alle auf die morgige und übermorgige Zahlungsfähigkeit vertrauen sollen, setzt dies einen fundamentalen Konsens darüber voraus, dass morgen und übermorgen die Kassen wieder voll sind. Ob dieser Konsens heute, am Beginn des 21. Jahrhunderts, aber wirklich vorhanden und auch belastbar ist, daran scheinen Zweifel angebracht. Einmal, weil mit zunehmender Individualisierung und Pluralisierung der sozialen und kulturellen Milieus die subjektiven Vorstellungen von Fortschritt immer mehr auseinanderdriften. Man denke nur an den gegenwärtigen Streit um das Projekt „Stuttgart 21“. Immer mehr Menschen sind sich offenbar nicht mehr so sicher, ob unsere Art von Fortschritt tatsächlich ein *Fortschritt* ist. Zum anderen findet Fortschritt in Zukunft auch unter objektiv neuen Vorzeichen statt. Es stellt sich ja durchaus die Frage, ob wir nach dem Ende der Ölzeit tatsächlich reicher als heute sein werden (vgl. Kapitel 9). Und wie reich sind wir, wenn die Erde demnächst 12 oder 15 Milliarden Menschen tragen muss? Bereits mit der Entdeckung der zerstörerischen Kraft der Atomenergie ist, menschheitsgeschichtlich betrachtet, eine neue Situation eingetreten, weil ab diesem Zeitpunkt die Zukunft nicht mehr einfach als Fortschreibung der Gegenwart verstanden werden konnte, so wie dies davor gegolten hat.

Bisher aber funktioniert die Virtualisierung ganz gut. An den Börsen entscheiden Computer nach vorher eingegebenen Kriterien über Kauf und Verkauf von Zahlungsversprechen, in der Ökonomie bestimmt die Finanzwirtschaft, was rentabel ist und was nicht, und in der Lebenswelt werden, wie wir in Kapitel 9 sehen werden, die Grenzen der inneren und äußeren Natur immer weiter hinausgeschoben. Krisen gelten in dieser Welt als Entschlackungskuren. Sie scheinen eindrucksvoll die Stabilität des kapitalistischen Wirtschafts- und Gesellschaftssystems zu demonstrieren: seine Fähigkeit, sich offenbar selbst heilen, vielleicht sogar Gesundheitsprophylaxe betreiben zu können.

Zusammenfassung

Wer von der Heilsamkeit der Krisen spricht, verhält sich aus der Marx'schen Perspektive nicht nur zynisch gegenüber ihren Opfern, sondern verkennt völlig den Zusammenhang zwischen Krise und Kapitalismus. Diese Wirtschaftsordnung ist Marx zufolge darauf angelegt, die Risiken des Lebens gerade nicht zu begrenzen, sondern zu erhöhen. In der Krise kommt das Zusammenspiel von gesellschaftlicher Produktion und privater Aneignung zum Erliegen: Es wird zu viel produziert beziehungsweise zu wenig konsumiert, individuelle und gesellschaftliche Vernunft prallen aufeinander. Über Krisen erfahren wir ganz unmittelbar, welches Chaos Warenproduktion und Kapitalismus immer wieder anrichten. Aktuelle kapitalismuskritische Zeitdiagnosen registrieren nicht nur ein weit fortgeschrittenes Abheben der Finanzwirtschaft von der Realwirtschaft, sondern eine generelle Virtualisierung unseres Wirtschaftens. An deren Anfang stand die Ersetzung realer Zahlungen durch fiktive, also von tatsächlichem Geld durch versprochenes. Am vorläufigen Ende der Virtualisierung finden wir eine rauschhafte Kombination von Selbst- und Fremdtäuschung, die das Risiko lediglich von der Gegenwart in die Zukunft verschiebt, zu Lasten jener also, die sich noch nicht wehren können. Wie jeder Rausch verschafft auch dieser eine gewisse Beruhigung und Befriedung, allerdings nur für eine begrenzte Zeit.

7. Kapitel

Fortschritt und Revolution

„Der Kapitalismus hat nicht gesiegt, er ist nur übrig geblieben", war 1990 im Innenhof der Leipziger Universität, die damals noch Karl-Marx-Universität hieß, zu lesen. Der Kapitalismus, so offensichtlich die an die Wand gesprayte Botschaft, habe sich nicht im Wettkampf mit dem anderen System als überlegen erwiesen. Vielmehr sei dieses andere System einfach untergegangen, so dass der Kapitalismus jetzt eben die Welt allein beherrsche. Aber auch der Kapitalismus, so lässt sich der Satz weiter deuten, habe kein ewiges Leben, er sei nur eine von vielen Epochen in der langen Geschichte der Entwicklung von Wirtschaft und Gesellschaft. Auch ihm werde eines Tages das Sterbeglöcklein läuten. Der Satz vom übrig gebliebenen Kapitalismus war damals in Ostdeutschland oft zu lesen – als Reaktion auf den Triumphalismus des Westens, der in der Tat das Ende des Ost-West-Gegensatzes als Sieg des Kapitalismus über Sozialismus und Kommunismus feierte. Die Selbstgewissheit des Westens ging so weit, dass man das Ende des sogenannten realen Sozialismus nicht nur als einen Beweis für die technisch-ökonomische Leistungsfähigkeit des Kapitalismus verstand. Man bemühte sich angesichts des welthistorischen Umbruchs zudem, auch den Glauben an die moralisch-ethische Überlegenheit des Kapitalismus in den Köpfen der Menschen zu verankern.[1] Populär war nach dem Ende des Ost-West-Gegensatzes und damit des Wettrüstens zwischen Ost und West auch die Hoffnung, nun würde eine weltweite „Friedensdividende" fällig, mit der endlich die ganze Kraft der Menschheit auf den Kampf gegen die Armut konzentriert werden könne. Sogar vom „Ende der Geschichte" war die Rede, so als ob sich die Suche nach besseren Formen des Wirtschaftens ab sofort erübrige.[2]

Wie selbstverständlich wurde damals und wird bis heute bei allen Urteilen über die im Osten durchgesetzte Ordnung unterstellt, es habe sich dabei um den Versuch der praktischen Umsetzung der Theorien des Karl Marx gehandelt. Marx, so wird sich in diesem Kapitel zeigen, hätte sich heftig dagegen gewehrt, als Kronzeuge für die Politik Lenins, Stalins, Maos und Honeckers missbraucht zu werden – und den Leipziger Sprayer ob seiner Klugheit und Weitsicht gelobt.

Ist die kommunistische Utopie gescheitert?

Werfen wir einen kurzen Blick auf jene Verhältnisse, mit denen wir nach dem Ende dessen, was als Sozialismus bezeichnet wurde, im dortigen Teil der Welt heute konfrontiert sind. Fragen wir nach, wie es dazu gekommen ist. Und prüfen wir schließlich, was all dies mit Marx zu tun hat. Es gilt vor allem, den oft erhobenen Vorwurf zu erörtern, Marx habe es den Machthabern im Ostblock leicht gemacht, sich auf ihn zu berufen und seine Schriften als Rechtfertigungsideologie für ihre menschenverachtende politische Praxis zu verwenden.[3]

Aufbruch in den Kapitalismus

Zwar wird in den Metropolen des ehemaligen Ostblocks in rasender Geschwindigkeit gebaut und versucht, das Stadtbild dem westlichen Standard anzugleichen. Viele Menschen in Prag, Warschau, Moskau, Peking und Shanghai sind in ihrem Versuch, dem westlichen Lebensstil nachzueifern, schon recht weit fortgeschritten. Bleiben wir zunächst bei den Nachfolgestaaten der ehemaligen Sowjetunion. In Moskau sollen mittlerweile mehr Mercedes-Limousinen zugelassen sein als in jeder anderen Stadt, die Yachten der russischen Oligarchen gehören zu den größten der Welt. Finanziert wird der Reichtum dieser Schicht allerdings zu einem erheblichen Teil aus wenig nachhaltigen Quellen: im Fall der ehemaligen Sowjetunion zunächst aus dem Verkauf der einst staatlichen oder genossenschaftlichen Betriebe, dann vor allem von Erdgas und Erdöl, von Werten also, die bisher als Volkseigentum gegolten haben, daneben aus dem Handel mit Waffen und Drogen, bisweilen auch von Menschen. Ein Großteil der Menschen ist von der neuen Welt der Glitzerpaläste bis jetzt ausgeschlossen. In Russland und erst recht in den anderen Nachfolgestaaten der Sowjetunion wuchs in den letzten 20 Jahren im Gegenteil die Anzahl der Obdachlosen, der Bettler und der Menschen, die ihre Arbeitskraft Tausende Kilometer entfernt von ihrer Familie verkaufen müssen, dramatisch an. In der Republik Moldau zum Beispiel wächst jedes dritte Kind praktisch ohne Eltern auf, weil diese als Gastarbeiter weit weg den Unterhalt in Westeuropa verdienen.[4] Für einen beachtlichen Teil der Menschen dürfte die Versorgung mit dem Lebensnotwendigen gegenüber Sowjetzeiten heute schwieriger geworden sein. Ein Indikator ist die durchschnittliche Lebenserwartung der Männer, die in einem Ausmaß gesunken ist wie sonst nur in Kriegszeiten. Mit dem zunehmenden sozialen Gegensatz zwischen Arm und Reich stieg auch die Kriminalität. Der russische Staat unterdrückt Minderheiten, führt Kriege gegen abtrünnige Provinzen oder ehemalige Bruderstaaten, angeblich um Angehörige des eigenen Volkes aus der Unterdrückung zu befreien. Allein der erste der beiden Kriege Moskaus gegen die Kaukasusrepublik Tschetschenien hat schätzungsweise 80.000 Menschen das Leben gekostet und 500.000

Menschen zu Flüchtlingen gemacht. Auch die ökologische Situation in den Ländern der ehemaligen Sowjetunion ist verheerend. Und was die allgemeine Mentalität und Zukunftserwartung angeht, so herrscht offenbar große Orientierungslosigkeit.

Anfang 1990 ging in den Staaten der ehemaligen Sowjetunion eine zwiespältige historische Phase zu Ende: Einerseits war sie von einem enormen materiellen Aufstieg gekennzeichnet, andererseits von geistiger Bevormundung und staatlichem Terror.[5] Zwar fand in der Sowjetunion nach dem Ersten Weltkrieg und dem Ende des Bürgerkriegs 1921 ein gigantischer wirtschaftlicher Aufholprozess statt. Wenn man den Zahlen Glauben schenken darf, so stieg der Anteil, den die sowjetische Industrieproduktion zur gesamten Weltindustrieproduktion beisteuerte, zwischen 1930 und 1960 von ca. 5 auf nahezu 20 Prozent.[6] Diese nachholende Industrialisierung versetzte Stalin auch in die Lage, die deutschen Aggressoren im Wesentlichen aus eigener Kraft wieder zu vertreiben, allerdings um den Preis von über 20 Millionen Toten.

Andererseits hatte die nachholende Industrialisierung, unabhängig vom Zweiten Weltkrieg, einen hohen Preis. Der Stalinismus kostete viele Millionen Menschen das Leben. Diese Opfer waren die Folge einer Politik, die Hungerkatastrophen bewusst in Kauf nahm, um durch den Export von Nahrungsmitteln Devisen für den Import von Industriegütern zu erwirtschaften. Zur Kultivierung unwirtlicher Landstriche siedelte Stalin die Menschen massenweise um. Und er unterdrückte brutal jeglichen Widerstand außerhalb und innerhalb der Kommunistischen Partei. Dass all dies als Mittel dienen sollte, um den Sozialismus zu stärken und den Kommunismus vorzubereiten, und dass man sich dabei auf das Werk von Karl Marx zu berufen wagte, hat dem Marx'schen Erbe einen unermesslichen Schaden zugefügt.

Was war der Stalinismus?

Wie kam es zu dieser zwiespältigen Entwicklung, einer Kombination aus technischer Turbomodernisierung, Kommandowirtschaft und Gleichschaltung der gesamten Gesellschaft? Und warum berief man sich dabei auf Marx als Lehrmeister? Zur Beantwortung dieser doppelten Frage muss man sich die historische Situation von 1917 noch einmal ins Gedächtnis rufen. Damals war Russland alles andere als ein kapitalistisches Land, das reif für jene Revolution gewesen wäre, von der Marx gesprochen hatte. Das Land war im Wesentlichen eine feudale Gesellschaft mit absolutistischer Staatsverfassung. Die große Mehrheit der Bevölkerung lebte auf dem Lande, die Leibeigenschaft war noch gut in Erinnerung. Der zum Verständnis der Situation um 1917 vermutlich wichtigste Umstand war aber, dass es in den Städten zwar vereinzelte Manufakturen und Industriebetriebe gab, oft in den Händen ausländischer Eigentümer, eine Arbeiterklasse in jenem Sinn, wie sie in Westeuropa seit Langem existierte, in Russland aber weitestgehend fehlte. Somit konnte es auch noch keine Arbeiterbewegung geben, die die Emanzipation der Arbeiterschaft in ihre eigenen Hände hätte nehmen können.

Was die politische Entwicklung betrifft, so wurde vor allem die Ende des 19. Jahrhunderts gegründete russische Sozialdemokratie wichtig. Sie war in der spärlichen Arbeiterschaft kaum verankert. Sie zerfiel sehr bald in zwei Fraktionen, weil man sich nicht einigen konnte, ob man Massen- oder Kaderpartei sein wollte. Die Anhänger des Kaderkonzepts, nach dem russischen Wort für Mehrheitler „Bolschewisten" genannt, organisierten schließlich unter der Führung Lenins und durch Unterstützung des deutschen Kaisers Wilhelm II., der sich 1917 von einem Sonderfrieden mit Russland das Ende des Zweifrontenkriegs erhoffte, von Petersburg aus die russische Revolution. Die bolschewistischen Revolutionäre wurden in den Garnisonstädten zwar von kriegsmüden Soldaten unterstützt, aber es gab eben weit und breit keine Arbeiterklasse, die zur Revolution gedrängt hätte. So wurde die neue Ordnung, die man später als „realen Sozialismus" bezeichnete, 1917 gewissermaßen in den Schützengräben des Ersten Weltkriegs geboren.

Aus heutiger Perspektive muss dieses Herrschaftssystem, das von Russland ausging, sich über einen halben Kontinent erstreckte und nach dem Zweiten Weltkrieg auch auf die Staaten Osteuropas und auf Ostdeutschland übertragen wurde, als „stalinistisch" bezeichnet werden. Der Stalinismus war ein System, das einerseits zwar dem Anspruch nach die Macht über die Produktionsmittel in die Hand der unmittelbaren Produzenten gelegt hatte. Andererseits wurde dieser Anspruch pervertiert, indem die Macht „exzessiv" – über alle Grenzen des Notwendigen hinaus – ausgebaut und in der politischen Praxis auf eine kleine Gruppe von Führern, letztlich auf eine Person konzentriert wurde, die sich gegenüber der gesellschaftlichen Basis, der Arbeiterklasse, völlig verselbständigte.[7] Die 1917 begründete Modernisierungsdiktatur hatte mit der Theorie von Marx und Engels wenig zu tun, außer dass diese Theorie zur Mobilisierung der Massen verwendet wurde. Bemerkenswert ist freilich, dass dieses widersprüchliche Gebilde nicht nur an sich selbst zugrunde ging, sondern sein Ende – wie auch seinen Anfang – militärischen Faktoren zu verdanken hatte: Es war unter anderem das vier Jahrzehnte andauernde Wettrüsten, das die Kräfte der Sowjetunion und ihrer Verbündeten immer mehr überforderte, so dass der Kalte Krieg schließlich, ohne zum Heißen zu werden, mit der Kapitulation des Ostens endete. Aus der Sicht des amerikanischen Sozialwissenschaftlers Immanuel Wallerstein (vgl. Kapitel 2) war dieses Ende vorauszusehen: Das Stalin'sche Konzept des „Sozialismus in einem Lande" ist in einer Weltökonomie, die den übernationalen Gesetzmäßigkeiten des Kapitalismus folgt, von vornherein zum Scheitern verurteilt – genauso im Übrigen wie die vielfältigen nationalen Befreiungsversuche in der Dritten Welt.[8]

An dieser Stelle müsste auch ein Blick nach China geworfen werden, das mit seinem „Sozialismus chinesischer Prägung" seit den 80er Jahren des 20. Jahrhunderts eine Verbindung zwischen wirtschaftlicher Modernisierung und autoritärem Ein-Parteien-System eingeschlagen hat. Auch wenn die Daten, mit denen die wirtschaftliche Leistung von Ländern gemeinhin gemessen werden, China als den großen Aufsteiger der letzten Jahrzehnte ausweisen, dürfte unstrittig sein, dass dieses Wachstum mit erheblichen Defiziten in Bezug auf politische und gesellschaftliche Freiheiten, mit enormen ökologischen Problemen und einer dramatisch zunehmenden sozialen Ungleichheit erkauft wird. Nach Angaben der Weltbank verfügt in China derzeit ein Prozent der Bevölkerung über 41 Prozent des privaten Vermögens.[9] Auch die chinesische Entwicklung trägt stalinistische Züge und entspricht in keiner Weise den Vorstellungen von Marx und Engels über den Kommunismus (vgl. Kapitel 8).

Ist die kommunistische Utopie also gescheitert? Nein, sie konnte gar nicht scheitern, weil ihre Umsetzung in dem Sinn, wie sie sich die Verfasser des „Kommunistischen Manifests" vorgestellt hatten, nicht einmal ansatzweise versucht wurde – und, wie wir im Folgenden noch genauer sehen werden, auch nicht versucht werden konnte.

Die Überwindung des Kapitalismus

Für die praktische Mobilisierung der Gesellschaft war Marx tatsächlich von großem Nutzen, für die theoretische Rechtfertigung war er nur um den Preis der groben Verfälschung zu gebrauchen. Marx war nämlich davon überzeugt, dass Revolutionen nicht einfach „gemacht" werden können. Sie ergeben sich vielmehr aus dem Gang der Geschichte, der eine revolutionäre Situation erst hervorbringen muss. Fragen wir also: Wie stellt sich Marx aus seiner materialistisch-historischen Erkenntnisperspektive das Fortschreiten von Wirtschaft und Gesellschaft vor? Und welche Voraussetzungen müssen gegeben sein, damit es zu einer Revolution kommen kann? Es kann nicht überraschen, dass die Marx'schen Antworten auf diese Fragen stark vom Zeitgeist der Arbeiterbewegung des 19. Jahrhunderts geprägt waren.

Produktivkräfte und Produktionsverhältnisse

Das Vorwort von „Zur Kritik der politischen Ökonomie" von 1859 enthält auf eineinhalb Seiten sehr kompakt den Kern der Marx'schen Entwicklungstheorie. Wie wir im 1. Kapitel schon gesehen haben, geht Marx von der Produktion des Lebens aus und unterscheidet dabei zwei Seiten, nämlich das Verhältnis des Menschen zur Natur und das zu seinen Mitmenschen, als Ausgangsvoraussetzungen für das Leben des Einzelnen wie für die Gesellschaft insgesamt.

Dynamik und Statik

Die Seite zur Natur hin ist gekennzeichnet einmal durch die Eigenschaften der Natur selbst, durch das Wissen des Menschen über sie, durch seine Geschicklichkeit im Umgang mit ihr und durch die Instrumente und Technologien, mit denen er sie bearbeitet. Dies alles sind Kräfte, die dem Menschen bei der Aneignung der Natur, also bei der Produktion der Mittel zum Leben helfen. Faustkeil und Computer, Pferdefuhrwerk und Langstreckenflugzeug, Brieftaube und Internet, das sind jene Kräfte des Menschen, die Marx „Produktivkräfte" nennt. Was die Seite zu den Mitmenschen hin betrifft, muss danach gefragt werden, wie die Menschen miteinander umgehen. Behandeln sie sich institutionell als gleichberechtigt oder nicht? Haben sie den gleichen Zugang zu den Mitteln, die sie bei der Produktion einsetzen, oder nicht? Sind die Mittel der Produktion gemeinsames Eigentum oder privates, so dass dadurch die Nicht-Eigentümer von Eigentümern unterschieden und die unmittelbaren Produzenten vom Eigentum ausgeschlossen sind? Marx nennt diese Verhältnisse zwischen den Menschen „Produktionsverhältnisse".

Die Produktivkräfte, so Marx weiter, sind einer ständigen Fortentwicklung unterworfen, weil Wissen und Können des Menschen genauso zunehmen wie seine Instrumente und Technologien immer raffinierter werden. Dies ist die Frucht der im Laufe der Menschheitsgeschichte gesammelten Erfahrung, die von einer Generation auf die nächste weitergegeben wird. Die Produktionsverhältnisse sind im Gegensatz dazu weniger dynamisch. Den Beziehungen zwischen den Menschen wohnt mehr Stabilität inne. Verhaltensweisen, die einmal eingeschliffen sind, werden nicht gleich wieder aufgegeben. Ungleichbehandlung und ungleiche Zugänge zum Eigentum werden von denen, die davon bevorzugt sind, mit Macht aufrechterhalten. Das Recht, mit Hilfe dessen die Eigentumsverhältnisse festgeschrieben werden, wird verteidigt.

Wachsende Spannungen

Für eine gewisse Zeit passen Produktivkräfte und Produktionsverhältnisse gut zusammen. Zum Beispiel war in der mittelalterlichen Landwirtschaft jahrhundertelang das Verhältnis zwischen der Fortentwicklung von Anbaumethoden und der Grundherrschaft im Prinzip relativ harmonisch, da sowohl die Bauern wie die Grundherren von den Produktivitätsfortschritten profitierten. Aber mit der Zeit, so Marx, ergeben sich Spannungen zwischen den relativ dynamischen Produktivkräften und den relativ stabilen Produktionsverhältnissen, aus denen sich Konflikte entwickeln.

Ab dem 17. Jahrhundert gab es in Europa, von England ausgehend, durch die massenhafte Gründung von Manufakturen und später Industriebetrieben in den Städten einen enormen Aufschwung der Produktivkräfte (vgl. Kapitel 2). Die Umstellung der englischen Landwirtschaft von der Nahrungsmittel- zur Baumwollproduktion für die städtische Textilwirtschaft führte zur gewaltigen sozialen Mobilisierung. Die neue ökonomische Ausrichtung erforderte eine große Menge von Arbeitskräften in den Städten. Parallel dazu wurden in der Landwirtschaft immer weniger Menschen gebraucht: Zum einen war die Produktivität bei der Lebensmittelproduktion enorm gestiegen, es hatte aufgrund neuer Anbautechniken eine „grüne Revolution" stattgefunden, zum andern brauchte man für die Aufzucht von Schafen, die sich bekanntlich fast selbst versorgen, relativ wenig Menschen.

Jetzt erwiesen sich die alten Produktionsverhältnisse, die Grundherrschaft also, die ja die Bauern fest an den Grund und Boden ihres Herrn gebunden hatte und durch eine wechselseitige generationenlange Treuepflicht gekennzeichnet war, als nicht mehr zeitgemäß. Es musste irgendwie dafür gesorgt werden, dass Hunderttausende von auf dem Lande überflüssig gewordenen Menschen in die Städte ziehen konnten. Das war die Stunde der Bauernbefreiung. Ein günstiger Umstand in England war, dass viele adelige Großagrarier gleichzeitig Eigentum in den Städten besaßen und so oft selbst Manufakturen gründeten. Die auf dem Land und in der Stadt gleichzeitig herrschende Klasse hatte also ein doppeltes Interesse an der Freiheit der Bauern: Auf dem Land wollte man sie loswerden, in der Stadt wurden sie dringend benötigt. Ein ähnlicher Prozess vollzog sich in den Städten, wo das Interesse an einer Steigerung der Produktivkräfte durch Vergrößerung der Betriebe, Intensivierung der Arbeitsteilung und Mechanisierung der Produktionsprozesse zum Umsturz der alten Zunftordnung durch die Gewerbefreiheit führte.

Sprengung der Fesseln

Die alten Produktionsverhältnisse, die die Bauern an den Boden und die Handwerker an die Werkstätten gebunden hatten, waren also aus guten Gründen nicht mehr zeitgemäß. Im oft zitierten „Vorwort zur Kritik der politischen Ökonomie" formuliert Marx, was dann geschieht: „Auf einer gewissen Stufe ihrer Entwicklung geraten die materiellen Produktivkräfte der Gesellschaft in Widerspruch mit den vorhandenen Produktionsverhältnissen …, innerhalb deren sie sich bisher bewegt hatten. Aus Entwicklungsformen der Produktivkräfte schlagen diese Verhältnisse in Fesseln derselben um. Es tritt dann eine Epoche sozialer Revolution ein."[10]

Auflösung des Grundwiderspruchs

Mit der Veränderung der ökonomischen Grundlage, im konkreten Fall also die Bauernbefreiung und die Gewerbefreiheit, wälzt sich der gesamte „Überbau“ mehr oder minder schnell um. Dieses Verhältnis von Basis und Überbau ist zum Verständnis des Umwälzungsprozesses entscheidend. Denn Politik, Kunst und Philosophie sind, so Marx, nur „ideologische Formen“, in denen das objektive Geschehen abgebildet wird und sich die Menschen das Geschehen bewusstmachen (vgl. Kapitel 1). Jetzt also war die Zeit reif für ein neues Denken, die Begriffe und Werte der bürgerlichen Welt: dass der Mensch nicht durch die Geburt von Gott in einen bestimmten Stand einsortiert wird, dem er bis zum Lebensende angehört, sondern dass jeder von Geburt an mit den gleichen Rechten ausgestattet ist, dass der Staat nicht Gott, sondern den Menschen verantwortlich ist, dass das Leben nicht durch eherne Traditionen vorbestimmt, sondern jeder im Prinzip Schmied seines eigenen Glückes ist usw. Wichtig ist für Marx, wie wir im 1. Kapitel gesehen haben, dass man diese neue Zeit, die bürgerliche, nicht nach diesen Ideen selbst beurteilen darf, da man sonst die ihnen zugrunde liegenden wirklichen Triebkräfte nicht erkennen kann. Vielmehr müssen umgekehrt die ideologischen Erscheinungsformen aus dem zugrunde liegenden Widerspruch zwischen Produktivkräften und Produktionsverhältnissen abgeleitet werden, weil nur so die Begrenztheit auch der neuen Ideen offenbar werden kann.

Der Kerngedanke der Marx’schen Entwicklungstheorie betrifft die alles entscheidende Wechselwirkung zwischen Produktivkräften und Produktionsverhältnissen. „Eine Gesellschaftsform geht nie unter, bevor alle Produktivkräfte entwickelt sind, für die sie weit genug ist, und neue höhere Produktionsverhältnisse treten nie an die Stelle, bevor die materiellen Existenzbedingungen derselben im Schoß der alten Gesellschaft selbst ausgebrütet worden sind.“[11] In der bisherigen Geschichte können „in großen Umrissen“ die asiatische, die antike, die feudale und die moderne bürgerliche Produktionsweise als aufeinander folgende Entwicklungsstufen unterschieden werden. Die modernen bürgerlichen Produktionsverhältnisse sind Marx zufolge „die letzte antagonistische Form des gesellschaftlichen Produktionsprozesses, antagonistisch nicht im Sinn von individuellem Antagonismus, sondern eines aus den gesellschaftlichen Lebensbedingungen der Individuen hervorwachsenden Antagonismus“[12]. Mit „Antagonismus“ ist gemeint, dass zwei Kräfte einander direkt entgegengerichtet sind, so dass sich nur eine durchsetzen kann, ein Kompromiss also zunächst ausgeschlossen ist. Für Marx stehen in der modernen bürgerlichen Gesellschaft Arbeit und Kapital sich unversöhnlich gegenüber, die einzelnen Menschen sind dieser Situation zunächst ausgeliefert.

Ende der Vorgeschichte

„Aber die im Schoß der bürgerlichen Gesellschaft sich entwickelnden Produktivkräfte schaffen zugleich die materiellen Bedingungen zur Lösung dieses Antagonismus.“[13] Und nun folgt der wohl anspruchsvollste – für die meisten Leser der Marx'schen Schriften wohl anmaßend klingende – Satz der Marx'schen Entwicklungstheorie, vielleicht sogar des gesamten Werkes: „Mit dieser Gesellschaftsform schließt die Vorgeschichte der menschlichen Gesellschaft ab.“[14] Was verbirgt sich hinter diesem gewaltigen Anspruch? Nichts Geringeres als die Behauptung, erst nach der Auflösung des Grundwiderspruchs, also erst wenn auch die Aneignung der Produkte und mit ihr die Organisation der Produktion bewusst gesellschaftlich erfolgt, können die Menschen ihre Geschicke selbst in die Hand nehmen. Die entscheidende Grundlage für die Aufhebung des Antagonismus ist die Wiedervereinigung von Arbeit und Eigentum, die in der kapitalistischen Entwicklungsstufe der Warenproduktion gewaltsam getrennt worden waren.

Die Wiedervereinigung von Arbeit und Eigentum kann, wie wir in Kapitel 2 gesehen haben, unter den Bedingungen der hoch entwickelten Produktivkräfte natürlich nicht bedeuten, dass der Grad der Arbeitsteilung und der Einsatz von Maschinen wieder zurückgeschraubt werden. Dies wäre ein romantischer Rückschritt. Fortschritt aber, so Marx und die meisten seiner Zeitgenossen, muss in der Befreiung des Menschen von überflüssigen Zwängen bestehen. Soll also der erreichte Entwicklungsstand der Produktivkräfte nicht nur bewahrt, sondern auch weiter beflügelt werden, können Eigentum und Arbeit nur durch eine neue Form des Eigentums an den Produktionsmitteln zusammengeführt werden: das kollektive Eigentum. Dieses bezeichnet Marx auch als „individuelles Eigentum“ auf der Grundlage der Errungenschaften des Kapitalismus: der Zusammenarbeit der Menschen und des „Gemeinbesitzes der Erde und der durch die Arbeit selbst produzierten Produktionsmittel“.[15] Erst ein so verstandenes Eigentum verhilft dem Individuum zu jener Selbstbestimmung, die Marx zufolge jenseits des Kapitalismus möglich wird (vgl. Kapitel 8).

Wie sehr die Entwicklung von Produktivkräften und Produktionsverhältnissen aufeinander abgestimmt sein müssen, zeigte sich zum Beispiel an der Kollektivierung der Landwirtschaft in Russland unter Stalin. Stalin hatte ja Millionen Bauern ihren privaten Grund und Boden weggenommen, um große landwirtschaftliche Flächen zu gewinnen, die dann durch Genossenschaften oder den Staat bewirtschaftet wurden. Der Widerstand der Bauern gegen diese Enteignung war vor allem auch deshalb so groß, weil sie den Zweck dieser Gewaltmaßnahme zu diesem Zeitpunkt noch gar nicht sinnlich erfahren konnten. Der Zweck der Zusammenlegung der Flächen bestand in der Steigerung der Produktivität, weil erst große Flächen den rentablen Einsatz landwirtschaftlicher Maschinen ermöglichen und sinnvoll machen. Stalins Problem war nur, dass diese Maschinen zu diesem Zeitpunkt noch gar nicht zur Verfügung standen, weil die industrielle Produktion in den Städten noch längst nicht weit genug fortgeschritten war. Kollektivierung ohne Mechanisierung – das musste auf dem Land als reine Willkür aufgefasst werden.

Wann ist es so weit?

Da das Bürgertum von Anfang an um die ganze Welt jagt, auf seiner Suche nach Gelegenheiten für das Produzieren um der Produktion willen (vgl. Kapitel 4), ist das Ende der bürgerlichen Produktionsweise Marx zufolge nur als weltweites Ereignis vorstellbar. Erst wenn die Arbeitsteilung, das Verhältnis zwischen Kapital und Arbeit und der Markt die ganze Welt umspannen, kann die Stunde des Kapitalismus schlagen. Dann erst kann die Verschärfung des Grundwiderspruchs zwischen dem gesellschaftlichen Charakter der Produktion und dem privaten Charakter der Aneignung der Produkte ins allgemeine Bewusstsein vordringen. Vor allem der weltweit an seine Grenzen stoßende Entwicklungsstand der Produktivkräfte ist „eine absolut notwendige praktische Voraussetzung, weil ohne sie nur der *Mangel* verallgemeinert, also mit der *Notdurft* auch der Streit um das Notwendige wieder beginnen und die ganze alte Scheiße sich herstellen müsste“[16]. Genau das ist in den vergangenen zwei Jahrzehnten in vielerlei Hinsicht eingetreten, wie zu Beginn dieses Kapitels angedeutet wurde. Die Situation in Russland 1917 – und ähnlich in Osteuropa und Ostdeutschland nach 1945 – und in China 1949 war alles andere als vorrevolutionär in diesem Marx'schen Sinn. Die große Mehrheit der Menschen war mit ganz anderen Problemen beschäftigt – in Russland 1917 mit einem aussichtslosen Krieg, in Osteuropa und Ostdeutschland mit der Nachkriegszeit samt Flucht, Vertreibung und Wegräumen des Schutts, in China mit dem Kampf um das tägliche Überleben.

Wann also wird der Kapitalismus an seinem Ende angelangt sein? Wann ist der Grundwiderspruch zwischen gesellschaftlichen Produktivkräften und privatisierten Produktionsverhältnissen so offensichtlich und unerträglich geworden, dass eine Umwälzung der alten Ordnung unausweichlich wird? Erforderlich ist, so Marx, eine Situation, in der extremer Reichtum und extreme Armut aufeinanderprallen: Hier die in wenigen privaten Händen versammelten technisch höchstentwickelten Produktionsmittel, die zu ihrem Betrieb nur mehr ein Minimum an lebendiger Arbeit bedürfen. Dort die vielen Menschen, die nicht nur zeitweilig, sondern dauernd die Chance auf den Verkauf ihrer Arbeitskraft verloren haben und so ihrer Lebensgrundlage beraubt sind. Dann erst wird klar, dass alle gut leben und zudem vom Arbeitszwang weitgehend befreit werden könnten – wenn nur die Eigentums- und Herrschaftsverhältnisse das technisch Mögliche auch Wirklichkeit werden ließen.

Dieser Zustand, so Marx, ist erst möglich, wenn sich der Markt weltweit ausgedehnt hat. Erst dann können Arbeitssuchende auch durch das Abwandern in andere Länder ihrer aussichtslosen Situation nicht mehr entkommen, weil sich die Verhältnisse dann global angeglichen haben. Erst dann gibt es auch keine kleinen, mittelständischen Unternehmer, die den Arbeitssuchenden noch eine Perspektive eröffnen könnten, weil Produktionsmittel nur mehr in hoch konzentrierter und zentralisierter Form in der Hand weniger multinationaler Konzerne existieren. Und erst dann ist auch die Möglichkeit der Selbstversorgung versperrt, weil kaum jemand über eigenen Grund und Boden verfügt. Dann wird offensichtlich, dass der Widerspruch zwischen gesellschaftlicher Produktion und privater Aneignung, der gegen Ende des Kapitalismus immer mehr die Form des Widerspruchs zwischen Produktivkräften und Produktionsmitteln angenommen hat, nicht mehr tragbar ist – dass also auch die Aneignung der Produkte durch die Gesellschaft erfolgen muss.[17]

Diktatur des Proletariats, Sozialismus, Kommunismus

Die Umwälzung vom Kapitalismus zum Kommunismus ist Marx zufolge allerdings ein mehrphasiger Prozess. Zunächst ergreift die Arbeiterklasse, also die große Masse der arbeitswilligen, arbeitsfähigen, aber von den Produktionsmitteln gewaltsam getrennten Menschen, die Staatsmacht. Wie dies geschieht, präzisiert Marx nicht näher. Das Ergebnis dieser ersten Phase wird mit dem widersprüchlich anmutenden Begriff „Diktatur des Proletariats"[18] bezeichnet und mit „Demokratie" gleichgesetzt: eine Herrschaft der Mehrheit über die Minderheit, die sich „despotischer Eingriffe in das Eigentumsrecht und in die bürgerlichen Produktionsverhältnisse" bedient und als klares Ziel verfolgt, den Kapitalisten „nach und nach" die Produktionsmittel zu entreißen, diese in die Hände des Staates zu legen und sie weiter zu vermehren.[19]

Die zweite Phase, die Phase des Sozialismus, ist Marx zufolge dadurch charakterisiert, dass an die Stelle der Herrschaft von Menschen über Menschen die Herrschaft von Menschen über Sachen tritt. Der Anspruch ist, die Anwendung der Produktionsmittel planvoll zu organisieren, also Lösungen für wirtschaftliche Fragen zu finden und umzusetzen, die im allgemeinen Interesse sind, von denen sich also niemand benachteiligt fühlen kann: Jeder hat Arbeit, jede Arbeit wird entlohnt, jeder Lohn wird durch gesellschaftliche bzw. politische Entscheidungen kollektiv festgelegt. Ein Aspekt dieser zweiten Phase ist ein neuer Umgang mit dem Leistungsprinzip. In der kapitalistischen Gesellschaft war das Leistungsprinzip Marx zufolge immer nur beschworen, aber nie verwirklicht worden. Die Kapitaleigentümer konnten Einkommen beziehen, ohne selbst etwas dafür leisten zu müssen. Die Arbeiter erbrachten Leistungen, deren Früchte ihnen verwehrt wurden, oder sie wurden als Arbeitslose ganz daran gehindert, Leistungen zu erbringen. Jetzt, in der sozialistischen Phase der Revolution, heißt das neue Prinzip: Jeder nach seinen Fähigkeiten, jedem nach seiner Leistung. Und in Bezug auf die Produktivkräfte wird es jetzt möglich, die destruktiven Potenziale konsequent zurückzunehmen – von den Gesundheitsgefahren am Arbeitsplatz bis hin zu den technischen, militärischen und ökologischen Großrisiken, die als Nebenprodukt der kapitalistischen Entwicklung in die Welt gekommen waren.

Parallel dazu verliert in der sozialistischen Phase auch der Staat seinen Herrschaftscharakter. Die frühere Aufgabe, das Privateigentum an Produktionsmitteln gegen den Zugriff der unmittelbaren Produzenten zu schützen, fällt jetzt weg, denn die Produktionsmittel sind nun prinzipiell in der Hand der Produzenten selbst, nur dass sie eben jetzt durch ihren Staat verwaltet werden. Wenn also im Sozialismus an die Stelle der Beherrschung von Personen die Verwaltung von Sachen und an die Stelle der bürgerlichen Leistungsideologie das wirkliche Leistungsprinzip tritt, dann ist der Staat nicht mehr ein selbstständiges Organ neben der Gesellschaft, dann „stirbt" er, so die Erwartung, einfach ab.

Aber damit ist die Umwälzung noch nicht abgeschlossen. Lassen wir Marx noch einmal selbst zu Wort kommen, um der Euphorie des Revolutionstheoretikers nachzuspüren: „In einer höheren Phase der kommunistischen Gesellschaft, nachdem die knechtende Unterordnung der Individuen unter die Teilung der Arbeit, damit auch der Gegensatz geistiger und körperlicher Arbeit verschwunden ist; nachdem die Arbeit nicht nur Mittel zum Leben, sondern selbst das erste Lebensbedürfnis geworden; nachdem mit der allseitigen Entwicklung der Individuen auch ihre Produktivkräfte gewachsen und alle Springquellen des genossenschaftlichen Reichtums voller fließen – erst dann kann der enge bürgerliche Rechtshorizont ganz überschritten werden und die Gesellschaft auf ihre Fahne schreiben: Jeder nach seinen Fähigkeiten, jedem nach seinen Bedürfnissen!"[20] Dann erst ist Marx zufolge der Grundwiderspruch zwischen der Gesellschaftlichkeit der Produktion und der Privatheit der Aneignung der Produkte endgültig überwunden. Dann gibt es auch keine „Sachzwänge" mehr, die die Menschen dazu bringen, den Fortschritt der Produktivkräfte immer wieder zur Ausweitung der Produktion und zur künstlichen Anregung von Bedürfnissen zu verwenden. Erst wenn nicht nur die Produktion, sondern auch ihre Planung und die Aneignung der Produkte gesellschaftlich organisiert sind, kann der Umgang mit Technik und Zukunft ausschließlich an den gegebenen Bedingungen der Natur und den ebenso gegebenen Bedürfnissen der Menschen ausgerichtet werden, wobei auch zu berücksichtigen ist, dass beide sich ständig wandeln, die Bedürfnisse schneller, die Naturbedingungen langsamer. Im „Verein freier Menschen" finden Produktivkräfte und Produktionsverhältnisse endgültig zu einem harmonischen Miteinander, und zwar durch wechselseitige Anpassung an jene Voraussetzungen, die die innere und äußere Natur der Menschen mit sich bringen (vgl. Kapitel 8).

Übergänge

Die Marx'schen Vorstellungen über die Revolution, über ihre Träger und Phasen, sind derjenige Teil seines Werkes, der im 21. Jahrhundert am meisten irritiert. Vieles scheint ja bisher tatsächlich ganz anders gekommen. Das Proletariat ist nicht verelendet, schon gleich gar nicht in den hoch industrialisierten Regionen der Welt. Die Kommunisten sind nicht in Westeuropa, Nordamerika oder Japan an die Macht gekommen, sondern in Russland und China – dabei allerdings mit ihren Vorstellungen kläglich untergegangen. Die Arbeiterschaft hat sich weder national und erst recht nicht international solidarisiert, sondern befindet sich heute mehr denn je in einem erbitterten Konkurrenzkampf. Und die Staaten, vor allem in den hoch entwickelten Regionen der Welt, sind nicht nur der verlängerte Arm der Großkonzerne, sondern können aufgrund ihrer rechtsstaatlich-demokratischen Verfasstheit den jeweiligen Willen der Mehrheit der Bevölkerung nicht völlig übergehen und sind so durchweg zu Sozial- oder sogar Wohlfahrtsstaaten geworden. Es sind im Wesentlichen zwei Gründe, die dafür sprechen, dass Marx in wesentlichen Punkten längst nicht als widerlegt gelten kann, vielleicht sogar am Ende Recht behalten könnte.

Die Verelendungsprognose

Der *erste* Grund hängt mit der Frage der zeitlichen Einordnung der theoretischen Analyse und des realen Kapitalismus zusammen. Heute wissen wir, dass die Entwicklung des Kapitalismus zur Zeit des Karl Marx noch keineswegs in dem Stadium angelangt war, in dem er an seine inneren Grenzen stoßen konnte. Marx war sogar selbst unsicher, wo er und seine Zeitgenossen sich auf dem Zeitstrahl des Kapitalismus eigentlich verorten sollten. Viele seiner Äußerungen verweisen einerseits darauf, dass er das Ende des Kapitalismus in Kürze erwartete. Vor allem unter dem Eindruck der 1847 in England ausgebrochenen Wirtschaftskrise und den Unruhen im Jahr darauf in Paris, Berlin, Wien und anderen europäischen Großstädten glaubte er, jetzt gehe es richtig los. Marx war bei der Einschätzung der Entwicklung des Kapitalismus auch sehr auf die äußere Ausdehnung des Systems fixiert, das Mitte des 19. Jahrhunderts mit der Einbeziehung Amerikas, Indiens und Australiens im Wesentlichen abgeschlossen schien. Aus der damaligen Perspektive war nicht vorstellbar, welche Möglichkeiten der Eroberung dem Kapital im Inneren der Gesellschaften noch offenstanden.

Andererseits befürchtete Marx – zehn Jahre später –, dass der Versuch einer Revolution in Europa leicht in einen „Crash“ des revolutionären Prozesses münden könne, wenn der Rest der Welt zu diesem Zeitpunkt gerade erst dabei sei, einen blühenden Kapitalismus aufzubauen und so nicht damit gerechnet werden könne, dass sich tatsächlich die Proletarier *aller* Länder zu einer Einheit formieren würden.[21] An dieser Befürchtung sieht man, dass Marx es auch für möglich hielt, dass die kapitalistische Welteroberung zu seiner Zeit noch längst nicht so weit fortgeschritten war, dass von einer unerträglichen Zuspitzung des kapitalistischen Grundwiderspruchs gesprochen werden könnte. Das aber muss heute als Hinweis auf eine ausgesprochen weitsichtige Haltung gewertet werden.[22] Gerade im Bereich sozialer Dienstleistungen scheint der Kapitalismus erst jetzt, zu Beginn des 21. Jahrhunderts, so richtig Fuß zu fassen. Lebensbereiche, für die zu Marxens Zeiten noch weitgehend die Familie und die Kirche, ab Ende des 19. Jahrhunderts dann der Staat zuständig wurden, werden heute rund um den Globus privatisiert und kommerzialisiert. Wie hätte Marx auch ahnen können, dass eines Tages versucht werde, buchstäblich alles – von der kindlichen Frühförderung bis zur Altenpflege und Sterbehilfe, von der freien Zeit der Kinder und Jugendlichen bis zum Wissen der Welt, vom menschlichen Gen bis zur globalen Klimaentwicklung – zur Ware zu machen?

Noch ist also das Ende des Kapitalismus nicht absehbar. Wir wissen nicht, wie lange die Ausbeutung der Arbeit des Menschen durch den Menschen, die Teilung der Welt in Zentrum und Peripherie, das Produzieren um der Produktion willen noch Bestand haben werden. Wir wissen auch nicht, wie tief der Wert der Ware Arbeitskraft in den Zentren sinken wird, wenn die Bezugsgröße für die durchschnittlichen Reproduktionskosten sich immer weiter in die Peripherien hinaus erstreckt. Vieles spricht dafür, dass die rechtlichen und sozialen Standards in den alten wie auch den neuen Inseln des Wohlstands auf Dauer nicht Bestand haben werden. Manche Berichte aus den ehemaligen industriellen Zentren der USA vermitteln eine Vorahnung von dem, was da kommen könnte.

Die Stützbalken

Der *zweite* Grund, warum die Marx'schen Prognosen durch die oben genannten realen Entwicklungen noch lange nicht gegenstandslos geworden sein müssen, hängt mit den in diesem Buch freigelegten Stützbalken zusammen, den Auffangstrukturen, die das System seit seinem Bestehen stabilisieren. Vielleicht kann man es auf der Ebene der handelnden Personen und Organisationen auch so formulieren: Diejenigen, die die Geschicke der kapitalistischen Welt seit 500 Jahren bestimmen, haben vielleicht mehr aus den Problemen und Krisen des Systems und seit 150 Jahren auch von deren Analyse durch Karl Marx gelernt, als sie zugeben und ihnen bewusst ist. Es sind, um in der

Marx'schen Sprache zu sprechen, die Rückwirkungen des „Überbaus" auf die „Basis", die stärker ausgefallen sein könnten, als dies auch Marx für möglich gehalten hat.

Die von Marx erwartete Verelendung des ausgebeuteten Proletariats ist in den hoch entwickelten Regionen der Welt vermutlich nicht nur deswegen ausgeblieben, weil der Kapitalismus mit seinem Zerstörungswerk noch lange nicht am Ende seiner Kräfte angelangt ist, sondern auch, weil er bisher in den wirtschaftlichen und politischen Zentren der Welt sehr erfolgreich für die Befriedung der sozialen Gegensätze und die Dämpfung der psychischen und der moralischen Skrupel gesorgt und so das System stabilisiert hat. In Kapitel 9 wird sich allerdings zeigen, dass diese Stabilisierungswirkung schon in naher Zukunft an harte Grenzen stoßen dürfte.

Faktoren des Zusammenbruchs

Wie müssen wir uns heute das Ende des Kapitalismus vorstellen? Als schlagartigen Zusammenbruch unter dem Druck zugespitzter innerer Widersprüche, wie Marx dies sah? Oder als fast unmerkliche Überwindung des inneren Wesens unter dem Eindruck der Herausforderungen der Zeit, wie es teilweise in der Geschichte der deutschen Sozialdemokratie gesehen wurde? Und wer könnte die treibende historische Kraft sein in jener Phase zwischen dem Ende der alten und dem Anfang der neuen Ordnung? Das Proletariat oder eher intellektuell geprägte Teile des Bürgertums oder aber eine revolutionäre Kraft, die sich gerade nicht durch ihre soziale Herkunft aus einer bestimmten Klasse oder Schicht auszeichnet? Zu diesen Fragen gibt es bisher wenig Klarheit, zwei unterschiedliche, aber viel diskutierte Antworten sollen im Folgenden kurz vorgestellt werden.

Der Berliner Politikwissenschaftler Elmar Altvater sieht drei Faktoren für das Ende des Kapitalismus „wie wir ihn kennen": das Unerträglichwerden der inneren Spannungen, ein starker äußerer Anstoß und die Existenz von Alternativen.[23] Der *erste* Faktor, die Verschärfung der inneren Widersprüche, zeigt sich Altvater zufolge vor allem in der sogenannten „finanziellen Repression": Die Explosion der Finanzprodukte und die ebenso explosive Entwicklung der Finanzrenditen führen zur fortschreitenden Abkoppelung der Finanzwirtschaft von der Realwirtschaft (vgl. Kapitel 6). Wegen des Erpressungspotenzials der Finanzwirtschaft sieht sich die Realwirtschaft dazu gezwungen, selbst ständig zu wachsen und durch permanente Produktionsausweitung und Kosteneinsparung die eigenen Renditen zu steigern. Das kann ihr freilich nicht gelingen, weil sie durch ihre Verwurzelung in der Lebenswelt der Menschen und durch ihre Gebundenheit an die Bedingungen der Natur von ihrem Wesen her begrenzt ist. Je mehr die Realwirtschaft gegenüber der Finanzwirtschaft zurückfällt, desto schlechter wird sie mit Kapital versorgt. Das verschärft die Situation weiter. Nicht viel besser als der Realwirtschaft geht es dem Staat. Er versucht, einerseits ein gutes Umfeld für die Finanzinvestoren zu schaffen, indem er sie von Steuern, Regeln und Kontrollen so gut wie möglich verschont. Er muss aber andererseits die Realwirtschaft vor der finanziellen Auszehrung bewahren, um die Vernichtung von Arbeitsplätzen und die damit einhergehende sinkende Massenloyalität zu begrenzen. Der ganze Prozess der Zunahme der inneren Spannungen kann, so lässt sich Altvaters Überlegung weiterführen, letztlich als Konsequenz der Unvereinbarkeit von Geschwindigkeiten begriffen werden: einerseits der Geschwindigkeit des Wachstums des Geldes, das kein inneres Maß hat, andererseits der Geschwindigkeit des Wachstums der realen Güter und Dienste, deren inneres Maß im organischen und unorganischen Leib des Menschen, in Gesundheit, Gesellschaft, Kultur und Natur begründet bleibt (vgl. Kapitel 9).

Der *zweite* mögliche Faktor des Zusammenbruchs des Kapitalismus könnte Altvater zufolge ein „äußerer Stoß von extremer Heftigkeit“[24] sein, vielleicht ein Krieg oder eine große Naturkatastrophe. Altvater rechnet aber eher mit etwas anderem: dem Ende des Ölzeitalters. Je mehr die Realwirtschaft nämlich im Wettlauf mit der Finanzwirtschaft um beschleunigtes Wachstum bemüht ist und die Staaten im Wettlauf um Wirtschaftsstandorte dieses Bemühen unterstützen, umso schneller wird es mit dem Öl zu Ende gehen. Wie bei anderen existenziell bedeutsamen Naturressourcen werden auch mit zunehmendem Schwinden der Ölvorräte die Konflikte um diese Vorräte heftiger. Altvater sieht heute schon eine Renaissance der „alten“ Geopolitik auf uns zukommen, dem „Volk ohne Raum“ wird dann das „Volk ohne Öl“ entsprechen. Der Kampf um die letzten Ölquellen – und anderer elementarer Ressourcen – wird vor allem auch deshalb an Heftigkeit zunehmen, weil sich an ihm auch Schwellenländer wie China, Thailand, Südkorea, Südafrika oder Brasilien beteiligen werden, deren überdurchschnittliches Wirtschaftswachstum auf überproportionale Mengen an Ressourcen angewiesen ist. Das könnte letztlich nicht nur den kapitalistischen Lebensstil, sondern auch den Kapitalismus als System selbst ins Wanken bringen.

Wenn Altvater als *dritten* Faktor für das Ende des Kapitalismus die Existenz von Alternativen nennt, knüpft er an das von Ernst Bloch bereits Anfang des 20. Jahrhunderts entwickelte „Prinzip Hoffnung“ an.[25] Mögen die Verhältnisse auch noch so sehr von „Sachzwängen“ eingeschnürt sein, so gibt es doch, das war die Grundidee Blochs, immer auch einen „Vorschein“ auf das, was möglich werden könnte. In Bezug auf eine mögliche Zukunft jenseits des Kapitalismus plädiert Altvater dafür, die traditionellen Begriffe Kommunismus und Sozialismus durch neue zu ersetzen, die den neuen Herausforderungen entsprechen.[26] Was die Seite der Produktivkräfte betrifft, so ist die Energieversorgung grundlegend. Als erste Alternative, als ersten Baustein des Neuen, sieht Altvater die „Solartechnologie“ (vgl. Kapitel 9). In Bezug auf die Produktionsverhältnisse zeigen sich erste Ansätze einer „Solidarischen Ökonomie“.[27] Sie finden sich im Non-Profit-Sektor, also in Genossenschaften, Selbsthilfegruppen, gemeinnützigen Stiftungen, Tauschringen u. Ä. In Lateinamerika zeigen sich in Ländern wie Bolivien, Ecuador und Venezuela bereits neuartige antikapitalistische Regime. Wichtig ist dabei, dass es sich beim Typus der Solidarischen Ökonomie um eine Form des Wirtschaftens handelt, die die Grundbedürfnisse der Menschen umfassend respektiert und deren Organisationsstrukturen von der Idee der demokratischen Selbstverwaltung durchdrungen sind (vgl. Kapitel 8). Altvater hält es für gut möglich, dass diese Ansätze über den Kapitalismus hinausführen, räumt aber ein, dass solche Fragen immer erst im Nachhinein beantwortet werden können.[28]

Die „Multitude“ als neue revolutionäre Kraft

Wo findet sich nun die treibende Kraft beim Ausstieg aus dem Kapitalismus? Diese Frage steht im Zentrum des Buches „Empire – Die neue Weltordnung“, das der amerikanische Literaturwissenschaftler Michael Hardt und der italienische Politikwissenschaftler Antonio Negri geschrieben haben.[29] Darin kennzeichnen sie den Kapitalismus des 21. Jahrhunderts als ein nach außen und innen grenzenloses System, das das gesamte Leben bis in die letzten Ritzen erfasst und die Technik der Selbstdisziplinierung (vgl. Kapitel 4) zu einer vollendeten Einheit entwickelt hat. Die Autoren entwerfen dennoch ein optimistisches Szenario, indem sie die Möglichkeiten, die „Virtualitäten“ dieser neuen Situation, herausarbeiten. Je grenzenloser die Welt, je umfassender die Produktion und je selbstdisziplinierter die Menschen werden, so Hardt und Negri, desto mehr Fähigkeiten sammeln sich bei ihnen an: affektive, kommunikative, geistige Fähigkeiten, die nach Bewährung, nach Realisierung, nach Revolution drängen. In der globalen Kontrollgesellschaft wächst eine historisch beispiellose Kraft heran, die „Multitude“, die Macht der hoch motivierten, breit vernetzten und gut informierten Massen. Während im 19. Jahrhundert nur ein Teil der Bevölkerung, nämlich die Fabrikarbeiter, als revolutionäres Potenzial in Frage kamen, geht die Überwindung des Kapitalismus den Autoren zufolge im 21. von der großen Masse der Menschen aus. Vorreiter sind dabei jene hoch qualifizierten und hoch mobilen Gruppen, die den parasitären Charakter des kapitalistischen Gesamtsystems, den Widerspruch zwischen dem, was täglich stattfindet, und dem, was eigentlich möglich wäre, auf den Begriff bringen und verbreiten können. Hardt und Negri sprechen von einem „General Intellect“, von einer „kollektiven sozialen Intelligenz“, die ab einem bestimmten Punkt der kapitalistischen Entwicklung in der vereinigten Arbeitskraft der Gesellschaft vorherrschend wird – lange bevor die von Marx erwartete revolutionäre Situation eingetreten ist. Die einzigartige

Kreativität der Massen wird, so Hardt und Negri, zum großen Hoffnungsträger der Geschichte.

Wenn dieser Punkt erreicht ist, beginnt die Umsetzung des politischen Programms der Revolution: das angesichts globaler Migration wichtig gewordene Recht auf eine Weltbürgerschaft, das wegen des Ausschlusses großer Teile der Bevölkerung aus dem Erwerbsleben unverzichtbar gewordene Recht auf ein garantiertes Grundeinkommen und schließlich das klassische Kampfziel der Arbeiterbewegung, das Recht auf Wiederaneignung der Arbeit, also ihrer Erträge und ihrer Umstände. Dieser Prozess der „biopolitischen Selbstorganisation", so Hardt und Negri, hat längst begonnen. Seine erste, freilich nicht fortgeführte Phase war die Errichtung von Räterepubliken nach dem Ersten Weltkrieg in Europa. Die zweite Phase bestand und besteht in der Durchsetzung des sozialdemokratischen Wohlfahrtsstaates, der heute allerdings auf eine harte Probe gestellt ist. Die dritte Phase schließlich bezeichnen Hardt und Negri als „Verfassungsprojekt" der Schaffung einer „absoluten Demokratie", durch welche die gesellschaftliche Arbeit auch gesellschaftlich organisiert wird. Erst eine solche Wirtschaftsdemokratie wird den von Marx konstatierten Grundwiderspruch auflösen können. Im Zuge dieses Selbstorganisationsprozesses wird immer klarer, so die beiden Autoren, was das private Eigentum an Produktionsmitteln eigentlich ist: „eine längst verfaulte und tyrannische Sache von gestern"[30].

Revolutionäre Synergie

Versuchen wir zum Schluss eine kühne Zusammenführung zwischen der Vision einer „solidarischen Solarwirtschaft" und der Vision der „Klugheit der Massen". Was die *erste* Vision betrifft, so haben jene hoch zentralisierten Industrien, deren Kapitalakkumulation auf dem Raubbau der fossilen Energieträger beruht, mit großem Erfolg über viele Jahrzehnte die Entwicklung und Ausbreitung der dezentralen solaren Energietechniken weitgehend verhindert, sie haben die solare Produktivkraft „gefesselt". Das ist nicht verwunderlich: Die Energiewirtschaft kann im Kapitalismus genauso wenig an einer Verringerung der Energieumsätze interessiert sein wie die mit ihr geschäftlich verbundene chemische Industrie an einer Verringerung der Umsätze chemischer Stoffe, die Autoindustrie an einer Verringerung der Zahl der Autos und der gefahrenen Kilometer, die Bauindustrie an einer Verringerung der umbauten Flächen, die Werbeindustrie an einer Zurückhaltung bei ihren Übergriffen in die menschliche Psyche etc. Das Produzieren um der Produktion willen zielt zwar zunächst auf die Vermehrung von Geldgrößen, aber diese Vermehrung geht in aller Regel auch mit der Vermehrung von Naturalgrößen einher. Es sei denn, der Naturverbrauch käme so teuer, dass ein starker Anreiz für die Abkoppelung des monetären vom stofflichen Wachstum bestünde. Gegen eine solche Verteuerung aber wehrt sich diese Lobby mit all ihren Machtmitteln. Und da diese beträchtlich sind, hat sie dabei großen Erfolg. Heute, am Ende des Ölzeitalters, könnten wir erkennen, in welche Sackgasse uns dies geführt hat. Das könnte uns wiederum die Augen dafür öffnen, dass die Sonne eigentlich für alle Menschen gratis auf die Erde scheint und ihre Strahlen nicht nach privaten Profitinteressen, sondern nach geophysikalischen Gesetzen verteilt. Oder in Anlehnung an einen Buchtitel des Journalisten Franz Alt: „Die Sonne schickt keine Rechnung“[31] – die Erdölkonzerne schon. An den katastrophalen Konsequenzen der kapitalistischen Form der Energieversorgung – vom Treibhauseffekt bis zum Krieg ums Öl – könnte deutlich werden: Die private Planung der Produktion zum Zweck der privaten Aneignung der Produkte durch große Konzerne ist den Lebensinteressen der Menschen nicht gerecht geworden.

Eine ähnliche Erkenntnis hatte sich im Übrigen vielen Menschen angesichts der anderen beiden Katastrophen des 20. Jahrhunderts bereits aufgedrängt. Verwiesen sei auf die Rätebewegung nach dem Ersten Weltkrieg und die Vorbereitung einer Wirtschaftsdemokratie durch die Räteartikel der Weimarer Verfassung, die dann freilich schnell wieder in Vergessenheit geraten sind. Und erinnert sei auch an die Programme der beiden großen Parteien nach dem Zweiten Weltkrieg, vor allem an das Ahlener Wirtschaftsprogramm der CDU von 1947, das in seinem ersten Satz feststellte: „Das kapitalistische Wirtschaftssystem ist den staatlichen und sozialen Lebensinteressen des deutschen Volkes nicht gerecht geworden“, und eine grundlegende Neuordnung der Wirtschaft auf „gemeinwirtschaftlicher“ Grundlage forderte.[32] Die verheerenden Konsequenzen der kapitalistisch organisierten Form der Energieversorgung könnten vor diesem historischen Hintergrund einen revolutionären Schluss nahelegen: Es ist an der Zeit, die Fesseln der herrschenden Produktionsverhältnisse zu sprengen und die dezentrale und kostenlose Produktivkraft der Sonne auf der Basis einer neu zu schaffenden, globalen gemeinwirtschaftlichen Ordnung zu organisieren.

Auch bei der *zweiten* Vision von der Kreativität der Massen, für die die digitale Revolution und das Internet wichtig sind, gibt es gute Gründe, die Institution des privaten Eigentums an den Produktionsmitteln im Interesse der Weiterentwicklung der menschlichen Fähigkeiten in Frage zu stellen. Auf der einen Seite dadurch, dass die kommerzielle Nutzung dieser Technologien an allen Ecken und Enden zu gesellschaftlich unerwünschten Konsequenzen führt: zur Monopolstellung großer Anbieter wie Microsoft und Google, zu schwer kontrollierbaren Formen von Internet-Kriminalität beziehungsweise zu Übergriffen auf die Privatsphäre, zum Teil als Folge weitgehend unvermeidbarer staatlicher Gegenmaßnahmen. Auf der anderen Seite entstehen im großen Umfang jenseits der kapitalistischen Nutzung der digitalen Technologien genossenschaftliche Formen (zum Beispiel Wikipedia, Mozilla, Linux). Auch an dieser Stelle kann gefragt werden, ob angesichts der gigantisch gesteigerten Speicherbarkeit, Kopierbarkeit, Verarbeitbarkeit und Transportierbarkeit von Information und Wissen die Institution des privaten Eigentums noch angemessen ist. Ist es nicht vielmehr so, dass die Marx'sche Kritik am Privateigentum durch die revolutionäre Kommunikationstechnologie der letzten zwei Jahrzehnte gewaltig an Plausibilität gewonnen hat? Liefert uns die digitale Technologie nicht hervorragende Argumente dafür, dass bei der Produktion die Menschen immer schon als Gemeinschaftswesen tätig sind, weil sie einen Großteil der Voraussetzungen der Produktion – die Sprache, die Kenntnisse, die Werkzeuge etc. – von anderen Menschen gratis erhalten haben, die Ergebnisse ihrer Arbeit wiederum für andere Menschen lebenswichtig sind und die Produkte selbst sich immer mehr einer kooperativen Form des Arbeitens verdanken?

Zusammenfassung

Mit dem Ende der Sowjetunion und der Neuorientierung Chinas gilt vielen der Kommunismus als gescheitert, sie bejubeln den endgültigen Sieg des Kapitalismus. Ganz anders stellt sich die Lage seit 1990 aus der Marx'schen Perspektive dar: Der Kommunismus kann noch gar nicht gescheitert sein, weil es ihn bisher noch nicht gab, mehr noch: nicht geben konnte. Die Marx'sche Vorstellung vom Fortschreiten der Geschichte und von der Überwindung des Kapitalismus war eine gänzlich andere als jene, die in Russland 1917 und China 1949 verkündet und daraufhin umgesetzt worden war. Historischer Fortschritt ist für Marx das Resultat des Zusammenwirkens der hochdynamischen Produktivkräfte und der tendenziell statischen Produktionsverhältnisse. Diese gegensätzlichen Entwicklungslogiken führen dazu, dass sich die Produktionsverhältnisse mit der Zeit immer deutlicher als Fesseln der Produktivkräfte erweisen. Erst wenn dieser Widerspruch offensichtlich geworden ist, können die Kräfte der Produktion die Fesseln der Verhältnisse sprengen. Dieses allgemeine Entwicklungsgesetz gilt Marx zufolge auch für die Überwindung des Kapitalismus. Das heißt konkret: Erst wenn die Entfaltung der industriellen Produktivkräfte weltweit an jene Grenzen stößt, die die kapitalistischen Produktionsverhältnisse ihnen setzen, wenn also der Grundwiderspruch des Kapitalismus sich bis zur Unerträglichkeit zugespitzt hat, wird seine Überwindung möglich und notwendig. Zeitgenössische Kapitalismuskritiker verweisen darauf, dass solche fundamentalen objektiven Widersprüchlichkeiten zwischen unseren technischen Potenzialen und ihrer gesellschaftlichen Ausschöpfung im 21. Jahrhundert dramatisch zunehmen. Heute wird die Diskussion um eine gerechte und zukunftsfähige Ordnung vor allem in Bezug auf die Versorgung mit Energie und Informationen geführt. Ziemlich unklar ist in der Debatte allerdings, wie der Übergang vom herrschenden Wirtschafts- und Gesellschaftssystem zu einem anderen beschaffen sein könnte.

8. Kapitel

Jenseits des Kapitalismus

Von den Errungenschaften der DDR hat im Wesentlichen nur der grüne Abbiegepfeil an der Ampel überlebt. War also alles andere im Osten schlechter als im Westen Deutschlands? Dieser besonders im Westen weit verbreiteten Meinung wurde bereits in der Zeit der Wende in wesentlichen Punkten widersprochen. Einer dieser Widersprüche kam vom Rat der Sachverständigen für Umweltfragen, der dem Bundesumweltminister zur Seite steht. Dieser Rat forderte 1990, das sogenannte „Sekundärrohstoff-Erfassungs-System" (SERO) der DDR für Deutschland insgesamt zu übernehmen. Das durch und durch planwirtschaftliche SERO-System war in den Augen der westlichen Experten ein vorzügliches Instrument, um drei Umweltziele auf einmal zu erreichen: die Einsparung von Rohstoffen, die Reduktion von Müll und die Vermeidung von Verkehr. Wenn nämlich ein Plan vorschreibt, dass Verpackungen von vornherein nach einheitlichen Normen hergestellt werden müssen, die zudem die optimale Wiederverwertbarkeit sichern, und diese Verpackungen dann mit Hilfe eines Pfandsystems auch tatsächlich wieder eingesammelt werden, so ist diese planwirtschaftliche Lösung besser, als wenn die diversen Märkte und die auf ihnen agierenden privaten Unternehmer das Verpackungsproblem auf ihre Weise lösen. Der Vorstoß des Sachverständigenrates stieß genau deshalb auf massiven Widerstand. Einige nicht ganz unbedeutende Branchen sahen ihre Interessen bedroht: die Verpackungsindustrie das Interesse, möglichst viele und vielfältige Verpackungen zu produzieren, die Werbeindustrie das Interesse, diese Verpackungen als Werbeträger möglichst individuell und auffällig zu gestalten, die Speditionen das Interesse, möglichst viel Müll in Europa herumzukutschieren. Am Ende hatten diese Interessengruppen, wie man weiß, die bessere Lobby – im Vergleich zu den Umweltschützern. Auch für andere Bedürfnisse, wie zum Beispiel nach Kultur, Bildung, Gesundheit und öffentlichem Verkehr, wurde, das kann heute aus der Distanz festgestellt werden, unter den planwirtschaftlichen Bedingungen der DDR im Vergleich zu Westdeutschland beachtlich gut gesorgt. Diese Leistung gilt es vor allem auch deshalb zu würdigen, weil bekanntlich die materiellen Startchancen Ostdeutschlands nach dem Krieg deutlich schlechter als die Westdeutschlands waren.

Planwirtschaft, wie sie in der DDR praktiziert wurde, ist keinesfalls die einzige Alternative zum Kapitalismus. Es gibt jede Menge weiterer Möglichkeiten, die Bedarfsdeckung und das Zusammenleben des Menschen zu organisieren. Zunächst soll jedoch die Wegscheide, an der wir heute stehen, markiert werden. Anschließend stelle ich die Marx'schen Andeutungen zu dem vor, was jenseits des Kapitalismus möglich ist, und gehe schließlich auf neuere Erfahrungen mit und Vorschläge zu jener Ordnung von Wirtschaft und Gesellschaft ein, die nach dem Kapitalismus kommen könnte.

„Sozialismus oder Barbarei?"

Zwei Jahre nach Ausbruch des Ersten Weltkriegs, dem ersten industrialisierten und gesamtgesellschaftlich organisierten Massenschlachten in der Geschichte, gab die Sozialdemokratin Rosa Luxemburg folgende Einschätzung der Situation ab, wobei sie sich auf einen Text von Friedrich Engels bezog: „Ein Blick um uns in diesem Augenblick zeigt, was ein Rückfall der bürgerlichen Gesellschaft in die Barbarei bedeutet. Dieser Weltkrieg – das ist ein Rückfall in die Barbarei. Der Triumph des Imperialismus führt zur Vernichtung der Kultur – sporadisch während der Dauer eines modernen Kriegs und endgültig, wenn die nun begonnene Periode der Weltkriege ungehemmt bis zur letzten Konsequenz ihren Fortgang nehmen sollte. Wir stehen also heute, genau wie Friedrich Engels vor einem Menschenalter, vor vierzig Jahren, voraussagte, vor der Wahl: entweder Triumph des Imperialismus und Untergang jeglicher Kultur, wie im alten Rom, Entvölkerung, Verödung, Degeneration, ein großer Friedhof; oder Sieg des Sozialismus, d. h. der bewussten Kampfaktion des internationalen Proletariats gegen den Imperialismus und seine Methode: den Krieg."[1]

Kämpfe um das Leben und die Kultur

Kann man allen Ernstes im Jahr 2010 Bezüge zu 1916 herstellen? In gewisser Hinsicht scheint mir dies tatsächlich berechtigt. Im Zusammenhang mit Luxemburgs Einschätzung der damaligen Weltlage gilt es heute drei Punkte zu bedenken.

Erstens: Wenn Luxemburg 1916 von einer „Periode der Weltkriege" spricht, sieht sie offenbar ganz klar voraus, dass es bei diesem ersten weltweiten Krieg auf längere Sicht nicht bleiben wird. Hier hat ihr die Geschichte bereits Recht gegeben. Seit Ende des Zweiten Weltkriegs ist Europa zwar von größeren Kriegen verschont geblieben, aber ein Ende der „sporadischen" wie der dauerhaften, strukturell bedingten Formen der Barbarei ist nicht absehbar. Diese strukturelle Barbarei zeigt sich vor allem im millionenfachen Hungertod in der Dritten Welt: Allein was den vorzeitigen, also vermeidbaren Tod von Kindern durch Unterernährung und eigentlich vermeidbare Krankheiten betrifft, kostet der „Frieden" seit 1945 pro Jahr mehr Kindern das Leben, als

Menschen aller Altersgruppen pro Kriegsjahr durchschnittlich in Folge des Krieges gestorben sind.[2] Diese Strukturen müssen entweder als haupt- oder zumindest als mitverantwortlich an dieser täglichen Katastrophe gelten. Letzteres insofern, als diese Strukturen offenbar die Starken nicht dazu befähigen, den Schwachen die gebotene Nothilfe zu leisten.

Bemerkenswert wird das Zitat *zweitens*, wenn man den Blick auf die propagandistische Begleitmusik des Ersten Weltkriegs lenkt und dies zu aktuellen Debatten um unsere Kultur in Beziehung setzt. Der Kulturbegriff ist nämlich einer der gängigsten Gegenbegriffe zum Begriff der Barbarei. Zu Beginn des Ersten Weltkriegs war unter deutschen Intellektuellen die Überzeugung weit verbreitet, der Krieg sei ein „Glaubenskrieg", in dem im Interesse ganz Europas der deutsche Kulturgeist gegen den vor allem durch England verkörperten „Krämergeist", der Idealismus gegen den Materialismus gerettet werden müsse.[3] Es waren also die Unterstützer der imperialistischen Kriegspolitik, welche die Kultur für sich in Anspruch genommen hatten, während für Rosa Luxemburg der Krieg die Vernichtung der Kultur, eben die Barbarei bedeutete. Und heute? Heute erklären uns prominente Vertreter der herrschenden Wirtschaftsordnung, es gehe wieder darum, die Kultur zu verteidigen, diesmal natürlich mit den Waffen des Wortes. Bedroht sei die Kultur der Leistungsgesellschaft, denn Deutschland sei in eine Art Kulturkampf verstrickt, in dem die Frontlinie zwischen populistisch geschürten Gefühlen einerseits und klaren Fakten und nüchternem Denken andererseits, wie es von „gut informierten Ökonomen" verkörpert werde, verläuft.[4] Hier wird der Wirtschaftsliberalismus zum Inbegriff von Kultur hochstilisiert und diese Kultur gegen das dumpfe Fühlen der ungebildeten Massen abgegrenzt. Nur von Barbarei traut man sich heute nicht mehr oder noch nicht zu sprechen.

Ein *dritter* Hinweis darauf, dass wir tatsächlich an einer Wegscheide stehen, findet sich in einem SPIEGEL-Essay des Essener Sozialpsychologen Harald Welzer aus dem Jahr 2009.[5] In „Blindflug durch die Welt" fragt Welzer nach dem Zusammenhang zwischen unserem Wissen über gegenwärtige Bedrohungen und der Art und Weise, wie wir darauf reagieren. Während die ökonomische Lage sich seit 2008 mit enormer Geschwindigkeit verschlechtert habe, braue sich die ökologische Bedrohung schon seit Längerem zusammen. Auf diese Herausforderungen reagierten Bürger und Staat bisher recht ähnlich: mit Gelassenheit und „business as usual", ergänzt um etwas „Krisenmanagement". Dessen Kern bestehe in einer doppelten Verschiebungsstrategie: *erstens* die Bearbeitung der ökologischen angesichts der ökonomischen Krise zunächst einmal zurückzustellen und *zweitens* zur Bewältigung der letzteren die gegenwärtigen Lasten auf die Zukunft abzuwälzen. Im Gegensatz zu Naturkatastrophen gehe bei sozialen Katastrophen der Alltag weiter. Soziale Katastrophen würden von denen, die mittendrin stehen, in ihrer Bedeutung kaum wahrgenommen, vor allem dann nicht, wenn sich mit den Wahrnehmungen auch die Werte schleichend verändern. Nimmt man unser Wissen über die objektive globale Lage und das Wissen über die subjektiven Reaktionsmuster des Menschen zusammen, so ergibt sich für Welzer ein zwingender Schluss: Ökonomische und ökologische Korrekturen reichen nicht, wir brauchen einen grundlegenden „Richtungswechsel, heraus aus der Sackgasse". „Gerade in der Krise zeigt sich, wie fatal es sich auswirkt, wenn ein politisches Gemeinwesen keiner Idee folgt, was es eigentlich sein will. Gesellschaften, welche die Erfüllung von Sinnbedürfnissen ausschließlich über Konsum befriedigen, haben in dem Augenblick, in dem mit einer funktionierenden Wirtschaft auch die Möglichkeit wegbricht, Identität, Sinn und Glücksgefühle zu kaufen, kein Netz, das ihren Fall aufhalten würde." Der „Blindflug durch die Welt" ist eine griffige Metapher für jene strukturelle Barbarei, mit der wir zu Beginn des 21. Jahrhunderts konfrontiert sind.

Selektion

Wenn sich aus ökologischen Gründen die Möglichkeiten des Konsums in absehbarer Zeit verengen werden, wenn sich herausstellt, dass es nicht für alle reicht, stellt sich unter verschärften Bedingungen die Frage, wer was bekommen soll. Der Mannheimer Historiker Rolf Peter Sieferle hat bereits vor fast 20 Jahren in dem fiktiven Bericht „Global 2050 – Auszüge aus dem Bericht des Club of Doom" sehr drastisch geschildert, wie eine Zukunft aussehen könnte, die an die Stelle der gleichen Würde für alle das Prinzip der abgestuften Würde in Gestalt eines modernen Rassismus stellt.[6] Die Welt ist, so das Szenario, dreigeteilt. Die ärmsten Regionen vegetieren vor sich hin, ein zweiter Teil der Weltbevölkerung beschafft vor allem die Rohstoffe für die dritte Gruppe, die wenigen industriellen Eliten in ihren hermetisch abgezirkelten Wohlstandsinseln. Zu welcher Gruppe jemand gehört, bemisst sich allein nach seiner wirtschaftlichen Leistungsfähigkeit. Wer wirtschaftlich verwendbar ist, wird in die Belegschaft einer der wenigen straff organisierten multinationalen Konzerne aufgenommen, die über alles verfügen, was für ein Leben im materiellen Wohlstand erforderlich ist. Hauptaufgabe des Staates ist es, diejenigen, die aus dem Kreis der Leistungsfähigen herausfallen, die automatisch sofort zum Risikofaktor für die innere Sicherheit werden, möglichst schnell beiseite zu schaffen, in Gettos, am Rande der Wohlstandsmetropolen, wo die Dritte Welt in der Mitte der Ersten entsteht. Die Wohlstandsinseln zu verlassen ist mit Todesgefahr verbunden, denn rundherum, im Meer des Elends, toben Bürgerkriege und sind die ökologischen Bedingungen längst völlig umgekippt.

In seinem Buch „Hitler als Vorläufer" mit dem Untertitel „Auschwitz – der Beginn des 21. Jahrhunderts?" hat der zur Gruppe 47 zählende Münchener Schriftsteller Carl Amery, der viele Jahre Präsident des deutschen P.E.N.-Zentrums war, dieses Szenario des Rückfalls hinter elementare zivilisatorische Standards historisch eingeordnet.[7] Amery tritt dem Vorurteil entgegen, Hitler sei quasi von einem anderen Stern oder aus dem finstersten Mittelalter über die Deutschen gekommen und habe sie zur Barbarei verführt. Amerys Gegenthese lautet: Hitler und das „Dritte Reich" sind Vorboten unserer Zukunft. In „Mein Kampf" hat Hitler „die erste zusammenhängende Antwort der Moderne" auf die Frage nach dem Überleben in einer Welt, in der die Ressourcen nicht mehr für alle reichen, gegeben: Nur wenn dafür gesorgt werde, dass die Stärkeren und Wertvolleren überleben, könne die Gattung insgesamt im Kampf bestehen. Vor diesem Hintergrund sorgte Hitler dafür, dass die Herrenrasse als „Volk ohne Raum" neuen Lebensraum im Osten bekommen konnte. Hitler fordert in „Mein Kampf" ausdrücklich, vom „marxistischen" Irrglauben abzurücken, Menschen seien gleich viel wert und müssten sich in allen Fragen, die sie gemeinsam betreffen, am demokratischen Mehrheitsprinzip orientieren.[8] Stattdessen müsse der Starke über den Schwachen herrschen, der Wertvolle über den weniger Wertvollen. Das demokratische sei durch das aristokratische Prinzip zu ersetzen. Diese Version des Darwinismus ist, so Amery, hoch modern und zukunftsträchtig, weil sie in ihrem weiten Zeithorizont das Prinzip der Nachhaltigkeit unausgesprochen zugrunde legt: allerdings auf eine barbarische Art und Weise, unter Verzicht auf das seit der Aufklärung als normativ unverzichtbar geltende Prinzip der gleichen Würde für alle Menschen.

Je größer das Missverhältnis zwischen den verfügbaren Ressourcen und den auf sie angewiesenen Menschen ist, desto größer werden die Chancen, einen breiten Konsens für die Notwendigkeit von Selektionen im großen Stil herzustellen.[9] Man bedenke, wie ein großer Teil der demokratischen Bürger der Weimarer Republik zunächst angesichts der Bedrohung durch die Weltwirtschaftskrise und dann durch die Erfolge des NS-Staates innerhalb kurzer Zeit bereit waren, über den Verlust rechtsstaatlicher und moralischer Standards hinwegzusehen, um das materielle Wohlergehen und die Karriere nicht zu gefährden. Für Amery ist gut vorstellbar, dass eine solche Selektionspolitik auch in Deutschland und anderswo in naher Zukunft mit einem breiten gesellschaftlichen Konsens rechnen kann. Der Zusammenhang scheint jedenfalls plausibel: Je mehr sich die strukturelle Gewalt der ökonomischen „Sachzwänge" in den Köpfen und Herzen der Menschen ausbreitet, desto näher könnten wir einem Rassismus kommen, der den Wert des Menschen nicht an der Hautfarbe und auch nicht am Arierpass festmacht, sondern eben an seiner ökonomischen Nützlichkeit. Umfragen der Universität Leipzig haben bereits ergeben, dass ein erschreckend hoher und weiter steigender Teil der deutschen Bevölkerung dazu neigt, Menschen nach ihrem ökonomischen Wert abzustufen, und der Meinung ist, dass auf die Schwachen in unserer Gesellschaft schon jetzt zu viel

Rücksicht genommen werde.[10] Und wenn Rechtspopulisten wie der ehemalige Berliner Wirtschaftssenator und Bundesbankvorstand Thilo Sarrazin in seinem Buch „Deutschland schafft sich ab“[11] dafür plädiert, das Intelligenzniveau der deutschen Gesellschaft durch ausländer- und familienpolitische Maßnahmen gezielt zu erhöhen und dafür in weiten Teilen der Gesellschaft Zustimmung erntet, zeigt dies, wie weit diese Form von Rassismus bereits gediehen ist.[12] Eine Einwanderungspolitik, die sich an volkswirtschaftlichen Nützlichkeitserwägungen orientiert, wird bereits weithin gefordert und praktiziert.

Die eindringliche Warnung Rosa Luxemburgs vor der Barbarei des Kapitalismus muss also auch heute, fast 100 Jahre später, ernst genommen werden. Nur die Formen dieser Barbarei haben sich geändert, nicht aber die Substanz: die tiefgreifende Aufkündigung zivilisatorischer Errungenschaften. Die Katastrophen von 1914–1918 und 1933–1945 könnten sich im Vergleich zu dem, was uns bevorsteht, wenn sich die ökologische Nische noch weiter verengen wird, in der Tat als Vorspiele erweisen. Es sind nicht die einzelnen Bedrohungen, sondern ihre Wechselwirkungen, zum Beispiel jene zwischen objektiven Notlagen und subjektiven Verarbeitungsformen, die Anlass zu größter Sorge geben. Was herauskommt, wenn die beiden konträren Philosophien, die Orientierung an der unterschiedlichen Nützlichkeit *oder* an der gleichen Würde des Menschen, in einer Welt zunehmender Knappheiten aufeinanderprallen, lässt sich nur erahnen. Wie allerdings die Alternative zur Barbarei heute auszusehen hätte und welchen Namen man ihr geben müsste, das erscheint – im Gegensatz zu 1916 – heute weit weniger klar.

Die Utopie des Kommunismus

Marx ging es in erster Linie um den Kapitalismus, ihn wollte er verstehen und erklären. Nur am Rande äußerte er sich auch über das, was ihm letztlich nachfolgen würde: den sogenannten Kommunismus. Diese Äußerungen waren sehr viel unsystematischer und mussten notwendigerweise eher spekulativer Natur sein. Dies ist aus der Marx'schen Perspektive nur konsequent, weil nach dem Ende der kapitalistischen Entwicklungslogik alle gesellschaftlichen und wirtschaftlichen Entscheidungen allein aus dem freien Willen der miteinander kommunizierenden und kooperierenden Menschen erwachsen. Vergleicht man die Frühschriften des jungen Marx mit den Spätschriften des reifen, so zeigen sich zwei unterschiedliche Akzente bei der Beschreibung dessen, was den Kommunismus ausmacht: Die Frühschriften betonen seine Bedeutung für die individuelle Lebensgestaltung, für die Ganzheitlichkeit der Persönlichkeitsentwicklung, die Spätschriften seine Bedeutung für Geschichte und Gesellschaft als Ganzes.

Der neue Mensch

Ein weit verbreitetes Missverständnis hält sich hartnäckig in den Köpfen jener, die Marx für all die gewaltsamen Missionierungsaktionen verantwortlich machen, die in seinem Namen ja tatsächlich durchgeführt wurden. Es ist die Vorstellung, der Kommunismus sei eine Idee, die nur überzeugend genug unter den Menschen verbreitet werden müsse, damit sie Wirklichkeit werde (vgl. Kapitel 7). Marx und Engels haben sich zu diesem Punkt ganz klar geäußert: Selbst wenn die Idee einer kommunistischen Umwälzung „hundertmal ausgesprochen ist“, wird dies für die reale Entwicklung keinerlei Auswirkung haben.[13]

Verkürzung der Arbeitszeit und Aufhebung der Arbeitsteilung

Wie wir gesehen haben, ist Marx zufolge die entscheidende Voraussetzung für den Kommunismus ein Stand der Produktivkraftentfaltung, der es ermöglicht, mit einem Bruchteil der heutigen Arbeitszeit auszukommen. Eine drastische Verkürzung der notwendigen Arbeitszeit sieht Marx aber auch schon durch die gleichmäßige Verteilung der Arbeit in der Gesellschaft erreichbar, die in der den Kommunismus vorbereitenden Phase, dem Sozialismus, zum ersten Mal in der Menschheitsgeschichte möglich würde. „Wenn alle arbeiten müssen, der Gegensatz von Überarbeiteten und Müßiggängern wegfällt …, so wird die Gesellschaft die nötige abundance [Fülle der Produkte] in sechs Stunden produzieren, mehr als jetzt in zwölf und zugleich werden alle sechs Stunden ‚disposable time‘ [frei verfügbare Zeit], den wahren Reichtum haben: Zeit, die nicht durch unmittelbar produktive Arbeit absorbiert wird, sondern zum enjoyment [Genießen], zur Muße, (so) dass sie zur freien Tätigkeit und Entwicklung Raum gibt. Die Zeit ist der *Raum* für die Entwicklung der faculties [Fähigkeiten] …“[14]

Die hohe Produktivität und die gleichmäßige Verteilung der Arbeit haben weit reichende Konsequenzen. Sie machen es möglich, dass der Mensch nicht mehr ein Leben lang auf eine bestimmte Tätigkeit festgelegt ist, sondern zwischen verschiedenen Tätigkeiten wechseln kann. Wie dies genau vonstatten geht, erläutert Marx nicht näher. Zum Beispiel wäre die Frage interessant, wie man mit jenen unangenehmen oder gefährlichen Tätigkeiten umgehen könnte, die nicht durch Maschinenarbeit ersetzbar sind. Werden sie im Rotationsverfahren vergeben oder verlost? Wie werden sie honoriert usw.? Da aufgrund der hoch entwickelten Produktivkräfte der größte Teil der notwendigen Arbeit sowieso von Maschinen erledigt wird, bleibt auf alle Fälle viel Freiraum für das individuelle Experimentieren. Marx illustriert, was die Überwindung der Arbeitsteilung im Hinblick auf die Lebensqualität konkret bedeuten könnte. Es würde möglich, „heute dies, morgen jenes zu tun, morgens zu jagen, nachmittags zu fischen, abends Viehzucht zu treiben, nach dem Essen zu kritisieren, wie ich gerade Lust habe, ohne je Jäger, Fischer, Hirt oder Kritiker zu werden"[15]. Für Marx ist hier die ganzheitliche Lebensführung wichtig und er setzt voraus, dass man die jeweils nötigen Qualifikationen schon irgendwie erwerben werde.[16]

Wichtig ist vor allem die Aufhebung der Arbeitsteilung zwischen Hand- und Kopfarbeit. Erinnern wir uns kurz, wie dieses Verhältnis unter vorkapitalistischen und dann unter kapitalistischen Bedingungen beschaffen war beziehungsweise ist (vgl. Kapitel 1). Je mehr die Arbeitsteilung fortschreitet, desto mehr findet Hand- und Kopfarbeit in separierten Sphären statt, kann sich der Kopf einbilden, etwas Besseres als die Hand zu sein. Die Handarbeiter tun die Arbeit, die Kopfarbeiter organisieren das Ganze. Je weiter die Spezialisierung von Hand und Kopf fortschreitet, desto schwieriger wird die Rückkoppelung zwischen beiden, desto unwahrscheinlicher wird es, dass sich die eine Seite in die andere hineinversetzt, dass beide nicht nur dieselbe Sprache finden, sondern die Tätigkeit des jeweils anderen entsprechend wertschätzen können. Soll diese Trennung nach dem Ende des Kapitalismus überwunden werden, müssen einerseits die Handarbeiter durch Bildungs- und Partizipationsmöglichkeiten zur Kopfarbeit befähigt werden, andererseits die Kopfarbeiter einen dauerhaften praktischen Bezug zur Handarbeit bekommen können. Kommunismus ist für Marx auf alle Fälle mit einem hohen Maß an Volksbildung verbunden, ohne die man sich einen „Verein freier Menschen" nicht vorstellen kann – aber es müsste eine freie Bildung sein!

Arbeit und Liebe

Im Kapitalismus ist die Arbeit für die meisten Menschen Mittel zum Leben. Auch wenn viele in ihrer Arbeit geradezu aufgehen, bleibt der Umstand bestehen, dass die Bedingungen, unter denen gearbeitet wird, von den privaten Eigentümern der Produktionsmittel und den Gegebenheiten des Marktes festgelegt werden. Das erklärt, warum die Arbeit im Kapitalismus immer nur für einen privilegierten Teil der Gesellschaft als Gelegenheit zur Selbstverwirklichung empfunden wird. Im Sozialismus, so Marx, sind zwar die Produktionsmittel in den Händen der Produzenten, aber die Bedingungen der Produktion werden weiterhin teilweise von außerhalb definiert, vor allem durch den Zwang, die Produktivkräfte weiter zu erhöhen, um wirklich alle Grundbedürfnisse zu befriedigen. Erst im Kommunismus ändert sich die Bedeutung der Arbeit für das Leben fundamental: Sie wird zum Selbstzweck und verliert, davon ist Marx überzeugt, die letzten Reste von Entfremdung. In allen bisherigen Revolutionen wurden Marx zufolge immer nur die äußeren Machtbeziehungen in Bezug auf die Arbeit verändert: Wer arbeitet für wen? Wer erhält was? Wer bestimmt die Gegenstände und Verfahren des Arbeitens? Erst der Kommunismus hebt die Entfremdung der Arbeit in all ihren Dimensionen auf (vgl. Kapitel 3).

Wie charakterisiert Marx die nicht entfremdete Arbeit, gewissermaßen die Spitze seiner Utopie? Dieser Teil des Marx'schen Werkes ist für den Leser des 21. Jahrhunderts am schwierigsten zu begreifen. Die nicht entfremdete Arbeit nennt Marx „Tätigkeit". Nicht entfremdete Arbeit zeichnet sich durch vier Merkmale aus.[17] Sie ist *erstens* Bejahung und Betätigung der Individualität des Menschen. Denn in ihr genießt der Mensch seine Besonderheit, seine Fähigkeiten, seine gestalterische Kraft. Sie ist *zweitens* Bejahung und Betätigung der Beziehung zum Mitmenschen, für den das Ergebnis der Tätigkeit bestimmt ist. Denn in ihr genießt der Mensch, dass er ein anderes Bedürfnis befriedigt, dass er Freude bereitet. Sie ist *drittens* für den Menschen der Mittler zum Gattungswesen. Denn in ihr erfährt er, dass sein Gegenüber ihn als seine Ergänzung anerkennt, ihm dankbar ist. Und sie ist *viertens* unmittelbare Produktion des menschlichen Lebens. Denn in ihr schafft der Mensch nicht nur sich selbst, sondern auch die Beziehung zwischen sich und seinem Gegenüber, er schafft die Voraussetzung der Tätigkeit des anderen für sich selbst, er schafft sich und sein Gegenüber als Gemeinschaftswesen. Was also wäre, wenn wir unentfremdete Arbeiten leisten würden? „Unsere Produktionen wären ebensoviele Spiegel, woraus unser Wesen sich entgegen leuchtete."[18]

Nichtentfremdete Arbeit in diesem Sinn von Tätigsein hat wenig mit individueller Zweckrationalität und viel mit gemeinsamem Genießen zu tun. Sie geht einher mit einer neuen Qualität der Zwischenmenschlichkeit. Die Gemeinschaft wird nicht mehr als Grenze, sondern als Voraussetzung und Bereicherung der Individualität erlebt. Die Arbeit im eigenen Garten und das Basteln eines Geschenks für einen lieben Menschen, die Betreuung von Kindern, Kranken und Alten, das Gespräch mit einem Menschen, der Rat sucht, das Gestalten von Feiern, das Komponieren von Liedern oder das Einstudieren einer Rolle für ein Theaterstück können Beispiele für solche nichtentfremdete Tätigkeiten sein. Oder jene Arbeit, die im bürgerschaftlichen Engagement oder in Entwicklungshilfeprojekten aus Liebe zum Menschen oder im Kloster zum Lobe Gottes getan wird. Der Benediktinermönch Anselm Grün erinnert an ein Kapitel aus der Regel des heiligen Benedikt, das den Handwerkern gewidmet ist: „Wie sie arbeiten und mit den Produkten ihrer Arbeit umgehen, daran entscheidet sich, ob sie sich von Habsucht und Gier leiten lassen oder aber ob es ihnen um die Verherrlichung Gottes geht."[19] Nichtentfremdete Arbeit geht auch mit einer neuen Qualität des Verhältnisses zwischen dem Menschen und seiner inneren und äußeren Natur einher: Sie heilt die im Kapitalismus krank gewordene Sinnlichkeit, sie schärft die Fähigkeit zu sehen, zu hören, zu riechen, zu schmecken, zu denken usw. Und sie erweitert das Bewusstsein für das eigene Leben, die Eingebundenheit des Menschen in die Natur und in den Kosmos. Kurz: Nichtentfremdete Arbeit bildet den Menschen zu einem allseitigen Wesen.[20]

Die freie Assoziation der Produzenten

In den Spätschriften tritt die Vorstellung von der Aufhebung der Arbeitsteilung und der Rotation von Tätigkeiten, mit der die Entfaltung der menschlichen Persönlichkeit einhergeht, in den Hintergrund. Marx fragt jetzt vor allem nach der gesellschaftlichen Ordnung, in der der Zusammenhang zwischen den geteilten Arbeiten auf eine neue Art hergestellt werden kann. Durch den hohen Entwicklungsstand der Produktivkräfte und den hohen Bildungsstand der Menschen wird es möglich, dass jeder einen Einblick in den Gesamtzusammenhang der Produktion bekommt. In einer solchen Wirtschaftsordnung, die Marx „freie Assoziation der Produzenten" nennt, regeln die Menschen ihren Stoffwechsel mit der Natur „rationell", bringen ihn unter „gemeinschaftliche Kontrolle", sorgen dafür, dass er „mit dem geringsten Kraftaufwand und unter den ihrer menschlichen Natur würdigsten und adäquatesten Bedingungen" vollzogen wird. An die Stelle der Rotation auf der Ebene des Arbeitens selbst tritt nun die Delegation auf der Ebene der Entscheidung als neues Organisationsprinzip: der Entscheidung über die Aufteilung der Arbeiten, die Art ihrer Durchführung, die Verwendung der Erträge. „Aber es bleibt dies immer ein Reich der Notwendigkeit. Jenseits desselben beginnt die menschliche Kraftentwicklung, die sich als Selbstzweck gilt, das wahre Reich der Freiheit, das aber immer nur auf jenem Reich der Notwendigkeit als seiner Basis aufblühen kann."[21]

Zum ersten Mal mit Bewusstsein

Der historische Anspruch des Kommunismus ist gewaltig. „Der Kommunismus unterscheidet sich von allen bisherigen Bewegungen dadurch, dass er die Grundlage aller bisherigen Produktions- und Verkehrsverhältnisse umwälzt und alle naturwüchsigen Voraussetzungen zum ersten Mal mit Bewusstsein als Geschöpf der bisherigen Menschen behandelt, ihrer Naturwüchsigkeit entkleidet und der Macht der vereinigten Individuen unterwirft."[22] Mit „naturwüchsig" ist nicht die Natur selbst, sondern die Unkontrolliertheit der Entwicklung unter dem Diktat des Akkumulationszwangs gemeint. Welche neuen Möglichkeiten ergeben sich, wenn die Gesellschaft die Produktion ihres Lebens selbst kontrollieren kann, weil sie selbst Eigentümer jener Mittel ist, die in der Produktion verwendet werden? Übersetzen wir die Marx'sche Vision in unsere Sprache und konkretisieren sie etwas: Die gesellschaftliche Verfügung über die Produktionsmittel im Marx'schen Sinn ist nur als Wirtschaftsdemokratie vorstellbar. Es müsste sich mit der Wirtschaft ein ähnlicher Wandel vollziehen, wie er sich mit dem Staat zwischen absolutistischer Monarchie im 18. und demokratischer Republik im 20. Jahrhundert vollzogen hat. Der Mensch müsste zum Souverän des wirtschaftlichen Geschehens werden – des Arbeitens, des Konsumierens, des Sparens und Investierens. Eine zentrale Konsequenz der letzten beiden Aspekte wäre, dass nun die Produzenten selbst es sind, die über die Verwendung der durch den Produktivitätsfortschritt angewachsenen materiellen Möglichkeiten befinden können. Erst nach Überwindung der kapitalistischen „Sachzwänge" kann bewusst entschieden werden, ob der jeweilige Zuwachs an Werten immer wieder neu investiert werden soll und welchen Zwecken dieser Überschuss ggf. zugeführt werden soll: zum Beispiel der Erleichterung oder Verkürzung der Arbeit, der Entmaterialisierung des Wohlstands, der Erhöhung der Nachhaltigkeit des Lebensstils, der Versorgung derer, die bisher noch unterversorgt sind. Erst in einer solchen Wirtschaftsdemokratie können die Menschen ihre Zukunft in ihre eigenen Hände nehmen. Die Frage, wie wollen wir heute, morgen und übermorgen leben, rückt ins Zentrum der individuellen und kollektiven Lebensgestaltung.

Wechselseitige Befruchtung von Individuum und Gesellschaft

Die Gesellschaft prägt den Menschen, der Mensch prägt die Gesellschaft (vgl. Kapitel 1). Dieses Wechselverhältnis begegnet uns logischerweise auch im Zusammenhang mit der Entfremdung und ihrer Überwindung. Wer unter entfremdeten Bedingungen aufwächst, der wird Marx zufolge selbst zur Entfremdung in seiner Umwelt beitragen. Und wer sich aus entfremdeten Bedingungen zu befreien vermag, der wird auch anderen die Befreiung erleichtern. Selbstveränderung und Veränderung der Umwelt werden sich gegenseitig befruchten. Wo die materiellen Bedingungen einmal geschaffen sind, entstehen völlig neue Möglichkeiten der Überwindung der entfremdeten Arbeit, erhalten Menschlichkeit und Liebe als gesellschaftliche Prinzipien eine historische Chance. Für Marx besteht genau darin das Geheimnis einer gelingenden revolutionären Praxis.[23]

Die Anforderungen an die Veränderung des Menschen sind, so muss der kritische Leser des 21. Jahrhunderts freilich einwenden, vor diesem Hintergrund beachtlich: Der Mensch muss sich gleichzeitig als Individualwesen und als Gesellschafts- und Gattungswesen voll entfalten. Weil jenseits des Kapitalismus auch die Trennung von Gesellschaft und Staat wegfällt, müssen die Menschen den Staat quasi in ihr Innerstes aufnehmen. Erst wenn der Mensch „in seiner individuellen Arbeit, in seinen individuellen Verhältnissen *Gattungswesen* geworden ist, erst wenn der Mensch seine ‚forces propres' [seine individuellen Fähigkeiten] als *gesellschaftliche* Kräfte erkannt und organisiert hat und daher die gesellschaftliche Kraft nicht mehr in der Gestalt der *politischen* Kraft von sich trennt, erst dann ist die menschliche Emanzipation vollbracht"[24]. So hoch die Anforderungen an den Menschen auch sein mögen, so gilt es doch zu bedenken, welche gesellschaftlichen Voraussetzungen dem Menschen aufgrund der hohen Produktivität der Arbeit, des hohen Anteils an Freizeit, der Vielseitigkeit seiner Tätigkeiten und des hohen Stands der geistigen Entfaltung zur Erfüllung dieser Anforderungen dann zur Verfügung stehen. Gute Ziele plus gute Voraussetzungen, so offenbar die Marx'sche Erwartung, erzeugen eine Dynamik, die in völlig neue Sphären des Menschseins und der Gesellschaftlichkeit hinaufführt.

„Jeder nach seinen Fähigkeiten, jedem nach seinen Bedürfnissen!"[25] Das ist die bekannte Kurzformel des Kommunismus. In ihr gibt Marx an, wie das Verhältnis zwischen Individuum und Gesellschaft beschaffen sein soll. Mit den genannten Kriterien „Fähigkeit" und „Bedürfnis" verzichtet der Kommunismus explizit auf jegliche Aufrechnung zwischen dem, was jemand der Gesellschaft gibt, und dem, was er von ihr bekommmt,. Daraus ist zu schließen, dass Marx den Eigenwert des Individuums radikal ernst nimmt: Nicht der Mensch ist für die Gesellschaft, sondern die Gesellschaft ist für den Menschen da. Damit rückt jenes Ziel, das der Liberalismus immer verkündet, von dem er sich aber aufgrund des falschen Weges, den er eingeschlagen hat, immer mehr entfernt hat, im Kommunismus, so wie Marx ihn sieht, endlich in greifbare Nähe.[26]

Alternativen

Dass Kenntnisse über nichtkapitalitische Formen des Wirtschaftens und Phantasie in Bezug auf die Ordnung des Wirtschaftens heute so rar gesät sind, belegt nur, wie weit die geistige Gleichschaltung mittlerweile gediehen ist (vgl. Kapitel 5). Die folgenden Konzepte und Visionen speisen sich aus unterschiedlichen Traditionen, die durch die Spurensuche jenseits der ausgetretenen Pfade des Mainstream freigelegt werden können. Sie sollen eine Vorstellung vermitteln, welche vielfältigen Alternativen es zum Kapitalismus gibt. Allerdings darf der Leser keine fertigen Rezepte erwarten. Es geht um Modelle, die erst einmal zur Kenntnis genommen werden müssen – als Voraussetzung für eine breite gesellschaftliche Diskussion.[27] Gemeinsam ist ihnen, dass sie der zentralen Bedeutung der Arbeit für die Würde des Menschen besondere Beachtung schenken und deshalb um besondere Vorkehrungen gegen Arbeitslosigkeit und inhumane Arbeitsbedingungen bemüht sind.[28]

Dualwirtschaft

Das Modell der Dualwirtschaft geht zum großen Teil auf die 68er-Bewegung zurück, der neben einem generellen Politikwechsel vor allem ein alternativer Lebensstil wichtig war.[29] In der Dualwirtschaft teilt sich das Wirtschaften in einen erwerbswirtschaftlichen und einen eigenwirtschaftlichen Bereich. Das Dualmodell knüpft an der historischen Tatsache an, dass im Laufe der Entstehung der modernen Gesellschaft immer mehr Bedürfnisse, für die einst durch

Eigenarbeit im Kreis der Familie, der Nachbarschaft, des Vereins gesorgt worden war, durch den Kauf von Waren und Dienstleistungen befriedigt werden, der mit dem Zwang zur vorherigen fremdbestimmten Erwerbsarbeit einhergeht. Die Grundidee der Dualwirtschaft besteht nun darin, einen Teil dieser Tätigkeiten wieder aus dem Bereich der Erwerbsarbeit herauszunehmen und in Eigenarbeit zurückzuverwandeln. Das betrifft vor allem den immer wichtiger werdenden Dienstleistungssektor und auch das Handwerk. Der Rest der Arbeit, vor allem also große Teile der Industrieproduktion, soll gemäß dem Dualmodell nach wie vor als Fremdarbeit, also Lohnarbeit geleistet werden.

Entscheidend für dieses Konzept ist, dass jeder selbst festlegen kann, wie viel Eigen- und wie viel Fremdarbeit er leisten will. Erfahrungen gibt es mit dieser Alternative viele. Im weiteren Sinn kann der gesamte nichtprofitorientierte Wirtschaftssektor als Vorstufe zur Etablierung der Dualwirtschaft begriffen werden. Die in den 70er Jahren in Deutschland gestartete Netzwerkbewegung hat bewiesen, dass solches Wirtschaften auch im gewerblichen Bereich im Prinzip möglich ist. Damals waren die Ideen der 68er-Generation die Haupttriebkraft zum Aufbau eines alternativen Wirtschaftssektors. Heute kommt ein zweites Motiv hinzu: die Ausgrenzung großer Teile der Erwerbsbevölkerung aus dem herrschenden Wirtschaftssektor in fast allen Volkswirtschaften der Welt, unabhängig vom Grad ihrer Industrialisierung. Ein neuer Schub der Dualwirtschaft zeigt sich bei den in vielen größeren europäischen Städten existierenden Tauschbörsen, die den Tausch von Leistungen ohne die Vermittlung durch Geld ermöglichen und vielen Menschen eine Perspektive jenseits der Erwerbsarbeit eröffnen.

Modifizierte Marktwirtschaft

Weiter als die Dualwirtschaft geht eine andere Gruppe von Alternativkonzepten, die aus unterschiedlichen Traditionen stammen. Gemeinsam ist ihnen, dass sie die gesamte Wirtschaftsordnung umkrempeln wollen. Dabei soll allerdings die Basis des uns vertrauten Marktprinzips nicht aufgegeben werden, sondern im Gegenteil erst wirklich zur Geltung kommen. Ziel ist, den Markt vom Kapital abzukoppeln, sich also gewissermaßen an der einfachen Warenproduktion zu orientieren. Dieses Konzept erhebt den Anspruch, konsequent an jenem liberalen Kerngedanken festzuhalten, welcher der Marktidee von Anfang an zugrunde liegt: an der Tauschgerechtigkeit. Das Prinzip der Tauschgerechtigkeit beinhaltet letztlich die Vorstellung, dass Leistung und Gegenleistung in einem gleichwertigen Verhältnis zueinander stehen müssen, und dies erfordert, auch die strukturelle Ungleichheit zwischen jenen, die nur über ihre Arbeitskraft verfügen, und jenen, die zudem Eigentümer von Produktionsmitteln sind, schrittweise, aber grundlegend abzubauen und so das kapitalistische Element zurückzudrängen.

Eine derart modifizierte Marktwirtschaft kann auf mindestens drei Wegen angestrebt werden. Die *erste* Variante setzt bei der Höhe des Einkommens an und verwendet das aus dem Konzept der Sozialen Marktwirtschaft vertraute Instrument der Besteuerung. Wenn von Tauschgerechtigkeit und Leistungsgleichheit die Rede ist, darf in einem konsequent liberalen Verständnis die Bezugsgruppe natürlich nicht die Familiendynastie, sondern nur das Individuum sein. Deshalb könnte zum Beispiel eine sehr hohe Erbschaftsteuer dafür sorgen, dass die Vorleistungen der Eltern und Großeltern der nachwachsenden Generation gleichmäßig zugute käme – als Bildungsinvestition, als Startkapital für Unternehmensgründungen, als bedingungsloses Grundeinkommen etc. Jeder hätte dann tendenziell dieselben Startchancen, niemand könnte sich auf den Vorleistungen seiner Eltern, Großeltern etc. ausruhen. Ebenfalls der Erhöhung der Tauschgerechtigkeit würde es dienen, wenn durch eine Steuer strukturell ungleiche Startchancen von Unternehmen einander angeglichen würden. So könnte eine Steuer für die Großen und Schnellen, ähnlich der viel diskutierten Maschinensteuer, industrielle Großkonzerne bremsen, kleine Handwerksbetriebe aber beflügeln.[30] Das würde das im Kapitalismus herrschende Prinzip „Wachse oder weiche!“ deutlich entschärfen.

Eine *zweite* Umbauvariante innerhalb des Marktsystems zielt auf die Funktion des Geldes. Ausgangspunkt ist die Kritik am Zinseszinsmechanismus, die auf religiöse, anthroposophische und freigeistige Wurzeln zurückgeht. In Deutschland wurde der Kaufmann Silvio Gesell, der kurzzeitig sogar Finanzminister in der bayerischen Räterepublik nach dem Ersten Weltkrieg war, zu einem der geistigen Wegbereiter dieser Idee. Zinsen werden ja nicht nur an Banken für freiwillig aufgenommene Kredite, sondern auch unfreiwillig an Vermieter, Wasser-, Gas- und Elektrizitätsversorger, Auto- und Lebensmittelhändler, Reisebüros usw. und auch an den Staat gezahlt, weil in fast allen Preisen, auch in den Steuern, in großem und beständig wachsendem Umfang Zinsen für Kreditleistungen enthalten sind. Der Zinsdienst ist mittlerweile der zweitgrößte Etatposten im deutschen Bundeshaushalt. Dies sind Zwangsabgaben von Konsumenten an die Eigentümer von Geldvermögen, die dieses für sich „arbeiten“ lassen. Die Einführung eines nicht nur zinsfreien, sondern sogar „rostenden“ Geldes würde leistungslose Zinseinkommen abschaffen. Grob geschätzt, würden 10 Prozent der Gesellschaft durch eine solche Geldreform eindeutig schlechter gestellt, weil bisher ihre Zinseinnahmen die Zinsausgaben überwiegen, bei weiteren 10 Prozent würden sich Zinsaufwendungen und Zinseinkünfte gegenseitig aufheben, für 80 Prozent ergäbe sich jedoch ein eindeutiges Plus. Nach Berechnungen des Geldtheoretikers Helmut Creutz kämen wir heute im Durchschnitt mit einem Drittel weniger Arbeit aus, wenn die Zinsdienste wegfielen.[31] Da Zinsen aber nur ein Teil des Mehrwerts sind, der den arbeitenden Menschen nach Marx vorenthalten wird, würde durch eine

Abschaffung der Zinsen die Ausbeutung nicht völlig verschwinden – aber immerhin abgemildert.

Die *dritte* Möglichkeit, die Wachstums- und Zerstörungsdynamik der kapitalistischen Marktwirtschaft einzuhegen, wurde von Reformern im Ostblock wie auch von fortschrittlichen Wirtschaftswissenschaftlern im Westen, die sich als Ordoliberale oder als radikale Neoklassiker bezeichneten, entwickelt. Sie hält an den Ideen des Liberalismus fest und will genau deshalb die kapitalistische Form der Marktwirtschaft zugunsten einer genossenschaftlich verfassten überwinden.[32] Wenn die Arbeitnehmer auch Eigentümer ihrer Produktionsmittel sind, werden sie sich, so die Grundidee, nicht nur an ihrem Arbeitsplatz mehr einbringen, sondern zudem sich als Menschen auch in der Arbeit besser entfalten können. Weil eine solche genossenschaftlich aufgebaute Marktwirtschaft statt der Kapitalverwertungsinteressen die Arbeitnehmerinteressen ins Zentrum stellt, wird dieses Konzept einer Marktwirtschaft in Anlehnung an das lateinische Wort „labor" für „Arbeit" auch „Laborismus" genannt. Zwar stehen auch laboristische Unternehmen im Wettbewerb und werden auf Märkten für ihre Leistungen belohnt. Aber es gibt eben ein ernsthaftes Gegengewicht gegen die Fixierung auf den monetären Gewinn: die Arbeits- und Lebensinteressen der im Unternehmen Beschäftigten. Weil ihnen der Betrieb selbst gehört, können – und müssen – sie selbst zwischen Arbeitnehmer- und Unternehmerinteressen abwägen. Freilich ist die Gefahr der Selbstausbeutung nicht von der Hand zu weisen, weshalb auch eine laboristische Ökonomie ohne entsprechende politische Rahmenbedingungen nicht auskommen wird.

Diskursive Wirtschaftsdemokratie

Wenn Marx von einer „freien Assoziation" oder einem „Verein freier Menschen" als Inbegriff einer kommunistischen Wirtschafts- und Gesellschaftsordnung spricht, dann meint er, wie oben festgestellt, eine Wirtschaftsdemokratie. Weil in Demokratien alle Menschen gleichermaßen an den Rechten und Pflichten des Gemeinwesens teilhaben, muss eine Wirtschaftsdemokratie prinzipiell allen Menschen denselben Zugang zu den Reichtümern der Erde eröffnen. Und wenn die dezentrale Marktkoordination dies nicht gewährleisten kann, bleibt nur der zentrale Plan. Das Wort „Planwirtschaft" als Kennzeichnung einer Wirtschaftsdemokratie führt allerdings in die Irre. Geplant werden muss nämlich immer, im gesamten Leben und natürlich auch in der Marktwirtschaft. Entscheidend ist vielmehr, wer plant und zu welchem Zweck. In der kapitalistischen Marktwirtschaft ist der Planer ein privater Unternehmer, der im Rahmen der gesetzlichen und tariflichen Vorgaben insgesamt relativ souverän über sein Unternehmen verfügt und in erster Linie gegenüber seinen Geldgebern Rechenschaft schuldig ist. Im Gegensatz dazu ist in einer demokratischen Planwirtschaft, die auch Rätesystem genannt wird, der Planer eine öffentliche Behörde, die sich vor einem politischen Gremium, einem „Rat“, verantworten muss. Und Zweck der Planung im Auftrag des öffentlichen Interesses ist nicht die Erzielung von privaten Gewinnen, sondern die unmittelbare Versorgung der Menschen mit dem, was sie dem Plan zufolge brauchen.

Der Ausgangspunkt aller Planungsprozesse in einer solchen Wirtschaftsordnung besteht deshalb darin, die Bedürfnisse beziehungsweise den Bedarf der Menschen zu erfassen. Indem statt der Tauschwerte die Gebrauchswerte zählen, dient die demokratische Wirtschaft der Daseinsvorsorge. Daseinsvorsorge schließt ein, den Grundbedürfnissen, also den biologischen, sozialen und psychischen Konsum- und Arbeitsbedürfnissen, den Vorrang vor Luxusbedürfnissen zu gewähren. Die Definition der Güter und Dienstleistungen, die zur Befriedigung der Grundbedürfnisse erforderlich sind, dürfte in einer Gesellschaft umso leichter fallen, je geringer die Polarisierung in Arm und Reich ausfällt, je langfristiger und nachhaltiger die wirtschaftlichen Strategien angelegt sind und je weniger die Menschen auf die permanente Steigerung der materiellen Güterversorgung als Inbegriff des „guten Lebens“ fixiert sind.

Die Erfahrungen des Stalinismus zeigen, wie entscheidend die umfassende Mitwirkung aller Betroffenen ist, wenn eine Planwirtschaft dem Gebot der Selbstbestimmung des Menschen gerecht werden will. Der kritische deutsche Marxist Karl Korsch hat bereits 1919 mit Blick auf die in der Sowjetunion sich anbahnende Diktatur darauf hingewiesen, dass das Funktionieren des Rätesystems nicht von der Umgestaltung der Eigentumsordnung allein abhängt.[33] Das System steht und fällt Korsch zufolge mit der Frage, inwieweit die staatliche Planung von oben durch eine Arbeitnehmerkontrolle von unten ergänzt wird. Im Rückblick ist klar: Unter den Bedingungen der Frühindustrialisierung gab es in Russland von Anfang an größte Hindernisse für eine demokratische Planung der Wirtschaft. Heute ist die Situation eine fundamental andere als nach dem Ersten Weltkrieg in Russland und nach dem Zweiten Weltkrieg in Osteuropa und Ostdeutschland. Die Informations- und Kommunikationstechnologien des 21. Jahrhunderts sowie die mittlerweile vorhandenen Erfahrungen und Ansprüche an demokratisches Wirtschaften bieten in den hoch entwickelten Weltregionen ungleich bessere Möglichkeiten für eine wirklich öffentlich geplante und kontrollierte Form des Wirtschaftens.[34]

In einer demokratischen Wirtschaftsordnung kommt es vor allem auf die Qualität der Entscheidungsprozesse an, oder genauer: der Diskurse, die ihnen vorausgehen. Wenn wirklich die Menschen die Souveräne der Wirtschaft sein sollen, müssen alle vom Geschehen Betroffenen zu Beteiligten gemacht werden: die Arbeitnehmer, die Konsumenten, die Anwohner und natürlich auch die Eigentümer der Produktionsmittel. Dabei soll das Maß der Betroffenheit idealerweise gleichzeitig das Maß des Einflusses auf Entscheidungen sein. Dies erfordert, den im Kapitalismus dominanten Einfluss der Produktionsmittelbesitzer zu neutralisieren. Dem Schweizer Wirtschaftsethiker Peter Ulrich schwebt eine „offene Unternehmensverfassung“ vor, in der alle vom Unternehmen Betroffenen zu Beteiligten gemacht werden und in einem herrschaftsfreien Diskurs um die besten Entscheidungen ringen. Dies setzt unter anderem voraus, dass keine Informationsmonopole existieren, dass vielmehr alle Entscheidungsträger den gleichen Zugang zu allen Daten haben. Wichtig ist, dass auch alle Fragen der Zukunftsgestaltung, der Forschung und der Entwicklung neuer Produkte in solchen offenen Diskursen entschieden werden. Nicht abgeschottete Zirkel, die den Anteilseignern oder dem Politbüro verantwortlich sind, sondern offene „Zukunftswerkstätten“[35] sind in einer solchen diskursiv erweiterten Wirtschaftsdemokratie die Orte, an denen darüber befunden wird, wie die Menschen morgen leben wollen. Überall wo Menschen Bedürfnisse haben, deren Befriedigung über Arbeit erfolgen muss oder kann, gilt es demzufolge, diese Arbeit demokratisch zu organisieren: als Bürger- oder Gemeinwesenarbeit in erster Linie durch Vereine oder die Kommune, durch staatliche Daseinsvorsorge in den Bereichen Bildung, Gesundheit, Wohnen, Kommunikation und Verkehr usw.

Die kommunale Energieversorgung zum Beispiel

Welche weiteren Konsequenzen hat es, wenn nicht kapitalistische Großunternehmen, sondern demokratisch geführte öffentliche Unternehmen für die Bedarfsdeckung sorgen? Nehmen wir als ein Beispiel die deutsche Energiewirtschaft.[36] Statt den wenigen großen Stromkonzernen zu erlauben, die Kernkraftwerke länger laufen zu lassen, wie dies im Sommer 2010 geschehen ist, müsste eine alternative Energiepolitik, die sich dem Konzept der Wirtschaftsdemokratie verpflichtet sieht, die konzentrierte Macht dieser Konzerne brechen, die Energieversorgung prinzipiell dezentralisieren und die energiepolitischen Entscheidungsbefugnisse an die politisch verfasste Gesellschaft zurückgeben. Dabei käme den Kommunen als jener politischen Ebene, die am direktesten mit den Lebens- und Wohnbedingungen der Menschen verbunden ist, eine Schlüsselfunktion zu. Wenn Stromnetze – wie Straßen und Schienenwege auch – öffentliches Eigentum wären, könnte ohne größere Schwierigkeiten dafür gesorgt werden, dass bei der Einspeisung ins Netz regenerativ erzeugter Strom privilegiert und beim Verbrauch die bisher privilegierten Großkunden gleichgestellt oder sogar benachteiligt würden.

Wenn die Kommunen mit Hilfe ihrer Stadtwerke, die konsequent den Kommunalparlamenten gegenüber verantwortlich sein müssten, die Zentren der Stromversorgung wären, würde die gesamte Energieversorgung radikal dezentralisiert, weil ein massiver Anreiz entstünde, den Strom möglichst in der Nähe des Verbrauchers zu erzeugen, die Abwärme bei der Stromerzeugung zu nutzen (Kraft-Wärme-Koppelung) und die Wärmedämmung der Gebäude zu forcieren. Man bedenke, dass die gegenwärtige, zentralisierte Energieversorgungsstruktur riesige Mengen von „Wärmemüll", also ungenutzter Abwärme erzeugt, weil ca. 60 Prozent der in Wärmekraftwerken für die Stromerzeugung eingesetzten Energie verloren geht. Und wenn über die Verwendung der in der Energiewirtschaft erzielten Überschüsse nicht von privaten Eigentümern mit privaten Interessen, sondern von demokratisch durch die Bürger legitimierten Räten befunden würde, könnten diese je nach den Prioritäten der Mitglieder dieser Räte beziehungsweise letztlich ihrer Wähler genutzt werden. So könnte man die Überschüsse zum Beispiel für die Erforschung und Entwicklung einer wirklich zukunftsfähigen Energieversorgung verwenden oder auch jene Staaten unterstützen, die selbst zu einer solchen Technologie noch nicht in der Lage sind – aber unter den Folgen der bisherigen zentralistischen, verschwenderischen und die Sonnenkraft weitgehend ignorierenden Energiepolitik am meisten zu leiden haben.

Zurück zum Grundsätzlichen: Wenn alles, was in einer demokratischen Wirtschaftsordnung geschieht, nicht von sogenannten „Sachzwängen", sondern letztlich vom Wollen der Menschen abhängt, dann ist der Warenfetisch überwunden (vgl. Kapitel 5). Zwar wird es auch in einer öffentlich geplanten Wirtschaft Gruppen mit unterschiedlichen Interessen sowie unterschiedlichen Möglichkeiten geben, diese durchzusetzen, auch gegen jede gesamtwirtschaftliche Vernunft und gegen jede Ethik der Nachhaltigkeit und der Menschenwürde. Aber dies *muss* nicht so sein. Hier besteht ein fundamentaler Gegensatz zum Kapitalismus, in dem gesamtwirtschaftliche Vernunft und Rücksichtnahme gegenüber Natur und Mensch aufgrund seines Grundwiderspruchs – in diesem Fall zwischen individueller und kollektiver Vernunft (vgl. Kapitel 2) – systematisch bestraft werden. Zwar gibt es auch in Diskursen ungleiche Chancen aufgrund ungleicher kommunikativer Fähigkeiten. Aber es gibt keine automatische Rückkoppelung und Anhäufung von Vorteilen auf der einen und Nachteilen auf der anderen Seite, wie dies in der kapitalistischen Akkumulationslogik der Fall ist, wo sich von Quartal zu Quartal, von Geschäftsjahr zu Geschäftsjahr die Ungleichheiten der Bedingungen in aller Regel fortschreiben und verstärken. In einer diskursiv erweiterten, also basisdemokratischen Planwirtschaft können nach jedem Diskurs die Karten prinzipiell neu gemischt werden.

Was eine nachkapitalistische Ordnung leisten muss

Von einer nachkapitalistischen Ordnung muss verlangt werden, dass sie ihre zugleich technische und moralische Überlegenheit glaubhaft machen kann. Wie sind vor diesem Hintergrund die in diesem Kapitel skizzierten Alternativmodelle zu beurteilen?

Erstens: Alle Alternativen beruhen auf vertrauten und bewährten Prinzipien und Institutionen. Dazu zählt als Erstes die Vorstellung von der Selbstbestimmung des Menschen. Die Alternativmodelle bedienen sich des Marktes oder der Demokratie als Einrichtungen, die – richtig umgesetzt – dafür sorgen, dass das geschieht, was die Menschen mehrheitlich wollen. Bei der Frage der Abgrenzung von Zuständigkeiten sind die Alternativmodelle an das aus der christlichen Soziallehre stammende Subsidiaritätsprinzip gut anschlussfähig: Zuständig ist immer zunächst die unterste Instanz, also der Einzelne, dann die Familie, dann die Kommune etc. Erst wenn die zuständige Instanz überfordert ist, springt die nächsthöhere Instanz ein.

Zweitens: Die Kunst einer überlebensfähigen Wirtschaftsverfassung besteht darin, Elemente aus diesen drei Alternativmodellen so zu kombinieren, dass die Gesamtkonstruktion dem Ziel des „guten Lebens“ für alle gerecht wird. Jedes der drei Modelle hat seine spezifischen Stärken: Das dualwirtschaftliche sorgt dafür, dass jeder selbst festlegen kann, wie viel entfremdete Arbeit er sich zumuten will. Die modifizierte Marktwirtschaft lässt die Koordinationsleistungen des Marktes, die auch von vielen Kapitalismuskritikern im Grundsatz anerkannt wird, unangetastet. Sie minimiert jedoch die strukturellen Ungleichheiten, die in der kapitalistischen Marktwirtschaft durch die Macht von Geld und Kapital die Tauschgerechtigkeit aufheben. Die demokratisch geplante und kontrollierte Wirtschaft schließlich kann von ihrem Grundkonzept her als einzige gewährleisten, dass bereits im Vorhinein mit den individuellen Kräften und den natürlichen Ressourcen schonend umgegangen wird und dass die Chancen, Leistungen für die Gesellschaft zu erbringen und dafür Anerkennung zu erlangen, gleichmäßig verteilt sind. Es gibt zwar keine Garantie, dass diese Chancen genutzt werden, aber sie existieren immerhin.

Drittens: Nur wenn Marktprozesse konsequent ausgeschaltet sind, also im eigenwirtschaftlichen Teil der Dualwirtschaft und in der demokratischen Planwirtschaft, hat die Ethik des Schenkens und Helfens eine Chance. Dies gilt prinzipiell für Staaten, Unternehmer und auch Arbeitnehmer. Nur wo das Prinzip des Markttausches völlig aufgehoben ist, bleibt derjenige, der Geld oder Zeit verschenkt, um statt für sich für andere zu sorgen, straffrei im ökonomischen Sinn. Die Spielregeln einer auf Konkurrenz basierenden Tauschwirtschaft zwingen die Marktteilnehmer in aller Regel zur Maximierung ihres materiell zu definierenden *individuellen* Nutzens, zur *individuellen* Akkumulation. Auch wenn in der Praxis Spielräume für altruistisches Handeln existieren mögen, so gehorchen vom Grundsatz her das Tauschen und das Sorgen konträren moralisch-ethischen Prinzipien.

Und *viertens*: Je mehr die Gesellschaft jener Kombination von Modellen, die auf sie am besten zugeschnitten ist, auf die Spur kommt, desto eindeutiger kann sich die Produktion des Lebens aus dem Korsett der ökonomischen

„Sachlogik“ befreien und desto vollständiger kann sie den Grundlagen und Eigenheiten von Natur, Kultur und Gesellschaft und des Individuums gerecht werden.

Zusammenfassung

Allein die Vorstellung, dass jenseits des Kapitalismus eine andere Ordnung von Wirtschaft und Gesellschaft möglich sein könnte, erfordert enorme soziale Phantasie. Das gilt erst recht für die Frage, wie man sich diese vorzustellen habe. Marx wollte in erster Linie den Kapitalismus analysieren. Seine verstreuten und relativ unsystematischen Aussagen über die Utopie des Kommunismus bleiben deshalb etwas unbestimmt, stecken aber durchaus die Konturen einer Welt jenseits des Kapitalismus ab. Während in den Frühschriften die Vision von einem allseitig entfalteten Individuum und der Überwindung der Arbeitsteilung überwiegt, setzt Marx im „Kapital“ den Akzent auf die bewusste Gestaltung der Arbeitsteilung in einem „Verein freier Menschen“. Es spricht einiges dafür, dass für Marx nicht eine bestimmte Vorstellung über Gesellschaft, sondern der Grad der Selbstentfaltung des Individuums Maßstab des Kommunismus war. Teils im Anschluss an Marx, teils außerhalb der marxistischen Tradition wurden im vergangenen Jahrhundert modellhafte Vorstellungen entwickelt und teils auch erprobt, die als Alternativen zum Kapitalismus gelten können. Ihr Ziel ist es, den durch übermächtige Strukturen ohnmächtig gewordenen Menschen wieder zum Souverän seines Lebens zu machen. Weil die Arbeit den Menschen mit der Natur und mit seinesgleichen verbindet, ist die Wiederaneignung der Arbeit durch ihre bewusst gesellschaftliche Gestaltung die zentrale Aufgabe einer nachkapitalistischen Utopie. Diese Konzepte können vermutlich erst in Kombination miteinander das leisten, was in einer nachkapitalistischen Ordnung erwartet werden muss: dass sie zugleich die Leitideen der Aufklärung ernst nimmt und die Lebensgrundlagen respektiert. Ob man diese nicht- und nachkapitalistischen Ordnungen im 21. Jahrhundert noch „sozialistisch“ oder gar „kommunistisch“ nennen wird und ob man dies tun sollte, ist aufgrund des missbräuchlichen Umgangs mit diesen Begriffen im 20. Jahrhunderts allerdings fraglich.

9. Kapitel

Grundlagen des Lebens

„In einem Hafen an einer westlichen Küste Europas liegt ein ärmlich gekleideter Mann in seinem Fischerboot und döst."[1] So beginnt eine wunderschöne Kurzgeschichte von Heinrich Böll mit dem provozierenden Titel „Anekdote zur Senkung der Arbeitsmoral". Darin geht es um einen Touristen, der im Urlaub eine Begegnung mit einem Fischer hat, die ihn nachdenklich stimmt. Nachdem der Tourist durch seine Fotografiererei den Fischer geweckt und ihn bei seiner Siesta durch seine Fragen und Vorschläge zur Ertragssteigerung der Fischerei ausgiebig genervt hat, stellt ihm der wortkarge Fischer eine einfache Frage: „Und dann?" Dann könne er, so der Tourist, beruhigt in der Sonne liegen und dösen. „Aber das tu' ich ja schon jetzt", meint der Fischer, nur leider sei er gestört worden. Da „zog der solcherlei belehrte Tourist nachdenklich von dannen, denn früher hatte er auch einmal geglaubt, er arbeite, um eines Tages nicht mehr arbeiten zu müssen, und es blieb keine Spur von Mitleid mit dem ärmlich gekleideten Fischer in ihm zurück, nur ein wenig Neid". – Wie realistisch diese Kurzgeschichte ist, zeigt der dokumentarische Bericht eines Reisenden, der Ende der 80er Jahre eine Fischerfamilie aus dem Stamm der Ewenken kennen lernte, die an den Ufern des Baikalsees lebt.[2] Dieser Reisebericht ist deshalb interessant, weil er nicht nur, wie Böll, Vorstellungen über das Verhältnis von Arbeit, Leben und Glück zur Sprache bringt, sondern auch historische Fortschrittskonzepte und die Rolle des Geldes beim Umgang mit den natürlichen Lebensgrundlagen. Der Fischer am Baikalsee hat nämlich einen Sohn, der neue Wege beschreitet. Der Sohn leiht sich ein Boot beim Nachbarn aus, um nach dem morgendlichen Fischfang ein weiteres Mal hinauszufahren. Er möchte mehr fangen, als zum eigenen Bedarf nötig ist. Den zweiten Fang verkauft er im Nachbarhafen. Sein Vater soll von alldem nichts mitbekommen.

Beim Übergang von der Selbstversorgungs- zur Wachstumswirtschaft ändert sich die Bedeutung, die die Wirtschaft für das Leben des Menschen hat, fundamental. Damit einher geht, dass sich auch der Blick auf die Grundlagen des Lebens gravierend wandelt. Es ist nur wenig bekannt, dass Marx auch zu diesem Thema scharfsinnige Überlegungen hinterlassen hat – lange bevor Themen wie Umweltverschmutzung und Klimakollaps, aber auch Angsterkrankung, Depression und Burnout aufgekommen sind.

Wovon leben wir?

Wenn hier von Grundlagen des Lebens die Rede ist, so ist all das gemeint, was in der Außen- und Innenwelt des Menschen vorhanden sein muss, damit das Leben gelingen kann. In der Außenwelt sind es die Gaben der Natur, denen der Mensch sein Leben verdankt. Was die Innenwelt betrifft, so müssen wir uns nicht nur die Bedürfnisse des Menschen genauer ansehen. Wichtig sind auch die besonderen Fähigkeiten, die der Mensch mitbringt, um die Verbindung von Außen und Innen auch herstellen zu können. Im Folgenden frage ich zunächst, wie der Kapitalismus mit beiden Seiten der Grundlagen des Lebens umgeht und welche Schwierigkeiten die etablierte Wissenschaft damit hat, diese in ihrem Zusammenhang mit dem menschlichen Wirtschaften zu erfassen. Vor diesem Hintergrund wird die Marx'sche Perspektive dazu vorgestellt. Abschließend geht es darum, welcher andere Umgang mit den Lebensgrundlagen jenseits des Kapitalismus möglich wäre.

Gaben der Natur – Bedürfnisse und Fähigkeiten des Menschen

Verweilen wir noch etwas bei den Fischern vom Baikalsee. Wie nehmen sie die natürliche Umwelt im Übergang von der Selbstversorgungs- zur Wachstumswirtschaft wahr?[3] Für den Vater ist der See noch ein in sich geschlossener Raum, der vor allem durch die Jahreszeiten geprägt ist. Das Leben des Vaters ist so durch das Werden und Vergehen der Natur stark eingebunden. Das Leben seines Sohnes, der mit Hilfe des Geldes plötzlich Zugriff auf Waren aus fernen Regionen erhält, erstreckt sich allein dadurch schon auf einen größeren Raum. Und was seine Wahrnehmung und seinen Umgang mit Zeit betrifft, so wird für den Sohn anstelle des „Kreislaufs" der „Fort-Schritt" zur wichtigsten Orientierung. Das Leben des Vaters ist also stark auf das Biotop bezogen, das des Sohnes auf den Horizont. Der Horizont reizt, sich ihm anzunähern, gleichzeitig entfernt er sich mit jedem Schritt wieder, so dass der Abstand zu ihm immer gleich bleibt. Mit dem Übergang von der Selbstversorgungs- zur Wachstumswirtschaft stellt sich also erstmals in der Geschichte des Wirtschaftens die Frage, wie der Mensch mit diesem schwindenden Horizont, der mit der Erwartung immer neuer, prinzipiell unbegrenzter Naturschätze einhergeht, umgehen will.

Die bisherige Antwort scheint sich im „Schneller, höher, weiter" zu erschöpfen. Aber es stellt sich immer dringlicher die Frage nach dem „Wohin". Es geht um die doppelte Frage, auf welchen objektiven Voraussetzungen welche subjektiven Bedingungen des Lebens gewählt und geschaffen werden. Auf der Objektseite muss zwischen Quellen und Senken des Naturhaushalts unterschieden werden. Ersteren entnimmt der Mensch die Grundsubstanzen, die er für die Herstellung der Mittel zum Leben braucht. Letzteren überlässt er die nicht verbrauchten Reste. Auf der Subjektseite stecken einerseits menschliche Bedürfnisse, andererseits menschliche Fähigkeiten die Grundlinien des Lebens ab. Nach einem bekannten Modell kann man sich die menschlichen Bedürfnisse in Form einer Pyramide vorstellen.[4] Ihre Basis besteht aus den biologischen Grundlagen Atmen, Trinken, Essen etc., dann kommt das Bedürfnis des Menschen nach Schutz und Sicherheit, dann nach Anerkennung durch andere Menschen und schließlich durch sich selbst. An der Spitze der Pyramide ist das Bedürfnis nach Selbstverwirklichung bzw. -erfüllung angesiedelt, als Inbegriff des menschlichen Glücks. Mit der Pyramidenform soll sowohl die unterschiedliche Dringlichkeit als auch das unterschiedliche Bewusstwerden der Bedürfnisse ausgedrückt werden. Die biologischen Grundbedürfnisse stellen im wahrsten Sinn des Wortes die Grundlage des menschlichen Lebens dar. Sie sind gewissermaßen die innere Natur des Menschen.

Bereits auf der untersten Bedürfnisebene ist das Verhältnis von äußerer zu innerer Natur kulturell überformt. Zwar ist die Art und Menge der Nährstoffe, die wir für das Leben brauchen, biologisch in etwa vorgegeben, aber die konkreten Nahrungsmittel, die Art ihrer Zubereitung und die Rituale des Essens variieren je nach kulturellen Gegebenheiten. Je weiter wir zudem in der Pyramide nach oben gehen, desto wichtiger werden die je individuellen Umstände. Mit den kulturellen und individuellen Variationsmöglichkeiten wächst zugleich der Gestaltungsfreiraum des Menschen. Zur Nutzung dieses Freiraums verfügt der Mensch über Fähigkeiten, die ihn von seinen Vorfahren, den Tieren und Pflanzen abheben, ihm den Titel „Krone der Schöpfung" eingebracht haben und nach Marx sein Gattungswesen definieren: Er muss und kann über sich selbst nachdenken, sich „reflektieren".

Verdichtung und Mobilisierung

In Bezug auf die *äußeren* Grundlagen wissen wir spätestens seit dem ersten Bericht des Club of Rome aus dem Jahr 1972 mit dem Titel „Die Grenzen des Wachstums" über den Ernst der Lage Bescheid. Nach gegenwärtigem Kenntnisstand betreffen diese Grenzen die Verwandlung von Urwald in Weideland, die Überbeanspruchung der Wasserkreisläufe, die Verwüstung von Acker- und Weideland durch Überweidung, Abholzung und andere Folgewirkungen der Industrialisierung,[5] die Plünderung der Bodenschätze unter der Erdkruste, das Leerfischen der Meere, das Schwinden von Pflanzen- und Tierarten und vor allem das Verbrennen der fossilen Energietanks mit dem sich daraus zwangsläufig ergebenden Treibhauseffekt. Diese Entwicklungen können als „Landnahme" und „Beschleunigung" charakterisiert werden. Landnahme bezieht sich auf die räumliche, Beschleunigung auf die zeitliche Dimension, zusammengefasst kann vielleicht von „Verdichtung" gesprochen werden: Verdichtung im Raum, also Distanzvernichtung, weil immer mehr Personen, Handlungen, Institutionen, Orte etc., die bisher voneinander nichts wussten und miteinander nichts zu tun hatten, in Kontakt zueinander kommen und voneinander abhängig werden. Und Verdichtung in der Zeit, also Beschleunigung, weil fast alles immer schneller gehen muss, die Formel „Zeit = Geld" sich immer fester in unseren Alltag einbrennt. Durch raum-zeitliche Verdichtung haben die letzten zwei bis drei Generationen vermutlich mehr äußere Lebensgrundlagen beansprucht als die gesamte Menschheit davor. Zwar gibt es bekanntlich in den industrialisierten Weltregionen massive Anstrengungen zum ökologischen Umbau der Industriegesellschaft, aber gleichzeitig breitet sich der material- und energieintensive Lebensstil des Nordens wie ein Flächenbrand rund um den Globus aus. Dadurch werden die Einspareffekte, welche die bisherigen Hauptverursacher, etwa ein Fünftel der Weltbevölkerung, erzielen, wieder zunichte gemacht und die globale Gesamtbelastung weiter erhöht. Insgesamt zeigt die Spezies Mensch immer deutlichere Züge von Panik: im Norden als Überproduktion von Sachen, im Süden von Menschen, beides aus der Angst heraus, ansonsten nicht überleben zu können. Und genau dadurch untergräbt der Mensch die äußeren Grundlagen seines Lebens.

In Bezug auf die *inneren* Grundlagen reift das Bewusstsein über den Ernst der Lage etwas langsamer. Hier fällt als Erstes wieder die Spaltung der Lebensbedingungen der Menschen auf: Jeder sechste Erdenbürger hungert dauerhaft, jeder siebte Deutsche ist arm, mit allen Konsequenzen für das Wohlbefinden und die Entwicklungschancen, auch der Kinder (vgl. Kapitel 2). Auf der anderen Seite gibt es mindestens ebenso Überernährte und solche, die unter Wohlstandsverwahrlosung leiden. Auch in Bezug auf die Gesamtsituation der Spezies scheint das Bild der Bulimie nicht übertrieben (vgl. Kapitel 3): Das unkontrollierte Hinunterschlingen und Herauskotzen geht mit Überfettung und Unterernährung gleichermaßen einher. Was die psychische und soziale Lage in den hoch entwickelten Weltregionen betrifft, so kann mittlerweile von einer weit fortgeschrittenen „Mobilmachung" bzw. „Mobilisierung" gesprochen werden.[6] Beispiel Konsum: pausenlose Werbebotschaften, Vielfalt der Optionen, technische Kurzlebigkeit vieler Produkte, schneller Wechsel der Moden usw. Beispiel Bildung: Frühförderung im Kindergarten, Verkürzung der Schul- und Hochschulzeiten, Lernen als Wettkampf um gute Noten usw.[7] Beispiel Arbeitswelt: unregelmäßige Arbeitszeiten, unsichere Arbeitsverhältnisse, Zeitarbeit und Arbeit auf Abruf, möglichst zu jeder Zeit an jedem Ort in bester Qualität usw. Das Leben gerät für viele zur reinen Hetzjagd. Es geht ständig darum, bestimmte Etappen nicht später zu erreichen als die Konkurrenz, wobei die Hürden meist, sobald sie übersprungen sind, sofort höhergesetzt werden, so dass man trotz steigender Anstrengung auf der Stelle tritt – der bekannte Hamsterrad-Effekt. Viele Menschen haben das Gefühl, ständig unter Druck zu stehen, nicht mehr zur Ruhe und zu dem zu kommen, was ihnen eigentlich wichtig ist, manche brennen regelrecht aus. Angst- und Depressionserkrankungen gehören zu Beginn des 21. Jahrhunderts in allen Industriegesellschaften zu jenen Zivilisationserkrankungen, die am schnellsten zunehmen und am weitesten verbreitet sind. Dass Aufputsch- und Leistungssteigerungsmittel immer häufiger nicht nur von Sportlern und Managern, sondern auch von normalen Lohnabhängigen, Studierenden und Schülern genommen werden, um mithalten zu können, ist eine logische Konsequenz.

Überforderte Wissenschaft

Der Wissenschaftsbetrieb beansprucht im Kern, das menschliche Reflexionsvermögen systematisch zusammenzufassen und in institutionelle Bahnen zu lenken. Wie thematisiert er diesen Umgang mit den Grundlagen des Lebens? Was vermag er bei der Entwirrung der verdichteten äußeren Netze wie beim Verstehen der mobilisierten inneren Lebenswelt zu leisten? Für die *äußeren* Grundlagen richtet sich diese Frage zunächst vor allem an die Ökologie (inklusive Biologie, Geowissenschaft etc.) als Wissenschaftsdisziplin, die das Leben von Organismen in ihren Umwelten untersucht. Mit den *inneren* Grundlagen befasst sich vor allem die Gesundheitswissenschaft (inklusive Medizin, Psychiatrie etc.), die die Voraussetzungen für das körperliche, psychische und soziale Wohlbefinden des Menschen erforscht. Und dann gibt es da noch die Wissenschaft von der Ökonomie als eigenständige Disziplin, die sich mit der Frage befasst, wie die Bedürfnisse bzw. der Bedarf des Menschen gedeckt wird.

Schauen wir uns diese merkwürdige Form der wissenschaftlichen „Aufgabenteilung“ am Beispiel der Nahtstelle zwischen den Disziplinen Ökologie und Ökonomie genauer an. Sprachgeschichtlich haben beide Wörter dieselbe Wurzel: Das griechische Wort „oikos“ meint die Wohnung, das Haus samt Garten und Umfeld, und zwar sowohl den Ort des Lebens wie die Tätigkeit der Bewirtschaftung dieses Ortes, das Haushalten. Für die alten Griechen bildete das Haushalten der Familien und des Staates nach dem Vorbild und den Vorgaben der Natur noch eine Einheit.[8] Mit Beginn der Neuzeit löste sich die Ökonomie von der Ökologie ab, wurde das Haushalten des Menschen einerseits, das Haushalten der Tiere, Pflanzen und unbelebten Ökosystemen mit ihren Umwelten andererseits in getrennte Disziplinen verwiesen. Diese fatale Aufgabenteilung hat den Wissenschaftsbetrieb in den vergangenen 200 Jahren im Wesentlichen geprägt.

Erst seit wenigen Jahrzehnten bemüht sich die „Umweltökonomie“, die Gesamtheit der Umwelteffekte von Produktion und Konsumtion theoretisch zu erfassen und in das Marktmodell zu integrieren, um dann in der Praxis die finanziellen Kosten dieser Effekte, auch die erst in der Zukunft anfallenden, den Produzenten und Konsumenten heute schon in Rechnung stellen zu können. Aber die Art und Weise, wie die von isolierten Menschen und ebenso isolierten Ressourcen ausgehende Markttheorie ökologische Fragen bewältigen will, kann wenig überzeugen. Wie sollen die vom Klimawandel betroffenen Afrikaner ihre Interessen in den Markt und die Politik einbringen, wenn die Verursacher in New York, London, Frankfurt und Tokio sitzen, eine weltweite politische Autorität nicht existiert und eine an Aufklärung, Diskurs und Abstimmung gebundene Politik per se immer langsamer sein muss als eine Ökonomie, die durch das um Dimensionen schnellere Geld gesteuert wird? Wie sollen jene, die noch gar nicht geboren sind, ihre Interessen heute schon auf Märkten und in politischen Gremien geltend machen? Und wie soll sich in einer durch Konkurrenz und Kurzfristigkeit geprägten Welt, in der Rücksichtnahme und Langfristigkeit in aller Regel Nachteile bringen, ein pfleglicher Umgang mit den natürlichen Lebensgrundlagen durchsetzen, und zwar rechtzeitig, bevor ein Großteil der Schäden irreparabel geworden ist? (vgl. Kapitel 3).[9]

Die herrschende neoliberale Wirtschaftstheorie hat in Bezug auf die natürlichen Lebensgrundlagen dasselbe Problem wie bei den sozialen Voraussetzungen des Marktes: Sie kann sie mit ihrer Sprache nicht wirklich erfassen, das Marktmodell ist nicht nur sozial, sondern auch ökologisch blind. Diese Wissenschaft scheitert sowohl aufgrund der den wirklichen Verhältnissen nicht angemessenen Form der „Arbeitsteilung" zwischen Ökonomie und Ökologie wie auch aufgrund des herrschenden Marktmodells am Begreifen der raum-zeitlichen Netze des Lebens. Wenn vorher zerrissen wird, was hinterher verstanden werden soll, ist es kein Wunder, dass diese Form der institutionalisierten Reflexionsfähigkeit des Menschen an der Komplexität der Welt scheitern muss.[10] Vergleichbares gilt im Übrigen auch in Bezug auf die Nahtstelle zwischen der Wirtschafts- und Gesundheitswissenschaft: Leistungsfähige, kreative Arbeitskräfte und genussfähige, autonome Konsumenten werden in den Marktmodellen einfach vorausgesetzt. Es wird kein systematischer Zusammenhang zwischen dem Gesundheitsverhalten des Einzelnen und der Gesundheit der Verhältnisse in der Gesellschaft, vor allem in Bezug auf das Arbeits- und Wirtschaftsleben, hergestellt. In der Wirklichkeit aber fallen gesunde Menschen bekanntlich nicht vom Himmel. Diese Wirtschaftswissenschaft vertraut im Grunde heute noch auf die von Adam Smith im 18. Jahrhundert gepriesene Klugheit der „unsichtbaren Hand" des Marktes, die den Egoismus des Einzelnen auf wunderbare Weise zum Wohle des Ganzen lenke.

Wer die Grundlagen des Lebens begreifen will, benötigt einen völlig anderen wissenschaftlichen Ausgangspunkt. Dazu noch einmal der Verfassungsrechtler Ernst-Wolfgang Böckenförde (vgl. Einleitung und Kapitel 4): „An die Stelle eines ausgreifenden Besitzindividualismus, der das als natürliches Recht proklamierte potentiell unbegrenzte Erwerbsinteresse der Einzelnen, das keiner inhaltlichen Orientierung unterliegt, zum Ausgangspunkt und strukturierenden Prinzip nimmt, müssen ein Ordnungsrahmen und eine Handlungsstrategie treten, die davon ausgehen, dass die Güter der Erde, das heißt Natur und Umwelt, Bodenschätze, Wasser und Rohstoffe, nicht denjenigen gehören, die sie sich zuerst aneignen und ausnützen, sondern zunächst allen Menschen gewidmet sind, zur Befriedigung ihrer Lebensbedürfnisse und der Erlangung von Wohlfahrt."[11]

Der unorganische und der organische Leib des Menschen

Bei Marx kommen die Grundlagen des Lebens nicht erst in den Blick, wenn sie schon knapp geworden sind und auf dem Markt durch Preissignale auf sich aufmerksam gemacht haben. Und Marx sieht vor allem auch den engen Zusammenhang zwischen den inneren und den äußeren Voraussetzungen des Lebens. Zwar gilt das Hauptaugenmerk der Marx'schen Analyse der gesellschaftlichen Organisation der Arbeitsteilung und den Konsequenzen für das Denken und die Entfaltungsfreiheit des Menschen, aber an vielen Stellen seiner Kritik der politischen Ökonomie taucht immer wieder die Frage nach den letztlichen Grundlagen des Lebens auf. Vor allem zeigt Marx, wie Privateigentum, Warenproduktion und vor allem das Produzieren um der Produktion willen im Kapitalismus diese Grundlagen systematisch aufzehren. Daraus lassen sich wertvolle Einsichten für eine nachkapitalistische Wirtschaftsordnung gewinnen.

Springquellen des Reichtums

Wie wir im 1. Kapitel gesehen haben, geht der materialistisch-historische Erkenntnisansatz von der Produktion des Lebens aus, die älter als die Produktion von Waren ist: vom „Stoffwechsel" zwischen Mensch und Umwelt. Dieser Stoffwechsel erfolgt zum allergrößten Teil nicht von selbst, sondern erfordert das Tätigwerden des Menschen. Bereits dieser Ausgangspunkt zeigt, wie wichtig Marx die äußeren und inneren Grundlagen des Lebens sind. Wenn Marx in seinen Frühschriften vom „unorganischen Leib" und „organischen Leib" spricht,[12] betont er die physische Seite des Tätigseins, wobei „Leib" im Unterschied zu „Körper" die enge Verbindung zu psychischen, sozialen und kulturellen Zusammenhängen betont. Der unorganische wie der organische Leib, die Lebenskraft der Natur wie die Arbeitskraft des Menschen: Das sind die beiden fundamentalen Produktivkräfte, die menschliches Leben und geschichtlichen Fortschritt erst ermöglichen. Auf welchen Grundlagen ruht also das menschliche Leben? Der tätige Stoffwechsel ist nur möglich, wenn auf der Seite des unorganischen Leibes die Gesetze der Natur und ihrer Fruchtbarkeit respektiert, und das heißt auch gehegt und gepflegt werden, und wenn auf der Seite des organischen Leibes auf eine reflektierte Art und Weise für die Befriedigung der Grundbedürfnisse gesorgt wird. Wie sehr beide Seiten aufeinander angewiesen sind, können wir zum Beispiel an der Bedeutung einer sauberen Luft sowohl für die menschliche Gesundheit wie für die natürliche Umwelt sehen.

Die Kräfte der Natur

Inwiefern ist Marx zufolge für den Umgang mit den *äußeren* Lebensgrundlagen die Form des Eigentums entscheidend? Das Privateigentum am Boden (vgl. Kapitel 2) und der von ihm über den Einkommensfetisch fälschlich abgeleitete Einkommensanspruch (vgl. Kapitel 5) erzeugt beim Eigentümer das Interesse, überall dort, wo Naturkräfte abgrenzbar sind, diese in Geld zu verwandeln: ein Gewässer, das fischreich ist oder schnell fließt, ein Stück Land, das fruchtbar ist, sich als Bauplatz eignet oder unter der Erde wertvolle Materialien birgt. Dem Eigentümer und allen, die sich von der Oberfläche der Verhältnisse blenden lassen, erscheint das Eigentumsrecht ein Recht, das aus den Natureigenschaften des jeweiligen Stückes Erde selbst resultiert, aus ihrer jeweiligen Nützlichkeit. Wer sich hingegen von diesem Fetisch nicht täuschen lässt und nach den materiell-historischen Voraussetzungen der Nutzung fragt, kann schnell erkennen, dass das Land erst einmal durch menschliche Arbeit nutzbar gemacht, erschlossen werden musste. Wälder mussten gerodet, Sümpfe trockengelegt, Felder bewässert, Bäche aufgestaut, Straßen angelegt, Stollen gegraben werden etc., ehe die eigentliche Nutzung beginnen konnte. Das alles fand in der Regel vor vielen Generationen statt. Wie dann die Früchte dieser Erschließungsarbeiten später unter die vielen Nutznießer zu verteilen sind, ist jedoch keine Frage der Natur, keine Frage der Produktivkräfte, sondern der Gesellschaft, also der Produktionsverhältnisse (vgl. Kapitel 7). „Ein Teil der Gesellschaft verlangt hier von den andern einen Tribut für das Recht, die Erde bewohnen zu dürfen, wie überhaupt im Grundeigentum das Recht der Eigentümer eingeschlossen ist, den Erdkörper, die Eingeweide der Erde, die Luft und damit die Erhaltung und Entwicklung des Lebens zu exploitieren", also auszubeuten.[13] Wenn heute zum Beispiel Vermieter in Großstädten für kleinste Wohnungen exorbitante Mieten verlangen können, so beruht diese Möglichkeit letztlich genau auf diesem Prinzip des privaten Eigentums und der privaten Nutzbarkeit der Erde.

Im Kapitalismus, so Marx, erscheint dem Eigentümer der Anspruch auf sein Stück Erde genauso selbstverständlich wie in der Sklavenhaltergesellschaft dem Sklavenhalter der Anspruch auf seinen Sklaven. Sobald der Sklavenbesitzer seinen Sklaven rechtmäßig erworben hatte, galt er rechtlich als sein Eigentum. In Wirklichkeit aber, so wissen wir heute, war dieses Recht nichts anderes als der Ausdruck der damals herrschenden Produktions- und Ausbeutungsverhältnisse. Was werden spätere Generationen, so kann man Marx weiterdenken, über unseren Eigentumsanspruch am Boden, am Wasser, an der Luft sagen, über unseren Handel mit Emissionszertifikaten und Biopatenten? „Selbst eine ganze Gesellschaft, eine Nation, ja alle gleichzeitigen Gesellschaften zusammengenommen, sind nicht Eigentümer der Erde. Sie sind nur ihre Besitzer, ihre Nutznießer, und haben sie als *boni patres familias* [gute Familienväter] den nachfolgenden Generationen verbessert zu hinterlassen."[14] Wir sehen also: Der Mensch ist für Marx durch und durch Gesellschaftswesen, nicht nur, weil die zu einem bestimmten Zeitpunkt an einem bestimmten Ort lebenden Menschen miteinander vernetzt, aufeinander angewiesen sind, sondern vor allem auch, weil jeder Mensch nur ein Glied einer unübersehbaren Kette von Menschen ist, die in diese Welt geboren worden sind und sie wieder verlassen müssen. Hier zeigt sich ein radikal anderer Zeithorizont als jener, der die heutigen ökonomischen Kalküle bestimmt, ein Horizont, der eher dem der Religion entspricht. Zwar hat Marx die Religion bekanntlich als „Opium des Volkes" sehr kritisch gesehen, aber sein Blick auf die Welt ist in Bezug auf die Grundlagen des Lebens und den auf sie bezogenen Zeithorizont – eine wichtige Einschränkung! – dem religiösen sehr ähnlich.

Kräfte des Menschen

Die *inneren* Lebensgrundlagen umfassen all das, was wir als Gesundheit in einem weiten Sinn, der Körper, Seele und Geist einschließt, bezeichnen. Da für Marx Arbeit die Basis für die beiden fundamentalen Verhältnisse ist, die der Mensch eingehen muss, um überhaupt leben zu können, nämlich zur Natur und zum Mitmenschen, steht auch im Zusammenhang mit der Frage nach der menschlichen Gesundheit das Arbeitsvermögen im Zentrum. Die Marx'schen Ausführungen zur Reproduktion der Arbeitskraft sind vor dem Hintergrund der Erkenntnisse der modernen Arbeitsmedizin besonders hellsichtig. Der Mensch, so Marx, kann nur dann dauerhaft arbeiten, wenn das durch die Arbeit zusätzlich verausgabte Quantum an Muskeln, Nerven, Hirn usw. immer wieder ersetzt wird. Die durch die Arbeit „vermehrte Ausgabe bedingt eine vermehrte Einnahme", der Arbeitende muss denselben Prozess wie heute auch morgen unter denselben Bedingungen „von Kraft und Gesundheit" wiederholen können.[15] Deshalb sieht Marx auch ganz klar den Zusammenhang zwischen der Ausdehnung des Arbeitstages und dem erhöhten Verschleiß der Arbeitskraft. Ab einem bestimmten Punkt kann diese Ausdehnung nicht mehr durch „größeren Ersatz", also Erhöhung der Nahrungszufuhr, längeres Schlafen, Muskeltraining und Ähnliches kompensiert werden.

„Über diesen Punkt hinaus wächst der Verschleiß in geometrischer Progression und werden zugleich alle normalen Reproduktions- und Betätigungsbedingungen der Arbeitskraft zerstört."[16] Mit „geometrischer Progression" meint Marx, dass die Gesundheitsschäden viel schneller als die Verlängerung der Arbeitszeit zunehmen, weil sich die zerstörerischen Faktoren gegenseitig hochschaukeln. Das ist der Fall, wenn sich bei der Arbeit Fehler häufen, der Blutdruck steigt, die Körperhaltung verkrampft, Nikotin und Alkohol dazukommen, nach Beendigung der Arbeit die Entspannung und der Schlaf sich nicht mehr richtig einstellen wollen etc.

Gesundheitsfragen sind für Marx aber nicht auf die Arbeitskraft beschränkt. Wenn er zum Beispiel über die Verarmung der Sinnlichkeit und die Entfremdung des Menschen (vgl. Kapitel 3) oder die Untergrabung des zwischenmenschlichen Vertrauens und die Selbsttäuschung (vgl. Kapitel 5) spricht, so thematisiert er einen Teil jener Zivilisationskrankheiten, die in den Lebensbedingungen des Kapitalismus ihre Grundlage haben. Diese Krankheiten mit all ihren Folgesymptomen wie Sucht, Angst, Depression und Aggressivität gegen sich selbst und andere stecken den Rahmen für die Lebenskräfte des einzelnen Menschen ab, innerhalb dessen er seine Bedürfnisse befriedigen kann.

Zerlegung der Welt und Kreislaufstörungen

An der Art und Weise, wie der Kapitalismus mit den äußeren Produktivkräften der Natur und den inneren des Menschen umgeht, zeigt sich sein Grundwiderspruch noch einmal in aller Deutlichkeit: Der einzelne Kapitaleigentümer möchte individuell möglichst Natur- und Arbeitskosten sparen, ist aber darauf angewiesen, dass in der Gesellschaft immer genügend nutzbare Natur und gesunde Arbeitskraft als Voraussetzung für die Verwertung seines Kapitals zur Verfügung stehen. Individuelle und gesellschaftliche Rationalität fallen also auch hier systematisch auseinander (vgl. Kapitel 2).

Die Zerlegung der Welt in Raum und Zeit

Oben war von der Verdichtung der Lebensgrundlagen in Raum und Zeit die Rede. Marx zeigt an vielen Stellen, wie die Verringerung von Distanzen und die Beschleunigung von Prozessen die Netze des Lebens zerreißt. Bereits die einfache Warenproduktion läuft auf eine Zerlegung der Welt in Einzelbestandteile hinaus. Verantwortlich hierfür ist das Wertgesetz (vgl. Kapitel 2). Indem es dafür sorgt, dass nur die gesellschaftlich durchschnittlich notwendige Arbeitszeit als wertbildend anerkannt wird, verengt sich der Blick des Produzenten auf eine ganz spezifische Art und Weise. Die Natur gilt ihm als unendlicher

Vorratsspeicher von Ressourcen, ihre Herkunft und ihre Zukunft interessieren ihn nicht. Wie viel Zeit zur Produktion einer Ware gesellschaftlich durchschnittlich notwendig ist, hängt, wie wir gesehen haben, vom Stand der Produktivität ab, der in der betreffenden Branche bei der überwiegenden Zahl der Produkte vorherrscht. Da der einzelne Produzent diesen aber nicht systematisch kennen kann und auch sonst völlig unsicher ist, ob seine Arbeit auf dem Markt tatsächlich Anerkennung finden wird (vgl. Kapitel 6), handelt er vernünftig, wenn er sich aus der Natur so schnell wie möglich nimmt, was er braucht und bekommen kann. Schließlich will er sein Marktrisiko nicht unnötig vergrößern. Der Versuch einer sorgfältigen Wiederverwertung der nicht verwendeten Bestandteile der Natur, des sogenannten „Abfalls", wäre zum Beispiel ein viel zu großes Marktrisiko. Indem er sich die für ihn wichtigen Stücke herausreißt und den Rest sich selbst überlässt, zerreißt er die räumlichen Netze der Natur und verdichtet so den Raum. Diese Logik übersetzt und verwandelt all das, was für über 99 Prozent der bisherigen Generationen als Gemeingut begriffen wurde, in privates Eigentum.

Die Zerlegung der Welt in Raum und Zeit ist für Marx geradezu der Inbegriff der Mission des Bürgertums. „Alles Stehende und Ständische verdampft" unter den Händen der Geldbesitzer, vor deren Verwertungsdrang nichts sicher ist (vgl. Kapitel 4). Die Verkürzung der Produktionszeit durch den Einsatz von Maschinen wird nun umso wichtiger, je mehr die Mehrwertproduktion nicht mehr durch die Verlängerung des Arbeitstages, sondern durch die Reduktion der notwendigen Arbeit zum Zweck der Senkung des Wertes der Arbeitskraft erfolgt (vgl. Kapitel 2). In dieser Phase des Kapitalismus beherrscht die Zeitdimension endgültig das Geschehen. Durch die Unterordnung der Arbeit unter die Maschine werden die Arbeitsverrichtungen der Menschen einander immer mehr angeglichen. Die lebendigen Menschen mit all ihren Besonderheiten werden zu Anhängseln der Maschinen. Das „Pendel der Uhr" wird nun ganz offensichtlich der universelle Maßstab für den Vergleich der Leistungen zweier Menschen genauso wie für den Vergleich der Geschwindigkeiten zweier Lokomotiven. „So muss es nicht mehr heißen, dass eine (Arbeits-)Stunde eines Menschen gleichkommt der Stunde eines anderen Menschen, sondern dass vielmehr ein Mensch während einer Stunde soviel wert ist wie ein anderer Mensch während einer Stunde."[17] Die elementare Bedeutung der Zeit im Kapitalismus bringt Marx auf eine einfache Formel: „Die Zeit ist alles, der Mensch ist nichts mehr, er ist höchstens noch die Verkörperung der Zeit."[18]

Marx hat erstaunlich genau vorausgesehen, welche Bedeutung Zeit und Beschleunigung für die Arbeitsteilung, die Ausdifferenzierung der Wirtschaft und die Technologieentwicklung hat. Je mehr die Produktion auf dem Austausch beruht, desto wichtiger werden „die physischen Bedingungen des Austauschs – die Kommunikations- und Transportmittel. Das Kapital treibt seiner Natur nach über jede räumliche Schranke hinaus. Die Schöpfung der physischen Bedingungen des Austauschs … wird also für es in ganz anderem Maß zur Notwendigkeit – die Vernichtung des Raums durch die Zeit.“[19] Es fällt nicht schwer, in der heutigen Arbeits- und Wirtschaftswelt Beispiele für das diktatorische Regime der Zeitökonomie zu finden: bei der Gestaltung der Verkehrsinfrastruktur, vor allem bei der Konkurrenz zwischen Wasser-, Land- und Luftverkehr, bei der Wahl von Produktionsstandorten im globalen Wettbewerb der Realwirtschaft, bei den Leistungsmaßstäben in der Finanzwirtschaft, wenn längst von Jahres- zu Quartals- und Monatsbilanzen übergegangen wird und Mitarbeiter von Finanzunternehmen manchmal schon am dritten Tag eines Monats gefragt werden, warum „die Zahlen wegbrechen“[20]. Selbst bei der Bildung beherrscht das Zeitdiktat das Geschehen, wenn vom Kindergarten über Schule und Hochschule zeitliche Vorgaben die Bildungslaufbahn weitestgehend strukturieren.[21] Dies alles sind Begleiterscheinungen einer Ökonomie, die die Gleichung „Zeit = Geld“ zur universellen Formel erhoben hat. Je weiter Landnahme und Beschleunigung fortgeschritten sind, je höher die äußere Lebenswelt verdichtet, die innere mobilisiert ist, desto konsequenter zerlegt der Kapitalismus alles, was da kreucht und fleucht, in Einzelteile, die physisch und psychisch nichts mehr miteinander zu tun haben – außer dass sie als Schräubchen und Rädchen im großen Mechanismus der Verwertung funktionieren.

Störung des ökologischen und des sozialen Kreislaufs

Marx war sich vor 150 Jahren bereits bewusst, dass die Folgen dieser Entwicklung den Arbeiter und die Natur gleichermaßen betreffen. „Jeder Fortschritt der kapitalistischen Agrikultur ist nicht nur ein Fortschritt in der Kunst, den Arbeiter, sondern zugleich in der Kunst, den Boden zu berauben, jeder Fortschritt in Steigerung seiner Fruchtbarkeit für eine gegebne Zeitfrist zugleich ein Fortschritt im Ruin der dauernden Quellen dieser Fruchtbarkeit. Je mehr ein Land … von der großen Industrie als dem Hintergrund seiner Entwicklung ausgeht, desto rascher dieser Zerstörungsprozess. Die kapitalistische Produktion entwickelt daher nur die Technik und Kombination des gesellschaftlichen Produktionsprozesses, indem sie zugleich die Springquellen alles Reichtums untergräbt: die Erde und den Arbeiter.“[22] Unter der Regie des Kapitalismus besteht also ständig die Gefahr, dass der Mensch seinen organischen wie seinen unorganischen Leib schädigt. Wo dies geschieht, wird der Kreislauf des Lebens gestört, brennen die Energien – wenn nichts dagegen unternommen wird – unweigerlich aus. Das Pikante an diesem Zerstörungswerk ist, dass die Eigentümer des Bodens wie der Arbeitskraft daran fleißig mitwirken.

Wohin aber führt dieses dem Produktionismus geschuldete Zerstörungswerk? Auch hier erweist sich die Marx'sche Prognose als ausgesprochen weitsichtig. „Mit dem stets wachsenden Übergewicht der städtischen Bevölkerung, die sie in großen Zentren zusammenhäufte, häuft die kapitalistische Produktion einerseits die geschichtliche Bewegungskraft der Gesellschaft, stört sie andrerseits den Stoffwechsel zwischen Mensch und Erde, das heißt die Rückkehr der vom Menschen in der Form von Nahrungs- und Kleidungsmitteln vernutzten Bodenbestandteile zum Boden, also die ewige Naturbedingung dauernder Bodenfruchtbarkeit."[23] Das Produzieren um der Produktion willen mündet Marx zufolge also zwangsläufig in eine doppelte Kreislaufstörung – eine soziale und eine ökologische. Beide sind Folge einer falschen Rückkoppelung (vgl. Kapitel 4), beide entfalten eine enorme Sprengkraft.

Zunächst zur *ökologischen* Kreislaufstörung. Je mehr Menschen sich in Großstädten konzentrieren, desto mehr greifen sie in die Kreisläufe der Natur ein und zerstören den Fluss von Materie und Energie. Zum einen direkt in Gestalt des Lärms, der Belastung von Luft und Wasser, der Müllhalden, die sich rund um die Megastädte ausbreiten. Zum andern aber auch indirekt: Je mehr sich in den Zentren die Industrie konzentriert, in den Peripherien die Landwirtschaft (vgl. Kapitel 2), desto einseitiger wird der Globus belastet, wird der Rückfluss dessen, was in der Produktion nicht gebraucht wurde, unterbunden. Auf der Seite der ökologischen Quellen zeigt sich dies zum Beispiel, wenn die industrialisierten Zentren des Nordens der Welt in großem Stil Kaffee, Orangen und Bananen aus dem Süden importieren. Dann importieren sie nämlich indirekt auch das Wasser, das zur Bewässerung dieser Früchte erforderlich war, das sogenannte „virtuelle Wasser", das für regionale Kreisläufe und damit für die Bedürfnisse der dort lebenden Menschen nicht mehr zur Verfügung steht. Auf der anderen Seite sei auf den Export von Problem- und Giftmüll und den Ausstoß von Treibhausgasen durch die industrialisierten Zentren verwiesen. Auch die Entwicklung von Monokulturen und die Globalisierung der Landwirtschaft inklusive der nachfolgenden Nahrungsmittelproduktion mit ihren gigantisch verlängerten Transportwegen zerstört im großen Stil lokale und regionale Produktionskreisläufe, die über Jahrtausende die Selbstregulation der Bodenfruchtbarkeit gewährleistet hatten.

Wie ist die Sprengkraft der *sozialen* Kreislaufstörung zwischen Stadt und Land bzw. zwischen Zentren und Peripherien heute zu deuten? Die Peripherien leiden relativ still. Die Halbperipherien werden zwischen Aufstiegshoffnung und der Angst, es nicht mehr zu schaffen, hin- und hergeworfen. Und die vor allem für die ökologischen und gesundheitlichen Folgen des Systems sensibilisierten Menschen der Zentren? Wäre es nicht vorstellbar, dass die durch den Produktionismus kollabierenden Kreisläufe den Menschen in den Zentren eine einfache Wahrheit, die der Kapitalismus 200 Jahre lang erfolgreich verdrängt hat, wieder ins Bewusstsein ruft: dass nämlich Produktion Reproduktion voraussetzt, Letzterer also der Vorrang gebührt? Es ist eigentlich eine Trivialität, dass jene „Springquellen", die beim Produzieren verbraucht werden, sich hinterher immer wieder erneuern können müssen. Was für den organischen Leib, die Kraft der Muskeln und des Geistes gilt, gilt eben auch für den unorganischen Leib, die Kraft des Bodens, des Wassers und der Luft. Die geschichtliche Bewegungskraft in den Zentren könnte darin bestehen, dass dort angesichts der massiv zunehmenden gesundheitlichen und ökologischen Katastrophen ein breites Umdenken beginnt. Es könnte sich die Erkenntnis durchsetzen, dass es klug wäre, zuerst für die Ernährung, Kleidung, Behausung, Betreuung aller Menschen auf unserem Globus zu sorgen, ihre psychischen, sozialen und geistigen Fähigkeiten auszubilden und als Voraussetzung dafür Kultur und Natur bestmöglich zu hegen und zu pflegen, ehe an die Entwicklung immer neuer Automodelle, Handytypen und Unterhaltungsserien zu denken ist. In den Zentren könnte die Einsicht reifen, dass die primäre Aufgabe der Wirtschaft nicht die zwanghafte Produktion von Neuem und Unbekanntem sein sollte, sondern der Erhalt dessen, was wir zum Leben tatsächlich brauchen und was uns sonst noch lieb und teuer ist. Im Übrigen würde sich vielleicht ja herausstellen, dass vielen Menschen am Ende der Wohlstand an Zeit wichtiger als der Wohlstand an Geld und Gütern ist.

Nachhaltigkeit

Das gern zitierte Leitbild der „nachhaltigen Entwicklung" ist eine Kompromissformel mit bisher wenig inhaltlicher Substanz. Sie geht zurück auf eine 1992 in Rio de Janeiro durchgeführte Konferenz der Vereinten Nationen, die – zum ersten Mal in ihrer Geschichte – Umwelt- und Entwicklungsfragen als Einheit behandelte. Die Formel sollte das Umweltinteresse des Nordens mit dem Entwicklungsinteresse des Südens verbinden. Völlig unklar ist seither jedoch geblieben, wie beide Ziele tatsächlich kompatibel gemacht werden können. Die Unklarheit rührt meines Erachtens daher, dass mit dem Begriff Nachhaltigkeit zwar die Zeitdimension ins Zentrum rückt, aber die Verfechter dieses Leitbilds kein konsistentes Konzept vorweisen können, wie die ökologische, ökonomische und soziale Dimension zeitlich zu konkretisieren ist.[24] Genau hier könnte Marx weiterhelfen: Wenn die Reproduktion Ziel des Wirtschaftens sein soll, muss der Umgang mit den Grundlagen des Lebens kreislaufförmig organisiert werden. Nur Kreisläufe sind dauerhaft, Durchläufe nicht. Das gilt selbstverständlich für den unorganischen wie den organischen Leib des Menschen.

Natur und Syntropie

Um Wirtschaft und Gesellschaft auf die Reproduktion auszurichten, wäre es klug, in Bezug auf den Umgang mit den *äußeren* Lebensgrundlagen die Natur mit ihrem ungeheuren evolutionären Erfahrungsschatz zum Vorbild zu nehmen. Sie kennt keinen Abfall, Abbauprodukte sind immer zugleich Aufbauprodukte, die Natur betreibt seit Jahrmillionen eine nachhaltige Kreislaufwirtschaft. Blüten und Blätter zum Beispiel dienen, nachdem sie im Frühjahr und Sommer ihre Funktionen erfüllt haben, in Herbst und Winter bekanntlich als Nährstoff für den Boden, der es dem Baum ermöglicht, wieder neue Blüten und neue Blätter auszubilden. Da das Nachhaltigkeitsprinzip in der Forstwirtschaft bereits seit dem 17. Jahrhundert bekannt ist, kann sie als Grundmodell für eine reproduktive Ökonomie gelten: Nicht alle Waldflächen bewirtschaften, nicht alle Bäume in den bewirtschafteten Flächen fällen, für jeden gefällten Baum mindestens einen neuen pflanzen, so lauten die Empfehlungen einer nachhaltigen Forstwirtschaft für das 21. Jahrhundert. Die nicht gefällten Bäume sollen Zeit zum Sterben haben, das tote Holz dann wieder Lebensgrundlage für Moose, Pilze und Käfer werden. Welche Lehren könnten Industrie- und Dienstleistungsgesellschaften daraus ziehen? *Erstens* müssten Güter und Dienste so langlebig, reparaturfreundlich und wiederverwertbar wie nur möglich sein, idealerweise nach dem Prinzip „Von der Wiege zur Wiege". Überall wo dennoch Rohstoffe aus den Quellen des Naturhaushalts benötigt und Reststoffe an die Senken des Naturhaushalts zurückgegeben werden, muss *zweitens* eindeutig den regenerativen Stoffen bzw. den wiederholbaren Lösungen der Vorzug gegeben werden. Es darf also der Natur nicht mehr entnommen werden, als sie wieder nachwachsen lässt, und in ihr nicht mehr abgelagert werden, als sie wieder unschädlich machen kann. Beide Vorgaben erfordern eine ganz bestimmte zeitliche Synchronisation von Wirtschaft und Natur. Nur ausnahmsweise dürfen *drittens* auch nichtregenerative Ressourcen Verwendung finden, aber auch nur vorübergehend und unter der Vorgabe, dass die Vorteile der nichtregenerativen Ressourcen dazu genutzt werden, sie so bald als möglich durch regenerative zu ersetzen.[25]

Das Kreislaufprinzip gilt grundsätzlich auch für den Umgang mit Energie, dem „Arbeitsvermögen". Das Arbeitsvermögen der Natur ist bekanntlich, genauso wie das des Menschen, zu einem bestimmten Zeitpunkt nur begrenzt und muss sich wie ein Stoffkreislauf immer wieder regenerieren. Aber der Blick auf die energetische Seite von Kreisläufen führt zu einer wichtigen Einschränkung des Kreislaufprinzips: Auf sehr lange Sicht wird die Energie in der Tat weniger, die Energie „verbrennt". Auch dies gilt für den organischen wie den unorganischen Leib des Menschen. Bezeichnend ist, dass auch dieser Prozess des Ausbrennens durch den Kapitalismus gewaltig beschleunigt worden ist. Bekanntlich wurde gleichzeitig mit seiner vollen Entfaltung im 18. und

19. Jahrhundert die Energieversorgung zum größten Teil auf fossile Träger umgestellt. Diese sind nichts anderes als konzentrierte Sonnenenergie, die im Laufe von Jahrmillionen im Erdinneren gespeichert worden war, ein „unterirdischer Wald“[26]. Dieser wird nun innerhalb kürzester Zeit „abgeholzt“. Als Träger hoch konzentrierter Energie, die leicht zu portionieren und zu transportieren ist, sind Kohle, Erdöl und Erdgas in technischer wie in ökonomischer Hinsicht geradezu ideale Träger von Arbeitsvermögen: technisch für die enorme Beschleunigung von Produktions- und Transportprozessen, für das „geölte Wachstum“,[27] und ökonomisch für die Verwandlung in Geld und Kapital. Deshalb zählen in allen Industriestaaten die Energiekonzerne seit Beginn der Industrialisierung zu den größten und einflussreichsten Unternehmen. Weil sich mit der in Kohle, Erdöl und Erdgas abgelagerten „geronnenen“ mehr Geld verdienen lässt als mit der „lebendigen“ Sonnenkraft, die die Sonne größtenteils gratis liefert, haben die Energiekonzerne die „energetische Brandmauer“[28] um ihre fossile Profitquelle immer mehr aufgestockt. Die niedrigen Preise für Kohle, Erdöl und Erdgas sorgen bis zum heutigen Tag dafür, dass die Sonnenenergie möglichst wenig Chancen bekommt.

Wie sehr die fossile Energieversorgung im Kapitalismus die Lebensgrundlagen bedroht, wird vor dem Hintergrund physikalischer Erkenntnisse über den Zusammenhang von Wärme und Bewegung, die sogenannte Thermodynamik, deutlich.[29] In geschlossenen Systemen bleibt die Menge der Energie immer gleich groß. Wenn in einem solchen System irgendein Prozess stattfindet, dann kann dieser immer nur Veränderungen von Zuständen bewirken, keine Neuschöpfungen von Energie. Und diese Veränderungen haben immer eine klare Richtung: Sie können nicht mehr wiederholt werden, nach jeder Veränderung ist das energetische Potenzial geschrumpft. Was dies bedeutet, kann aus der Perspektive der Thermodynamik zunächst als Freisetzung von Wärme und somit als ein weiterer, wenn auch winziger Schritt in Richtung auf den am Ende wartenden Wärmetod des Systems beschrieben werden. Neben dieser materiellen Dimension gibt es noch eine andere, eine informationelle. Denn mit jedem Prozess in einem geschlossenen System werden auch Strukturen abgebaut, wird Ordnung zerstört. Ein Stück Holz in einem Ofen zum Beispiel gibt dem Inneren des Ofens eine gewisse Struktur. Ist es aber einmal verbrannt, also in Wärme verwandelt, ist diese Ordnung unwiederbringlich dahin, Informationen über seine Eigenschaften sind ausgelöscht, das System hat sich wieder einen winzigen Schritt in Richtung auf jenes Chaos zubewegt, das am Ende aller Umwandlungsprozesse steht. Nach einem griechischen Kunstwort wird diese Gesetzmäßigkeit „*Entropie*“ genannt. Entropie, das „Grundgesetz vom Abstieg“,[30] gilt als das umfassendste Gesetz der gesamten physischen Welt. Indem Profitinteresse und Wachstumszwang über 200 Jahre lang die Sonne weitestgehend als Energieversorger ausgegrenzt haben, hat der

Kapitalismus die Menschheit auf den direkten Weg in Richtung Wärmetod und Chaos geschickt.

Soll die Energieversorgung jenseits der kapitalistischen Brandbeschleunigung auf eine nachhaltige Basis gestellt werden, ist die Umorientierung auf eine andere grundlegende Eigenschaft der Natur nötig: die durch die Evolution bewiesene Fähigkeit der Materie, sich selbst zu organisieren und lebendige Strukturen aufzubauen.[31] Lebewesen haben die Fähigkeit, gegen den Strom der Entropie zu schwimmen, „*Syntropie*" zu schaffen. Aber dieser Aufstieg ist für alle Lebewesen immer nur für eine begrenzte Zeit möglich, langfristig geht es immer bergab, bis sie unter der Erde landen. Deshalb steht und fällt die Nachhaltigkeit des Wirtschaftens mit der klugen Gestaltung des Verhältnisses zwischen Ab- und Aufbauprozessen. Wichtig ist dabei, sich die Asymmetrie beider Prozesse bewusst zu machen: Wie langsam und leise wächst ein Wald, wie schnell und laut werden Bäume gefällt, wie zeitraubend und mühsam ist der Bau eines Hauses, die Beschreibung eines Datenträgers, die Entwicklung einer Vertrauensbeziehung, und wie schnell ist alles wieder zerstört. Und wichtig ist vor allem, sich immer wieder die Basis allen Lebens vor Augen zu führen, die Kraft der Sonne und die Kreativität der Evolution – mehr haben wir nicht zur Verfügung.

Der Blick auf die energetischen Grundlagen des Lebens lehrt, dass eine nachhaltige Wirtschaft in *materieller* Hinsicht so „biologisch" wie nur möglich ausgerichtet sein muss, weil nur im Bereich des Lebendigen die Syntropie als Kraft des Aufstiegs gegen die Entropie als Kraft des Abstiegs zur Geltung kommen kann. Soll sich auch die Energieversorgung am Kreislaufprinzip orientieren, muss sie konsequent in Richtung zur Sonne geöffnet werden. Diese Offenheit hatte sich in der Geschichte des Lebens, auch des menschlichen, über Jahrmillionen bewährt, ehe vor wenigen Generationen der fossile Abstecher, der sich heute als Sackgasse erweist, eingeschlagen wurde. In einer nachhaltigen Wirtschaft wird die Energieversorgung von einem linearen auf ein zyklisches Muster umgepolt, die Energieversorgung statt an Bestands- an Flussgrößen ausgerichtet. Dieser Fluss hat eine unvorstellbare Kraft: In einer Viertelstunde bietet die Sonne mehr Energie an, als die Menschheit derzeit in einem ganzen Jahr verbraucht.[32] Wiederum zeigt sich: Um die Produktivkraft der Sonne – direkt über ihre Strahlen oder indirekt über Wasser, Wind und Biomasse – umfassend nutzen zu können, müssen die Fesseln der bisherigen Eigentums- und Verfügungsverhältnisse im Bereich der Energiewirtschaft gesprengt, das Monopol der fossilen Konzerne samt ihrer Verbündeten aus der chemischen Industrie, der Fahrzeughersteller, dem Tourismusgewerbe etc. gebrochen werden.

Aber das Zusammenspiel von Entropie und Syntropie hält noch eine weitere Lehre bereit, die die *informationelle* Seite betrifft. Die Fähigkeit der Materie zur Selbstorganisation ist an ganz bestimmte Voraussetzungen gebunden. Diese Voraussetzungen, so der Astrophysiker Peter Kafka, haben wiederum sehr viel mit Raum und Zeit zu tun. Es muss erstens zu jedem Zeitpunkt Alternativen geben, die nicht zu fern liegen, so dass das System sie noch erreichen kann. Und es muss zweitens genügend Zeit zur Verfügung stehen, diese Alternativen auch auszuprobieren: Wenn der Vergleich von Alternativen vorschnell abgebrochen wird, kann sich das Ergebnis nicht einstellen, kann Neues nicht erkannt werden, kann aus Fehlern nicht gelernt werden. Dann ist das Zusammenspiel von Versuch und Irrtum gescheitert. Kreative Systeme brauchen also ein Milieu für Experimente – für das „Spiel" mit Möglichkeiten. Grundbedingung aller Selbstorganisation bzw. Evolution sind, so Kafka, „Vielfalt und Gemächlichkeit".[33] Das ist das Erfolgsgeheimnis der Syntropie in ihrem – letztlich! – aussichtslosen Kampf gegen die Entropie. Auch hier zeigt sich die Destruktivität des Kapitalismus in aller Deutlichkeit. Seine strukturelle Gewalt, mit der er eine Welt „nach seinem Bilde" schaffen will, mit der er seine Produktivkräfte und Produktionsverhältnisse bis in den hintersten Winkel der Welt durchzusetzen versucht, mit der er bei der Bestimmung des Wertes der menschlichen Arbeit nur das Durchschnittsmaß gelten lässt und mit der er schließlich das Denken und Fühlen der Menschen, die Bilder von Wohlstand und Glück, einander gleichzuschalten bemüht ist, wirkt sich auf die Voraussetzungen der Syntropie verheerend aus: Die expansive Kraft des Kapitalismus, die räumliche und zeitliche Verdichtung der Lebenswelt, beschränkt die Vielfalt genauso wie die Gemächlichkeit und behindert so die Fortführung der kulturellen Evolution wie letztlich auch der individuellen Reifung des Menschen.

Mensch und Reflexion

Was bedeuten Vorrang der Reproduktion, Nachhaltigkeit und Kreislaufprinzip für die *inneren* Grundlagen des menschlichen Lebens? Der Mensch ist, als Nachfahre der Pflanzen und Tiere, ein durch und durch rhythmisches Wesen.[34] Es sind Kreislaufprozesse, die seinem Leben Stabilität verleihen: der Kreislauf von Einatmen und Ausatmen, Ernährung und Ausscheidung, Anspannung und Entspannung, Wachsein und Schlafen, Aktivität und Ruhe, Tun und Lassen, Arbeit und Muße. Schon das Alte Testament mahnt: „Ein jegliches hat seine Zeit: Geborenwerden und Sterben, Pflanzen und Ausrotten, was gepflanzt ist, Töten und Heilen, Zerbrechen und Bauen, Weinen und Lachen …"[35] Diese Kreisläufe, die oft direkt auf die Bewegung der Himmelskörper zurückgehen, sorgen für die Wiederkehr des Ähnlichen, dass das Leben also immer weitergeht. Sie sind die Grundlage jener Wachstumsprozesse, durch die völlig Neues entsteht. Was den Menschen aber von seinen Vorgängern abhebt und seine Spezies, die Marx „Gattung" nennt, definiert, ist, wie eingangs festgestellt, seine Fähigkeit zur Reflexion. Auch sie kann als ein Pol in einem kreislaufförmigen Wechselprozess verstanden werden: dem Wechsel von Eingreifen und Beobachten, Verändern und Prüfen, Umsetzen und Planen etc. Wo der Mensch gewaltsam am Reflektieren gehindert oder ihm auch nur die Möglichkeit vorenthalten wird, seine Fähigkeit zum Reflektieren auszubilden, wird er als Geistwesen genauso existenziell blockiert, wie wenn ihm als Körperwesen dauerhaft der Schlaf entzogen wird oder er die Fähigkeit zur Entspannung nicht entwickeln kann.[36]

„Reflektieren" heißt, das Bewusstsein „zurückbeugen": Was habe ich gerade getan oder auch gedacht? Und warum? Wer bin ich eigentlich? In der Philosophie besteht weitgehend Einigkeit darüber, dass nur reflektieren kann, wer sich mit sich selbst identisch fühlt. Eine Person ist mit sich selbst identisch, wenn sie sich bewusst ist, dass sie heute im Grunde noch derselbe Mensch ist, der sie gestern war und morgen sein wird. Wer umgekehrt erklärt, ihn kümmere sein Geschwätz von gestern genauso wenig wie ihn seine Verantwortung für morgen interessiere, dem werden wir als Person nicht recht über den Weg trauen können. Soziologen stellen nun seit Längerem fest, dass genau dieses Identitätsbewusstsein des Menschen aufgrund der Beschleunigung, Flexibilisierung und Mobilisierung des Lebens immer brüchiger wird.[37] Das vor allem durch die Ökonomie vorgegebene Lebenstempo zwingt, so die Diagnose, den Menschen immer mehr dazu, sich nicht zu sehr an Tätigkeiten, Berufe, Wohnorte und andere Menschen zu binden, ja sogar innere Einstellungen und letztlich auch den Charakter den Zwängen des Marktes anzupassen. Solche Menschen entwickeln, so Hartmut Rosa, eine „situative Identität": Im Betrieb sehen sie sich ganz anders als zu Hause, zu Hause wiederum anders als im Sportverein usw. Nicht mehr ein personales Zentrum, sondern das jeweilige „Projekt" stiftet die Einheit im Alltag, die Menschen werden zu „Spielern". Die Leitidee der „Moderne" von einem fortschreitenden emanzipatorischen Prozess der Gestaltung des Lebens nach eigenen Vorstellungen, die aus dem Inneren der Person geboren sind, verliert immer mehr ihre Gültigkeit. Geht es den Menschen im 21. Jahrhundert vielleicht wie den Insassen eines Flugzeugs, das seinen Piloten verloren hat und nun blind in den Raum hineinrast?

Auch mit Blick auf diese Gefahr für die inneren Grundlagen des menschlichen Lebens kann allerdings eine positive Lehre gezogen werden. Wenn das Reflexionsvermögen den Menschen aus der Welt des Lebendigen heraushebt und wenn die Reflexion als Gegenpol zur Praxis ein Moment eines zyklischen Wechselprozesses ist, kommt es entscheidend darauf an, diesen Kreislauf, wo immer er blockiert ist, wieder zum Laufen zu bringen. Dazu bräuchten Menschen *erstens* Gelegenheiten, sich über sich selbst Klarheit zu verschaffen, sich ihrer Identität bewusst zu werden, sich die Geschichte ihres Lebens zu „erarbeiten". Je mehr ich mich daran gewöhne, meinen Blick immer wieder von meiner Gegenwart in meine Vergangenheit und meine Zukunft und von dort wieder zurück in meine Gegenwart zu lenken, erkenne ich, wer ich eigentlich bin.[38] Aber das genügt noch nicht. Denn Menschen, die wissen, wer sie sind, haben deshalb noch nicht unbedingt eine Vorstellung davon, was sie wollen. Der Wille des Menschen kann gewissermaßen als „Überbau" der personalen Identität angesehen werden. Soll der Wille aus der Person selbst entspringen, also „frei" im eigentlichen Sinn des Wortes sein, so muss in einem *zweiten* Schritt ein enges Verhältnis zwischen dem Bewusstsein der Identität der Person und ihrem Willen geknüpft werden.[39] Solange der Mensch, so der Berliner Philosoph Peter Bieri, nur einfach das will, was von ihm gefordert wird oder was in seinem Umfeld einfach als erstrebenswert gilt, ohne das Geforderte bzw. Erstrebte selbst geprüft zu haben, kann nicht von einem freien Willen gesprochen werden. Willensfreiheit erfordert im Kern wiederum eine gedankliche Kreisbewegung: Ausgehend von meinem spontan existierenden Willen muss ich prüfen, ob ich selbst es bin, der das Gewollte will. Der Kreis ist erst geschlossen, wenn Wille und Urteil zur Deckung gebracht sind. Diese Art des Reflektierens muss aber erst gelernt werden, in „Kopf", „Herz" und „Hand" übergehen. Auf dem Weg zu einer nachhaltig wirtschaftenden Gesellschaft käme es in einem ersten Schritt vermutlich darauf an, in allen Lebensabschnitten und Gesellschaftsbereichen ausreichend Räume und Zeiten für die Reflexion einzurichten – für das Innehalten, das Nachdenken, die Muße. So könnte dem Nonstop-Betrieb des Kapitalismus mit seinen allgegenwärtigen Leistungs- und Flexibilisierungszwängen, mit seiner ganzen Mobilisierungsgewalt, ein echter Widerstand entgegengesetzt werden.

Symphonie des Lebens, Lärm des Todes

Soll der Umgang mit den äußeren und inneren Grundlagen des Lebens an der Kreislaufstruktur ausgerichtet und damit dem Primat der Reproduktion und dem Leitbild der Nachhaltigkeit entsprochen werden, so ist es ratsam, sich die bisherige Rolle des Geldes noch einmal anzusehen. Geld wird im Kapitalismus ja als universeller Maßstab und als Medium verwendet, um Dinge zu vergleichen und zu verbinden, die sonst isoliert voneinander blieben. Wenn uns nun, wie in diesem Buch deutlich geworden sein sollte, die Rationalität des Geldes als Maßstab und Medium bei der Pflege und Entfaltung von Glück und Gesundheit, von Gesellschaft und Kultur – und eben auch der natürlichen Grundlagen unseres Lebens! – immer offensichtlicher in die Irre führt, müssen wir uns einen neuen Maßstab, ein neues Medium suchen. Und dieses könnte die Zeit sein, weil durch den Blick auf die Zeit gleichermaßen das eigene Leben und seine Grundlagen ins Zentrum der Aufmerksamkeit rücken.[40] Die Zeit ist älter und universeller als das Geld, sie ist durch die Evolution in die belebte und unbelebte Welt eingeschrieben, in die große Welt der Himmelskörper genauso wie in die kleine der Atome.[41]

Alles, was existiert, sagt der Molekularbiologe Friedrich Cramer in seinem Buch „Die Symphonie des Lebendigen", ist ständig in Schwingung, erzeugt Resonanzen, ist synchronisiert.[42] Und das Geld? Seine Maßlosigkeit, vor allem wenn es der kapitalistischen Logik des Produzierens um der Produktion willen dient, die zwanghafte Rückkoppelung von Gewinn und Investition – all dies erzeugt Bewegungs- und Wachstumsmuster, die eher an Lärm als an Musik, eher an Totes als an Lebendiges denken lassen.

Erstens: Die Richtungen, in die sich Geld und Kapital bewegen, werden von ihm selbst vorgegeben. Das Prinzip lautet: Wo schon viel ist, dort muss noch mehr hintransportiert werden. Pflanzen, Tiere und Menschen, insofern sie nicht der Geldlogik gehorchen, folgen einem genau gegenteiligen Prinzip: Wenn sie gesättigt sind, werden ihre Aktivitäten eingestellt oder auf andere Ziele gerichtet.

Zweitens: Auch die Geschwindigkeiten der Bewegungen von Geld und Kapital einerseits und des „Rests" der Welt andererseits unterscheiden sich fundamental. Geld und Kapital bewegen sich dank moderner Informationstechnik beinahe unendlich schnell. Und Geld und Kapital wachsen aufgrund des eingebauten Selbstvermehrungsanspruchs ohne Begrenzung in die Höhe. Im Gegensatz zum Geld kämpft der „Rest" der Welt gegen den Zahn der Zeit und landet dabei irgendwann in einer Kreisbahn. Geld wächst in den Himmel, Bäume nicht.

Und *drittens*: Die gigantische Beweglichkeit des Geldes, seine atemberaubende Fließgeschwindigkeit und die Möglichkeit der Speicherung führen zur Verwischung aller räumlichen und zeitlichen Grenzen und zerstören dabei auch die Vielfalt der Welt. Geld verbindet Räume, die, gäbe es das Geld nicht, nichts miteinander zu tun hätten. Durch die Fernwirkung des Geldes werden plötzlich Inseln im Südpazifik, wie beispielsweise Tuvalu, vom Untergang bedroht, und zwar durch Entscheidungen, die in den Banken und Börsen in New York, Tokio und Frankfurt getroffen worden sind. Und Geld kann auch die zeitlichen Grenzen zwischen Gegenwart, Vergangenheit und Zukunft überwinden: Geld und Kapital sind Zeitspeicher. In ihnen ist zunächst zwar nur vergangene menschliche Arbeitszeit abgelagert, wie in allen Produkten menschlichen Wirkens. Das Heimtückische am Geld ist aber, dass es nicht nur vergangene, sondern, wenn es als Kapital verwendet wird, auch zukünftige Zeit speichern kann. Denn im Unterschied zu Konsumgütern oder zu solchem Geld, das zu deren Erwerb dient, dient Geld als Kapital der Beschaffung von Mitteln für die weitere Produktion und erhebt damit Anspruch auch auf zukünftige Zeitpotenziale. Wer sich Geld geliehen hat, hat schon einen Teil seiner Zukunft verkauft. Wo Geld als Kapital auftritt, müssen menschliche Arbeitskraft und natürliche Ressourcen in Bewegung gebracht werden, ist es mit Ruhe und Genügsamkeit ein für alle Mal vorbei. Durch seine Fähigkeit zum räumlichen und zeitlichen Ausgreifen und Vermischen werden nicht nur Grenzen zerstört, sondern schrumpft auch die Vielfalt der Welt, werden Ordnungen aufgelöst, die Entropie vermehrt.

Zusammenfassung

Unstrittig ist, dass seit der Ausbreitung des Kapitalismus über die Welt, besonders aber seit der Industrialisierung, die Lebensgrundlagen des Menschen historisch beispiellos beansprucht werden. Diese Beanspruchung geht mit der Verdichtung der Außenwelt und der Mobilisierung der Innenwelt einher. Während der etablierte Wissenschaftsbetrieb größte Schwierigkeiten hat, diese Zusammenhänge zu entwirren, erfasst Marx von Anfang an den fundamentalen Zusammenhang zwischen dem unorganischen und dem organischen Leib des Menschen. Das Produzieren um der Produktion willen, das die Reproduktion zum Nebeneffekt herabstuft, der sich einstellen kann oder auch nicht, stört diesen Zusammenhang auf beiden Seiten. Es droht, so könnten wir heute sagen, ein doppeltes Ausbrennen der Energien. Den Marx'schen Ausführungen ist aber auch zu entnehmen, wie dieser Gefahr begegnet werden kann: durch Umorientierung des Wirtschaftens vom Vorrang der Produktion auf den Vorrang der Reproduktion, also durch Überwindung des kapitalistischen Wachstumszwangs. Nicht die Anhäufung von Gütern und Kapital, sondern die Sorge um die Fruchtbarkeit der Natur und die Lebendigkeit des Menschen könnte Ziel des Wirtschaftens sein. Diese Marx'schen Gedanken sind gut in den aktuellen Diskurs um das Leitbild der nachhaltigen Entwicklung einzubringen. Eine reproduktionsorientierte Wirtschaft ersetzt das herrschende lineare und meist sogar exponentielle Muster durch das Kreislaufmuster, und nur Kreisläufe sind wirklich nachhaltig. Das gilt für die äußeren wie für die inneren Grundlagen des Lebens, für die Stoff- und Energiekreisläufe der Natur wie für das Atmen und die Ernährung des Menschen – und auch für jenen Kreislauf, durch den der Mensch sich vor allen anderen Arten auszeichnet: den Kreislauf zwischen Praxis und Reflexion.

Inwiefern hilft uns der Blick auf die Grundlagen des Lebens, die Eigenart der bisherigen Stabilität des Kapitalismus aufzuhellen? In Bezug auf die *äußeren* Grundlagen zeigt sich: Je mehr wir uns im 21. Jahrhundert den Grenzen des Wachstums nähern, desto klarer wird, dass der Bau von Stützbalken an sein „natürliches" Ende kommen muss. Denn all das Baumaterial, das für diese Balken nötig ist – für die äußere Expansion des Ausbeutungssystems einschließlich seiner sozialpolitischen und militärpolitischen Absicherung wie für die innere Durchdringung der Seelen der Menschen von Gier, Selbstzwang und Heilsversprechen –, ist letztlich der an ihre Grenzen stoßenden Natur entnommen. Und in Bezug auf die *inneren* Lebensgrundlagen scheint sich immer klarer abzuzeichnen, dass der Mensch im Angesicht der mittlerweile erreichten Dichte der Netze der Außenwelt und aufgrund des mittlerweile erreichten Grades an Mobilisierung seiner Innenwelt allmählich die Orientierung verliert. So wie er vor lauter Produzieren das Reproduzieren verfehlt, so kommt er vor lauter Verändern mit dem Begreifen dessen nicht mehr hinterher, was er da eigentlich tut und was da eigentlich geschieht.[43]

Ausblick

Und was nun?

Wer Marx auf dem Müllhaufen der Geschichte sehen möchte, verweist gern auf seine Prognosen, die sich allesamt nicht bewahrheitet hätten. Dieses Buch hat zweierlei gezeigt: *Erstens* herrscht der Kapitalismus erst seit zwei Jahrzehnten wirklich weltweit und ohne Konkurrent, so also, wie sich Marx die Eroberung der Welt durch das Bürgertum vorgestellt hatte.[1] Ob die Prognose von der Selbstzerstörung des Kapitalismus aufgrund seiner inneren Widersprüchlichkeit durch die reale Entwicklung bestätigt wird oder nicht, kann sich also erst in Zukunft erweisen. *Zweitens* können wesentliche Aussagen in den Marx'schen Schriften, ergänzt um einige Weiterführungen von Autoren des 20. Jahrhunderts, die Grundzüge der gegenwärtigen Wirtschafts- und Gesellschaftsordnung überzeugend erklären. Dies trifft vor allem dann zu, wenn man diese Erklärung mit dem vergleicht, was die herrschende Wirtschaftswissenschaft anzubieten hat. In der Frage freilich, wie lange der Kapitalismus noch Bestand hat, wie und wo sein Ende genau besiegelt wird und was ihm nachfolgt, war Marx – als Kind seiner Zeit – unsicher und ungenau. Vielleicht hat Marx durch sein Werk sogar dazu beigetragen, dass sich der Zeitstrahl des Kapitalismus, an dessen Ende er sich bereits wähnte, noch einmal deutlich „nach hinten" verlängert hat.

Die Geburtswehen abkürzen

Wir haben also gute Gründe, uns vom Siegestaumel der frühen 90er Jahre des vergangenen Jahrhunderts endlich zu verabschieden. Was folgt daraus aber für die politische Praxis heute? In der Geschichte des Kampfes gegen den Kapitalismus wurde lange Zeit über den richtigen Weg gestritten. Zerstört sich der Kapitalismus letztendlich durch die Verschärfung seiner inneren Widersprüche selbst, so dass man eigentlich nur abwarten müsse, um danach die Umgestaltung von Wirtschaft und Gesellschaft in die Hand zu nehmen? Oder besteht der Wechsel vom Kapitalismus zum Sozialismus in einem kontinuierlichen und nie endenden Prozess, auf den man von Anfang an Einfluss nehmen muss, so dass der Weg letztlich das Ziel ist? Mit anderen Worten: Kommt es vor allem oder sogar allein auf die objektiven Faktoren, also die Entwicklung der Technik und den Grad der Arbeitsteilung an, oder vielmehr vor allem oder sogar allein auf die subjektiven Faktoren, also den Grad der Bewusstheit der Menschen und der Organisiertheit des Widerstands?

Marx selbst hat den Schwerpunkt eindeutig auf die objektiven Faktoren gelegt (vgl. Kapitel 1 und 7). Aber er hat die subjektiven nicht ausgeblendet. In der Einleitung zum Vorwort des ersten Bandes des „Kapitals" vergleicht er das Heraustreten der neuen aus der alten Ordnung mit der Geburt eines Menschen.[2] Das Heranwachsen des Fötus im Mutterleib und auch der Vorgang der Geburt selbst sind objektive Vorgänge, die vom Menschen nur sehr begrenzt beeinflusst werden können. Es ist aber möglich, so Marx, die „Geburtswehen" abzukürzen. Und dies geschieht dadurch, dass die Gesellschaft „ihrem eigenen Bewegungsgesetz" auf die Spur kommt. Genau diesem Ziel will Marx mit seiner „Kritik der politischen Ökonomie" dienen. Insofern sieht er durchaus, dass zu den objektiven Widersprüchen im Kapitalismus auch der subjektive Faktor der Aufklärung über diese Widersprüche hinzutreten muss, wenn die Überwindung des alten Systems gelingen soll.

Heute gibt es eine weitere Notwendigkeit, die subjektive Seite des Übergangs vom Kapitalismus zu jenem System, das ihm nachfolgt, stärker ins Auge zu fassen: die Risiken, die mit einer solchen Übergangsphase verbunden sind. Sie sind heute – im Unterschied zum 19. Jahrhundert – gewaltig. Denn mit der enormen Steigerung der Produktivkräfte hat der Kapitalismus auch ebenso enorme Destruktivkräfte hervorgebracht. Man denke nur an die Möglichkeit des Zusammenbruchs der weltweiten Finanzmärkte, also der Lebensadern der Weltwirtschaft, an die Lahmlegung der weltweiten Kommunikationsnetze, also der technischen Infrastruktur der globalen Verständigung, an die Unterbrechung der Öl-, Gas- und Stromversorgungssysteme, also der Energieversorgung der industriellen Welt, oder an den Kollaps der großen Ökosysteme oder das Freiwerden des Zerstörungspotenzials von Atomkraftwerken oder Massenvernichtungswaffen. Diese Destruktivkräfte können unermessliches Leid erzeugen. Und sie können im Extremfall zu einer Situation führen, in der sich die Suche nach einer menschenwürdigen Wirtschafts- und Gesellschaftsordnung ein für alle Mal erübrigt.

Selbstaufklärung der Gesellschaft

Wie kann man sich die gebotene Abkürzung der Geburtswehen durch Selbstaufklärung der Gesellschaft über ihr Bewegungsgesetz also vorstellen? Wer soll wen wie aufklären? Auch hier sind wir zu Beginn des 21. Jahrhunderts klüger. Auf keinen Fall darf ein kleiner Kreis „Erleuchteter" die Rolle des Aufklärers beanspruchen, wie dies in der Geschichte der sozialistischen Bewegung immer wieder geschehen ist. Am gemeinsamen Ringen um Aufklärung muss prinzipiell jeder beteiligt sein können. Das gilt in erster Linie für all jene, die unter den Verhältnissen leiden, die sich als Opfer vermeidbarer Verletzungen sehen. Aber es gilt auch für alle anderen, die sich mit ihren Ideen einfach in die gemeinsame Suche nach menschlichem und gesellschaftlichem Fortschritt einbringen wollen. Wie bei allen Bildungsprozessen so kann auch dieser Prozess nur gelingen, wenn die Beteiligten dort beginnen, wo sie sich jeweils befinden beziehungsweise einander dort abholen, wo sie stehen. Der einzige Zwang, der in solchen Aufklärungsdiskursen Respekt verdient, ist, wie der Philosoph Jürgen Habermas sagt, der „eigentümlich zwanglose Zwang des besseren Arguments“[3].

Die bisherigen Bemühungen, sich über den Kapitalismus Klarheit zu verschaffen und ihn zurückzudrängen, waren auch deshalb so unbefriedigend, weil es nicht gelang, alle Gegner an einem Strang ziehen zu lassen. Kirchen und Freigeister, Humanisten und Bildungsbürger, Gewerkschaften und Genossenschaften, Reformhausbewegung und Umweltgruppen, Antimilitaristen und Dritte-Welt-Aktivisten – sie alle beschrieben und erklärten den Kapitalismus auf ihre je spezifische Weise. Nicht selten schoben sie obendrein die Schuld an Missständen dem jeweils Anderen in die Schuhe, so zum Beispiel, wenn die Kirchen den Gewerkschaften eine egoistisch-materialistische, die Gewerkschaften den Kirchen eine naiv-idealistische Grundeinstellung vorwarfen. Und praktische Erfolge, die bei dem Versuch, den Kapitalismus zu begrenzen oder zu beseitigen, in einem Bereich erzielt wurden, gingen oft zu Lasten von anderen Bereichen, so zum Beispiel, wenn das Wirtschaftswachstum in den Zentren mit dem Elend in den Peripherien und der Plünderung der Natur bezahlt wurde (vgl. Kapitel 2). Die Lasten wurden immer wieder auf die Schultern der anderen geschoben, die Zuständigkeiten ständig neu verteilt. Am Schluss stand jener in der Einleitung angesprochene Verschiebebahnhof der Verantwortung, den kaum mehr jemand zu entwirren vermochte.

Soziale Bewegungen

Die zentrale Frage muss heute lauten: Wie können all jene, die um die Selbstaufklärung der Gesellschaft bemüht und dem Kapitalismus gegenüber kritisch eingestellt sind, zu einer gemeinsamen sozialen Bewegung gegen ihn zusammenfinden? Soziale Bewegungen sind, so der Berliner Politikwissenschaftler Dieter Rucht, mehr als nur Gruppen von Individuen, mehr als Organisationen, mehr als Parteien. Es sind dauerhafte Netzwerke, die eine „kollektive Identität“ gefunden haben und einen grundlegenden sozialen Wandel herbeiführen oder auch verhindern wollen.[4] Der bürgerliche Liberalismus und der frühe Sozialismus waren lange Zeit die wichtigsten sozialen Bewegungen. Vereinfacht gesprochen formieren sich heute auf der einen Seite Anhänger des Neoliberalismus, auf der anderen Seite Kritiker der kapitalistischen Form der Globalisierung, wobei sich jeweils eine bunte Vielfalt von weiteren mehr oder minder festen Verknüpfungen um diese beiden Pole herum gebildet hat.

Soziale Bewegungen werden vor allem dann politisch mächtig, wenn es ihnen gelingt, nicht nur an elementaren Alltagserfahrungen anzuknüpfen, sondern auch existierende Strömungen der Kritik zu integrieren. Die Chancen einer solchen Integration werden umso besser, je erfolgreicher diese Bewegungen eine gemeinsame Sprache für die Deutung des täglichen Leidens wie der Träume vom besseren Leben durchsetzen und so eine kollektive Identität gewinnen können. Keine leichte Anforderung also: Eine solche Sprache muss in der sozialwissenschaftlichen Theorie verankert und gleichzeitig mit der Lebenswelt der Menschen verknüpft sein. Sie muss sowohl die gemeinsame Verständigung über Sachfragen wie den je individuellen Ausdruck von Ideen und Gefühlen ermöglichen. Sie muss den Menschen mit anderen Menschen verbinden. Und mit sich selbst. Gerade Letzteres ist oft gar nicht so einfach. Bekanntlich können wir uns vom Kopf her allerhand vormachen, und hätten wir nicht unseren Körper als unbestechlichen Verbündeten, könnten wir nicht „am eigenen Leib" erfahren, was uns guttut und was nicht, wären wir arm dran.[5]

Die an Marx orientierte kapitalismuskritische Bewegung war bisher zu einer solchen sprachlichen und geistigen Integrationsleistung nur begrenzt in der Lage. Der sogenannte Arbeiterbewegungs- oder Weltanschauungsmarxismus (vgl. Einleitung) konzentrierte sich auf die Ausbeutungstheorie als ein wesentliches Moment der Marx'schen Kritik. Die Ausbeutungstheorie aber betrifft nur die Produktionssphäre. So konnte diese Form von Marxismus Ende des 19. und über weite Strecken des 20. Jahrhunderts zwar erfolgreich einen beachtlichen Teil der Lohnabhängigen in den fortgeschrittenen Industrieländern mobilisieren und organisieren. Angesichts der heute allgegenwärtigen Konsequenzen dieser Einbindung der Arbeiterschaft der hoch industrialisierten Länder in das globale Ausbeutungssystem gilt es in den Zentren der Weltökonomie jedoch den zweiten Schwerpunkt der Marx'schen Kapitalismuskritik ernster zu nehmen: denjenigen, der die Reproduktionssphäre betrifft, also jenen Bereich unseres Lebens, in dem wir all das hegen und pflegen, was uns wichtig ist – die Gesundheit, die sozialen Beziehungen, Kultur und Natur.[6] Allein die Erkenntnis, dass der Kapitalismus die Produktion von Wert zum Zweck hat, legt den Schluss nahe, dass diese Wirtschaftsweise die Reproduktion systematisch zu kurz kommen lässt. Sobald sich der kapitalismuskritische Blick auf die Frage richtet, welche Konsequenzen der Produktionismus nicht nur für die materielle Lage der arbeitenden Menschen, sondern für das Leben insgesamt hat, kommen weitere Erkenntnisse in den Blick. Ihnen wurde in diesem Buch besondere Aufmerksamkeit zuteil. Sie betreffen die Auswirkungen auf die natürlichen Lebensgrundlagen, auf die kulturellen Errungenschaften und sozialen Bindungen, auf das Wohlbefinden und Glück der Menschen. Es geht also darum, die Gefährdung dessen, was wir zum Leben brauchen, was uns lieb und teuer ist, was das Leben lebenswert macht, „aus einem Guss" – und zugleich als mit der Produktionssphäre verbunden – zu begreifen.

„Aus einem Guss" bedeutet *erstens*, den inneren Zusammenhang zwischen den Leiden der Menschen an den Defiziten des Reproduktionssektors einerseits und dem im Produktionssektor herrschenden Prinzip des Produzierens um der Produktion willen andererseits aufzuklären. Beispiel für einen solchen Zusammenhang ist der skandalöse Gegensatz zwischen der Unterfinanzierung und Geringschätzung der reproduktiven Arbeit, also der meist von Frauen geleisteten Erziehung von Kindern, der Pflege von Kranken und Alten, der Sorge für allgemeine soziale, kulturelle und ökologische Anliegen des Gemeinwesens einerseits und dem prallen Reichtum im Bereich der materiellen Produktion samt ihrem finanzwirtschaftlichen Überbau in allen weit fortgeschrittenen Gesellschaften andererseits. „Aus einem Guss" bedeutet *zweitens*, dass aus der Beschreibung und Analyse der Bedingungen der Reproduktion zugleich die Maßstäbe für eine Kehrtwende abgeleitet werden können. Und „aus einem Guss" bedeutet *drittens*, dass bei der Beschreibung und Analyse dessen, was im Reproduktionsbereich geschieht, nicht nur Tatsachen, sondern auch Gefühle ernst genommen werden müssen. Nur Gefühle gehen so unter die Haut, dass sie als Motivationsbasis einer sozialen Bewegung gegen den Kapitalismus wirksam werden können.

„Ökologie der Zeit"

Wie könnte ein solcher auf den Reproduktionsbereich zielender antikapitalistischer Ansatz im Anschluss an Marx konkret aussehen? Er könnte bei einem Gefühl anknüpfen, das überall spürbar ist. Immer mehr Menschen erleben heute, wie ihr Körper und ihre Psyche, wie Partnerschaften, Familien und soziale Netze unter Zeitdruck stehen und Schaden erleiden. Wenn Erwachsene unter der Last der täglichen Anforderungen plötzlich zusammenbrechen, wenn Kinder und Jugendliche plötzlich ausrasten, aber auch wenn Flüsse immer häufiger über die Ufer treten und das Klima sich verändert, können diese Phänomene als Alarmsignale eines falschen Umgangs mit Zeit gedeutet werden: mit unserer eigenen Zeit, der Zeit unserer Mitmenschen und der Zeit der außermenschlichen Natur. Für einen solchen Anknüpfungspunkt spricht auch, dass in den kapitalistischen Zentren bereits etliche Bemühungen um einen anderen Umgang mit Zeit, oft unter dem Leitbild der „Entschleunigung", existieren: von Slowfood, Slowcity, Slowmotion über kirchliche und gewerkschaftliche Bemühungen zum Schutz von Sonn- und Feiertagen, dem Verein zur Verzögerung der Zeit und der Deutschen Gesellschaft für Zeitpolitik bis hin zur Begeisterung für Pilgerwege und Fastenzeiten.

Mit der Sorge um den rechten Umgang mit der Zeit haben es alle bisherigen kapitalismuskritischen Kräfte zwar immer schon zu tun, aber sie haben sich diese Gemeinsamkeit bisher nicht bewusst gemacht: Gewerkschaften schützen die freie Zeit des Menschen vor dem Zugriff der Arbeitswelt, Kirchen die Besinnungs- und Familienzeit vor dem Sog der Kommerzialisierung, Dritte-Welt-Gruppen die Entwicklungszeit von Gesellschaften vor der Gleichgültigkeit des Rests der Welt, Umweltgruppen die Regenerationszeit der Natur vor der Gnadenlosigkeit ihrer technischen Überbeanspruchung. Das Thema Zeit könnte enorme synergetische Verbindungen zwischen diesen Kräften knüpfen und die kapitalismuskritische Praxis beflügeln. Ein breites Interesse am Umgang mit Zeit könnte darüber hinaus ohne Schwierigkeiten an das Leitbild der nachhaltigen Entwicklung anknüpfen, das bekanntlich auf die Zukunftsfähigkeit unseres Umgangs mit uns selbst, mit anderen und der Natur zielt und ohne eine zeitbezogene Konkretisierung unverbindlich bleibt.

Eine solche „Ökologie der Zeit"[7] müsste also fragen, wie im Umgang des Menschen mit sich selbst, seiner sozialen Mitwelt und der natürlichen Umwelt unter dem Zeitdiktat des Produzierens um der Produktion willen Eigenzeiten strukturell vergewaltigt werden, wie dieses Zeitdiktat auf allen drei Ebenen systematisch Stress und Zerstörung zur Folge hat. Und sie müsste Konzepte für einen Umgang mit Zeit entwickeln, der Menschen und Natur angemessener wäre. Die Ökologie der Zeit könnte eine fruchtbare Weiterentwicklung der Marx'schen Theorie in Richtung auf eine zeitgemäße Kritik der kapitalistischen Form der Reproduktion sein. Dieses Buch hat gezeigt, wie sehr Marx an vielen Stellen – bei der Abgrenzung des Menschen vom Tier, bei der Charakterisierung der bürgerlichen Epoche, bei der Analyse der Warenproduktion und der Ausbeutung der Arbeitskraft – die zentrale Bedeutung der Zeitdimension betont. Hier hätte eine kapitalismuskritische Ökologie der Zeit anzuknüpfen. Ein solches Projekt wäre hervorragend zu einer Integration unterschiedlichster Opfer dieser Wirtschaftsordnung geeignet und könnte auch jene ansprechen, die nur das dumpfe, vielleicht mit Neugierde gepaarte Gefühl haben, es könne doch jenseits des Bekannten noch etwas Anderes, Besseres, Schöneres geben. Vielleicht könnte ein solches Projekt dazu beitragen, den Vorrang der demokratischen Politik gegenüber den Zwängen der Ökonomie zurückzugewinnen und eine neue kollektive Identität für die orientierungslos gewordene Spät- und Postmoderne stiften. Auch wenn die Früchte einer solchen Vision erst in Jahrzehnten geerntet werden können, sollten wir mit dem Pflanzen der Bäumchen morgen beginnen.

Dank

Der Mensch ist ein soziales Wesen. Ohne zwischenmenschlichen Austausch und ein entsprechendes Umfeld kann er nicht kreativ werden. Das gilt auch für geistige Produkte. Mein besonderer Dank gilt deshalb zunächst meinen „Mit-Autoren“, die den mehr als zweijährigen Entstehungsprozess des Manuskripts teilweise oder ganz begleiteten: Andreas Kallert, Bastian Langton, Benita Lippold, Christoph Linke, Ernst Wilhelm, Fabian Schulz, Franz Garnreiter, Harald Weiß, Jörg Schröder, Kristina Klemp, Lisa Melcher und Norbert Wimmer. Sie sorgten als Testleser vor allem für dreierlei: erstens, dass das, was sich nicht von selbst versteht, auch wirklich erklärt wurde, zweitens, dass die oft recht abstrakten Gedankengänge des Karl Marx immer wieder durch konkrete Beispiele veranschaulicht wurden, und drittens, dass das Ergebnis auch jenen Lesern, die nicht Wirtschaftswissenschaft, Soziologie, Politologie oder Philosophie studiert haben, in einer gut verdaulichen Sprache serviert werden konnte. Eingeschlossen in dieses Dankeswort sind auch all jene, die aus unterschiedlichen Gründen hier nicht namentlich genannt werden wollen. Was das Umfeld betrifft, so trugen die Benediktiner von Münsterschwarzach zur Entstehung dieses Buches bei. Hinter ihre Klostermauern zog ich mich im Sommer 2008 zwei Wochen lang zurück, um mich im Rhythmus des Klosterlebens ganz auf die ersten Grundzüge des Textes konzentrieren zu können. Auch das Haus von Waltraud Langton auf einer kroatischen Insel war ein inspirierender Ort, an dem ich das Manuskript im Herbst 2010 im Wesentlichen abschließen konnte. Und schließlich dürfen all jene nicht vergessen werden, die in den letzten dreieinhalb Jahrzehnten mit mir in privaten Arbeits- und Lesekreisen, in kirchlichen und gewerkschaftlichen Bildungseinrichtungen sowie an Volkshochschulen, Fachhochschulen und Universitäten über Marx nachgedacht und gestritten haben.

Anmerkungen

Einleitung Die Zweifel mehren sich

[1] Norbert Blüm gehört heute, wie auch Heiner Geißler, zu jenen Christdemokraten, die eindringlich vor den Auswüchsen des Kapitalismus warnen.

[2] Bereits 2007 stand es auf Platz 5 der Bestsellerliste des Zentralen Verzeichnisses Antiquarischer Bücher. Ternes 2008, S. 12.

[3] DER SPIEGEL 13/2009, S. 118.

[4] DIE ZEIT 43/2008, S. 5.

[5] Der Prophet der Krisen: Karl Marx, ZEIT Geschichte: Epochen. Menschen. Ideen, 3/2009.

[6] SZ 7./8.2. u. 17.3.2009.

[7] Marx 2008.

[8] SZ 24.4.2009. Vgl. dazu Kapitel 4 und 9.

[9] Hüther/Straubhaar 2009, S. 18.

[10] SZ 9.6.2008.

[11] DIE ZEIT 34/2010, S. 21.

[12] Ebd.

[13] DIE ZEIT 14/2008, S. 50.

[14] Es gibt unter Marx-Experten eine umfangreiche Diskussion über die richtige Lesart der Marx'schen Schriften. Auf diese Diskussion soll hier nicht eingegangen werden. Wohl aber grenze ich mich von jeglichen dogmatischen Varianten eines „Weltanschauungs- oder Arbeiterbewegungsmarxismus" (Marxismus – Leninismus – Stalinismus – Maoismus) ab. Ähnlich Heinrich 2004, Kurz 2006 und Bude/Damitz/Koch 2010.

1. Kapitel Himmel und Erde

[1] Galbraith 2007, zit. bei Wagenknecht 2008, S. 9.

[2] FAZ 18.9.2008.

[3] Zum Beispiel SZ 27.11.2008.

[4] Für Marx ist Erkenntnisphilosophie nicht von Anthropologie und Ontologie zu trennen, da sich der Erkenntnisprozess, wie in diesem Kapitel deutlich wird, aus der materialistisch-historischen Perspektive den Gegebenheiten der Welt und des Menschen einfügen muss – und nicht umgekehrt.

[5] Fromm 1976, S. 48. Vgl. auch Fromm 1956.

[6] SZ 2./3.6.2010.

[7] MEW 3, S. 26.

[8] MEW 3, S. 20.

[9] MEW 3, S. 7.

[10] MEW 3, S. 20. Im Folgenden ebd. S. 20–27.

[11] MEW 3, S. 28 ff.

[12] MEW 3, S. 30. Hervorhebung im Original.

[13] Diese Heuristik darf nicht mit dem Begriff „Historischer Materialismus" verwechselt werden, der in den Ostblockländern für einen zentralen Teil des zurechtgestutzten marxistischen Herrschaftswissens verwendet wurde (vgl. Kapitel 7).

[14] MEW 3, S. 38.

[15] MEW 3, S. 31. Hervorhebung im Original.

[16] Heute wissen wir übrigens, dass diese Empfehlung für einen sicheren Weg zur Erkenntnis in der Geschichte schon einige Tests bestanden hat. So zum Beispiel, als Friedrich Engels 27 Jahre vor Ausbruch des Ersten Weltkriegs diesen Krieg bis ins Detail – Dauer, Anzahl der Opfer, verfassungspolitische Folgen – voraussagte. MEW 21, S. 350. Zur systematischen Gegenüberstellung des „materialistisch-historischen", des „historischen" (Historische Schule) und des „liberalen" (Methodologischer Individualismus) Paradigmas in der ökonomischen Theorie siehe Reheis 1991a.

[17] Reichelt 1970, S. 17.

[18] Als Begründer des Strukturalismus zu Beginn des 20. Jahrhunderts gelten der Sprachwissenschaftler Ferdinand de Saussure, der Ethnologe Claude Lévi-Strauss und der Soziologe Luis Althusser. Einen der wichtigsten Anstöße in Bezug auf die Wirtschafts- und Gesellschaftstheorie gab der französische Historiker Fernand Braudel (1949), dessen Arbeit von Immanuel Wallerstein weitergeführt wurde. Wallersteins Studie zum „Kapitalistischen Weltsystem" versteht sich als struktur- und sytemtheoretische Fortführung der Marx'schen Analyse (siehe Kapitel 2). Der Soziologe Anthony Giddens versuchte daran anknüpfend in seiner „Theorie der Strukturierung", einen Mittelweg zwischen einer rein objektivistischen und einer rein subjektivistischen Perspektive auf das Wechselverhältnis zwischen Mensch und Gesellschaft zu finden. Giddens 1984. Zum Bezug zwischen Handlung und Struktur im Denken des Karl Marx vgl. Demirović 2010.

[19] Vgl. dazu Offe 1969 und 1971.

2. Kapitel **Arbeit und Ausbeutung**

[1] SZ 30./31. 8. 2008.

[2] Chossudovsky 1997, S. 29.

[3] Schätzung aufgrund der Angaben der im Managermagazin regelmäßig veröffentlichten sogenannten Forbes-Liste.

[4] SZ 17. 9. 2010.

[5] SZ 12. 10. 2010.

[6] SZ 13. 8. 2010.

[7] SZ 12. 8. 2010.

[8] Berechnet nach Statistiken der UNCTAD und des IWF. Immel/Tränkle 2007, S. 19.

[9] Zum Beispiel Hans-Werner Sinn in SZ 28. 12. 2007 und 1. 4. 2008.

[10] Die Anzeige stammt von ADIG INVEST.

[11] Zum Beispiel Engler 2005, S. 288–299.

[12] Leistungsvergleiche sind nur dann problemlos durchzuführen, wenn diejenigen, die verglichen werden sollen, dieselbe Art von Leistung erbringen, wenn die Leistung quanti-

fizier- und messbar ist und wenn sie klar auf einen einzelnen Urheber zurückzuführen ist. Soll zudem fundiert das Thema Leistungsgerechtigkeit aufgegriffen werden, so muss auch nach den Startvoraussetzungen gefragt werden.

[13] Zum Beispiel Vivelo 1988 und Goetze 1983.

[14] Die aufklärerischen Eigentumstheorien unterscheiden sich darin, ob das Privateigentum entweder als unbegrenzt gilt (zum Beispiel Th. Hobbes) oder nur auf jene Güter beschränkt ist, die das Individuum selbst bearbeiten kann (zum Beispiel J. Locke) oder erarbeitet hat. Erst J.-J. Rousseau und dann die Frühsozialisten (zum Beispiel P. J. Proudhon) kritisierten das Eigentum als Voraussetzung und Folge sozialer Ungleichheit und Ausbeutung.

[15] Im Folgenden MEW 19, S. 401–406.

[16] MEW 23, S. 49. Die Ware eignet sich als Ausgangspunkt, weil erstens jedem bekannt ist, was eine Ware ist, und weil zweitens von ihr aus – als logisch Elementarem und historisch Vorausgehendem – das Ganze des Kapitalismus erschlossen werden kann. Haug 1974, S. 27–38. Zum Verhältnis des Logischen zum Historischen im „Kapital" siehe Haug 2003.

[17] MEW 23, S. 12.

[18] Werte sind streng von Preisen zu unterscheiden. Erstens kann von Werten nur bei Arbeitsprodukten, also Gütern und Dienstleistungen, gesprochen werden, die zudem immer wieder neu produziert werden, nicht also bei Naturprodukten oder Unikaten, die dennoch Preise haben. Zweitens sind die Werte jene Größen, um welche die Preise je nach Angebot und Nachfrage schwanken. Zur Frage, ob Marx den Zusammenhang zwischen Werten und Preisen schlüssig darstellt (sogenanntes Transformationsproblem), vgl. zum Beispiel Heinrich 1999 und Nutzinger/Wolfstetter 2008.

[19] MEW 23, S. 147.

[20] Ebd.

[21] MEW 23, S. 181 f.

[22] Heinrich 2004, S. 16.

[23] MEW 25, S. 779 ff.

[24] Im Folgenden v. a. Wallerstein 1974.

[25] Auch die heute vielfach gerühmten Mikrokredite laufen auf die Integration peripherer Ökonomien in die kapitalistische Weltwirtschaft hinaus.

[26] Wallerstein 1992, S. 102.

[27] Wallerstein 2003, S. 240.

[28] Wallerstein 2008, S. 7.

3. Kapitel Sinnlichkeit und Gier

[1] Der Spiegel 3/2009, S. 61–69.

[2] Im Folgenden Die Zeit 37/2008, S. 26 und SZ 23./24. 8. 2008.

[3] Im Folgenden zum Beispiel Ullrich 2006.

[4] Ullrich 2006, S. 40.

[5] Eicke 1991, S. 14.

[6] Zum Beispiel New Economic Foundation (www.neweconomics.org) und Frey/Stutzer 2010. Auch die moderne Hirnforschung betont die Einheit von Denken, Fühlen und Han-

deln. Diese Einheit wird fundamental gestört, wenn Arbeit fremdbestimmt ist und Konsum passiv macht.

[7] Adorno 1961, S. 142.

[8] MEW Ergänzungsband, S. 539. Hervorhebung im Original.

[9] MEW Ergänzungsband, S. 540. Hervorhebung im Original.

[10] MEW Ergänzungsband, S. 511.

[11] MEW Ergänzungsband, S. 510–522. Bei Marx finden sich für diese Dimensionen der Entfremdung unterschiedliche Darstellungsformen. Zur Interpretation dieser schwierigen Passagen im Marx'schen Text vgl. zum Beispiel Fetscher 1999, S. 50–53. In Bezug auf die vierte Dimension weiche ich von Fetscher ab.

[12] MEW Ergänzungsband, S. 514f.

[13] Lukas 9, 24f., zit. nach Fromm 1976, S. 27.

[14] Fromm 1976, S. 37.

[15] Fromm 1976, S. 52. Siehe auch Fromm 1956.

[16] Fromm 1976, S. 79. Vgl. auch zur buddhistischen Perspektive auf die menschliche Gier Brodbeck 2005.

4. Kapitel **Ordnung und Herrschaft**

[1] SZ 25.2.2009.

[2] SZ 27.1.2009 und SZ 28.1.2009.

[3] Auf internationaler Ebene sind wir mit noch ganz anderen Dimensionen schwer nachvollziehbarer Gerichtsurteile konfrontiert, wie die juristische Aufarbeitung der Explosion der Chemiefabrik des amerikanischen Konzerns Union Carbide im indischen Bhopal 1984, die mit 800.000 Opfern, darunter 15.000 bis 30.000 Toten zum „größten Wirtschaftsverbrechen aller Zeiten" wurde, zeigt. Die Zeit 33/2010, S. 25.

[4] Zum Beispiel Maurer 2004.

[5] Im Folgenden zum Beispiel Schlangen 1973.

[6] Nur in einem demokratischen Rechtsstaat kann das urdemokratische Prinzip „Ein Mann, eine Stimme" durchgesetzt werden, in der Wirtschaft, auf den Märkten gilt bekanntlich ein anderes Prinzip: „Wer zahlt, schafft an." Zwischen beiden Prinzipien schien bis weit in das 19. Jahrhundert hinein für viele bürgerliche Denker kein unüberwindlicher Widerspruch zu bestehen, weil man glaubte, mit der Entfaltung der Marktwirtschaft glichen sich die wirtschaftlichen Startchancen der Menschen einander langfristig immer mehr an. Zur soziologischen Vertiefung des Stukturkonflikts zwischen Ökonomie und Politik vgl. Dux 2008.

[7] Weber 1921.

[8] Der Spiegel 14/2010, S. 66.

[9] Unzählige Umfragen bestätigen zum Beispiel, dass die meisten Menschen unter der mangelnden Vereinbarkeit von Familie und Beruf leiden und gerne ihr berufliches Engagement der jeweiligen familiären Situation anpassen würden und nicht umgekehrt.

[10] In der UNO wird deshalb der Geldmaßstab längst durch den „Human Development Index" ergänzt, der ein ganz anderes Bild vom Entwicklungsstand der Länder vermittelt. Noch weiter geht der „Happy Planet Index", der Lebenserwartung und Lebenszufriedenheit in Bezug zum „ökologischen Fußabdruck" des Menschen setzt.

[11] SZ 24.4.2009.

[12] MEW 4, S. 461 und 493.

[13] MEW 4, S. 464.

[14] MEW 4, S. 465.

[15] Ebd.

[16] Ebd.

[17] MEW 4, S. 466.

[18] MEW 23, S. 618.

[19] Ebd.

[20] List 1841/44, zitiert nach Krebs 2002, S. 11.

[21] Im Folgenden MEW 21, S. 165 ff.

[22] MEW 25, S. 799 f.

[23] Zum Beispiel entwickelt Antonio Gramsci in den 20er und 30er Jahren des 20. Jahrhunderts ein Konzept für den Kampf zwischen Kapital und Arbeit um kulturelle Hegemonie.

[24] Foucault selbst äußert sich zu Marx eher kritisch, ist von seinem Theorieansatz her im französischen Strukturalismus verwurzelt und politisch der Linken zuzuordnen. Sarasin 2005, S. 9–14. Im Folgenden Lemke/Krasmann/Bröckling 2000.

[25] Im frühen Liberalismus wurde, so Foucault u. a., Herrschaft immerhin noch mit der Vernunftnatur des Menschen begründet. Heute gilt die Freiheit des Individuums nicht mehr als *Grenze*, bis zu der kontrolliert und beherrscht werden darf, sondern als *Mittel*, mithilfe dessen der Mensch kontrolliert und beherrscht wird.

[26] So kann es nicht verwundern, dass Grundlagenbücher der Personalwirtschaft, die das Leitbild der Selbstoptimierung hochhalten, alle Modezyklen der Managementliteratur überleben. Vgl. Großmann 1927.

[27] Zum Beispiel Pohl/Werter 1977.

[28] Wagner 2005. Zur Vertiefung Bröckling 2007.

[29] Schröder 2009.

[30] Reheis 2007, S. 104–113.

5. Kapitel Vertrauen und Betrug

[1] SZ 8.2.2008.

[2] Grün 2007, S. 201.

[3] Mainpost 14.10.2008.

[4] Lotter 2010.

[5] Modernisierung kann als „Entbettung" des Lebens durch fortschreitende Arbeitsteilung geradezu charakterisiert werden, so dass das Vertrauen in „Experten" als dessen logische Folge angesehen werden muss. Giddens 1990, S. 102–140.

[6] So Thilo Bode von German Foodwatch im Interview. Der Spiegel 36/2010, S. 98.

[7] Nach Angaben der Deutschen Umwelthilfe. SZ 25.3.2009.

[8] Die Anzeige der Firma Sixt erschien im März 2003 in mehreren großen Tageszeitungen.

[9] Natürlich nutzen auch Unternehmer, die Investoren gewinnen wollen, jede Menge Möglichkeiten, durch fiktive Umsätze und Kosten ihre Geschäftspartner zu täuschen. Müller 2009.

[10] Ehrenreich 2010.

[11] SZ 8.9.2010.

[12] Winterhoff-Spurk 2008, S. 164–171.

[13] SZ 23.1.2009.

[14] SZ 24./25./26.12.2007.

[15] Eine dieser Variationen des Gefangenendilemmas findet im sogenannten Klimaspiel Anwendung. Presseinformation der Max-Planck-Gesellschaft München vom 18.2.2008.

[16] Wilkinson/Pickett 2010.

[17] Taylor 2006. Der Begriff „Hohepriester der Moderne" stammt von Eric Hobsbawm, zit. nach Altvater 2005, S. 12.

[18] Reheis 1996, S. 121–128.

[19] Man vergleiche hierzu das Unwort des Jahres 2010: „alternativlos". Die herrschende Wirtschaftstheorie versucht das Vertrauensproblem als Problem der Beschaffung von Informationen angesichts asymmetrischer Verhältnisse zu interpretieren. Zur Kritik Garnreiter 2010.

[20] MEW 23, S. 89.

[21] MEW 23, S. 191.

[22] MEW 23, S. 562.

[23] Ebd.

[24] MEW 25, S. 822–839.

[25] In neueren Lehrbüchern wird der Boden auch dem Kapital zugeschlagen.

[26] In einer weiter fortgeschrittenen Phase des Kapitalismus teilt sich die Klasse der Kapitaleigentümer in einen aktiven Teil (die Arbeitgeber) und einen passiven (die Geldgeber). Letztere ernähren sich vom Zins, der ebenfalls, wie die Bodenrente, aus dem Mehrwert bezahlt wird.

[27] MEW 25, S. 838.

[28] Klaus Ottomeyer hat auf der Basis der Marx'schen Kapitalismusanalyse konkretisiert, wie sich in den verschiedenen Sphären (Markt, Produktion, Reproduktion) die Widersprüchlichkeit des Vertrauens genau zeigt (z.B. durch die systematische Herstellung und Entlarvung des „liebenswürdigen Scheins") und wie die Menschen an diesen Widersprüchen zerbrechen können. Ottomeyer 2010.

[29] Kant 1784.

[30] Marcuse 1964, S. 11 f.

[31] Im Folgenden Marcuse 1964, S. 17 f.

[32] Marcuse 1964, S. 24 f.

[33] Ebd.

[34] Marcuse 1964, S. 25.

[35] Marcuse 1964, S. 26.

[36] Marcuse 1964, S. 25.

[37] Jessen 2006.

[38] Vgl. auch die umfassende Fetischismusanalyse des Berliner Kulturwissenschaftlers Hartmut Böhme. Böhme 2006.

6. Kapitel Risiko und Krise

1 SZ 11.3.2009.

2 Der Spiegel 40/08, S. 28.

3 Solche Zahlen gibt es noch nicht allzu lange, nämlich erst seit dem 15. Jahrhundert. Noch im späten Mittelalter konnte man nur bis einhunderttausend zählen. SZ 20.1.2009.

4 Zum Beispiel Münchau 2008.

5 SZ 1.12.2008.

6 Um Derivate zur Risikoabsicherung zu verwenden, packt man die Risiken immer so zusammen, dass sie einander ausgleichen; jahreszeitliche Risiken z.B., indem man Kredite für das Sommer- mit solchen für das Wintergeschäft koppelt. Ähnlich sollen Kurse auf Finanzmärkten durch solche auf Rohstoffmärkten, die erfahrungsgemäß gegenläufige Tendenzen haben, kompensiert werden. Was dann auch immer in der Zukunft kommen mag: Der Wert der Derivate, der von den durch ihren Kauf erworbenen Ansprüchen auf Einnahmen aus Zins und Tilgung des ursprünglichen Kreditnehmers abhängt, soll sich im Interesse des Käufers positiv entwickeln.

7 SZ 1.12.2004.

8 Klimenta 2001, S. 11.

9 Wehler 1973, S. 48–59.

10 Allerdings ist der Begriff „Weltwirtschaftskrise“ im Zusammenhang mit der Krise von 1929 nicht korrekt, weil es eben nur eine Krise der kapitalistischen Welt war.

11 Diskutiert werden: die Unterstellung möglichst aller Finanzgeschäfte unter die Bankenaufsicht, die bessere Kontrolle der Ratingagenturen, die Erhöhung der Risikorücklagen beim Internationalen Weltwährungsfond, eine Finanzumsatzsteuer und die Austrocknung von Steueroasen. Im Sommer 2010 einigte man sich bei der Bank für Internationalen Zahlungsausgleich in Basel auf das sogenannte BASEL-III-Paket: die weitere Verschärfung der Eigenkapitalvorschriften, die staatliche Beschränkung der Kreditvergabe bei Überhitzungsgefahr, strengere Regeln für Bonuszahlungen und zusätzliche Befugnisse der Bankenaufsicht. Neue Institutionen sind bereits gebildet, in Deutschland die Bundesanstalt für Finanzdienstleistungsaufsicht (BAFIN) und die Europäische Finanzmarktstabilisierungsfazilität (EFSF).

12 Genschel/Nullmeier 2008.

13 SZ 17.8.2010.

14 Der Aufstieg der NSDAP hängt auch damit zusammen, dass jene Teile des bürgerlichen Mittelstands, die diese Partei stark machten, die Verlierer der Währungsumstellung von 1923 waren. Diese diente, zusammen mit der ihr vorausgehenden Inflation, bekanntlich der nachträglichen Finanzierung des 1. Weltkriegs.

15 Der Spiegel 47/2008, S. 80. Auch hier spielt also das Thema Zeit wieder eine wichtige Rolle. Die Verschärfung der Eigenkapitalvorschriften, die Initiativen zur Einführung einer Finanztransaktionssteuer und die Vorschläge zur generellen Bildung von Mindestreserven im internationalen Handel dienen im Kern der Verringerung der Umschlagsgeschwindigkeit des Kapitals.

16 Zu diesem Bild passt, dass auch die herrschende Wirtschaftstheorie in ihrem Grundmodell Krisen überhaupt nicht kennt. Auf ihren von der Realität völlig abgehobenen Modellmärkten sind nämlich alle Marktteilnehmer „vollständig“ über Mengen und Preise informiert, alle Preise passen sich „unendlich schnell“ an alle Mengen an und alle Tausch-

akte vollziehen sich genau in jener Situation, in der Angebot und Nachfrage im Gleichgewicht sind. Garnreiter 2010. Vgl. auch Stiglitz 2010.

[17] MEW 23, S. 120 ff.

[18] Im Folgenden ebd.

[19] Einerseits führt Marx zufolge die kapitalistische Entwicklung aufgrund des relativen Rückgangs des Anteils der allein wertschaffenden lebendigen menschlichen Arbeit am Gesamtkapital zu einem „tendenziellen Fall der Profitrate". Auf der anderen Seite gibt es gegenläufige Entwicklungen, wie zum Beispiel die Ausdehnung der Produktion auf neue Märkte (vgl. Kapitel 2). Dies ist der Weg der äußeren und inneren Kolonialisation, der seit Anbeginn des Kapitalismus beschritten wird. Welche der beiden Tendenzen die Oberhand behält, erörtert Marx ausführlich, ohne eine klare und überzeugende Antwort zu finden.

[20] Zielcke 2009, S. 11.

[21] Zielcke 2008, S. 11.

[22] Bezeichnend ist die herausragende Rolle Deutschlands: Deutschland war die treibende Kraft bei der Einführung des Euro 2001 genauso wie bei der Absicherung der griechischen Staatsanleihen und bei der Schaffung eines generellen Rettungsfonds für europäische Banken durch die Europäische Zentralbank 2010, obwohl Deutschland die von ihm selbst im Vertrag von Maastricht durchgesetzten Stabilitätskriterien für den Euro massiv verletzt.

[23] Welche Formen der „Sachzwang" in der Krise annimmt, zeigt sich auch am Kreditgeschäft. In der Krise bricht das traditionelle Kreditgeschäft zusammen. Je schneller sich Preise in Krisenzeiten verändern, desto schwieriger wird es, Sicherheiten – zum Beispiel bei einem Immobilienkredit die Beleihungsgrenze – festzulegen. Das schwächt die Rückbindung der Kreditwirtschaft an die Realwirtschaft, zerstört jeden festen Maßstab, an dem sich Kreditgeber und -nehmer orientieren könnten, und eröffnet so wilden Spekulationen Tür und Tor. Die kapitalistische Krise macht die Gesellschaft insgesamt panisch.

[24] Zit. nach Sinn 2010.

[25] Reheis 2003, S. 133–136.

[26] Die Zeit 27/2019, S. 48.

7. Kapitel **Fortschritt und Revolution**

[1] So forderte zum Beispiel das bayerische Kultusministerium Ende 1990 alle bayerischen Lehrer auf, dafür zu sorgen, dass die Schüler „erkennen und akzeptieren", dass unsere „Soziale Marktwirtschaft" einerseits „persönliche Freiheitsrechte sichert, andererseits auf verantwortungsvollem Gebrauch dieser Freiheit und der Solidarität mit den Schwachen beruht". Kultusministerielle Bekanntmachung vom 14. 11. 1990. Vgl. dazu Reheis 1992.

[2] Fukuyama 1992.

[3] Zum Beispiel Marx 2008, S. 30.

[4] SZ 2. 9. 2010.

[5] Dazu ausführlich Reheis 1991b.

[6] Hobsbawm 1969, zit. nach Berg/Selbmann 1986, S. 212.

[7] Hofmann 1984, S. 48 f.

[8] Wallerstein 1990.

[9] SZ 1. 9. 2010.

[10] MEW 13, S. 9.

[11] Ebd.

[12] Ebd.

[13] Ebd.

[14] Ebd.

[15] MEW 23, S. 791.

[16] MEW 3, S. 34 f. Hervorhebung im Original.

[17] Kurt Lenk sieht bei Marx und Engels fünf Grundbedingungen der Revolution: Existenz eines historischen Subjekts bzw. Trägers der Revolution, internationaler Charakter der Revolution, Eroberung der politischen Macht durch das Bürgertum in Deutschland als Voraussetzung für die weitere Zuspitzung des Gegensatzes zwischen der Konzentration des Kapitals und der Verelendung des Proletariats, universelle ökonomische Krise, die den „Geldschleier" zerreißt und hoher Entwicklungsstand der Industrie als Voraussetzung für eine geschlossene und disziplinierte Form der Erhebung des Proletariats. Lenk 1973, S. 67 f.

[18] MEW 19, S. 28.

[19] MEW 4, S. 481.

[20] MEW 19, S. 21.

[21] MEW 29, S. 360.

[22] Man bedenke, dass Russland erst seit 20, China seit rund 30 Jahren wieder auf den kapitalistischen Entwicklungsweg eingeschwenkt sind.

[23] Im Folgenden Altvater 2005, S. 12–21.

[24] Fernand Braudel 1986, zitiert nach Altvater 2005, S. 13.

[25] Bloch 1954.

[26] Altvater 2005, S. 21.

[27] Eine sowohl solidarische wie solarbasierte Ökonomie ist die Konsequenz eines Verständnisses von Gerechtigkeit, das Raum und Zeit gleichermaßen umfasst: Gerechtigkeit im Raum verlangt einen fairen Umgang mit der sozialen Mitwelt, Gerechtigkeit in der Zeit einen schonenden Umgang mit der Natur – im Interesse zukünftiger Generationen.

[28] Altvater 2005, S. 180.

[29] Hardt/Negri 2000. Die Autoren geben freilich ein zentrales Element der Marx'schen Theorie, die Werttheorie, auf und müssen sich fragen lassen, wie sie ohne diese Theorie die Preise der Güter und Dienstleistungen und die Enteignung der Arbeit erklären wollen.

[30] Hardt/Negri 2000, S. 417.

[31] Alt 1994.

[32] Weber 1982, S. 253.

8. Kapitel **Jenseits des Kapitalismus**

[1] Luxemburg 1916, S. 62.

[2] Die Zahlen stammen von der Weltgesundheitsorganisation (WHO). Immel/Tränkle 2007, S. 92 f.

[3] Sombart 1915. Vgl. dazu auch Brocke 1985.

[4] So Michael Hüther, Direktor des Kölner Instituts der Deutschen Wirtschaft, und Thomas Straubhaar, Direktor des Hamburgischen WeltWirtschaftsInstituts, in ihrem Buch „Gefühlte Ungerechtigkeit". Hüther/Straubhaar 2009, S. 23.

[5] Welzer 2009.

[6] Sieferle 1992.

[7] Amery 1998.

[8] Hitler 1925/27, zitiert nach Kühnl 1975, S. 113 f.

[9] Die zeitgemäß verfeinerten Formen der Selektion haben Amery zufolge längst begonnen: die Verlängerung oder Kündigung von Krediten für die Ärmsten, die Gewährung oder Verweigerung von Asyl, der Einschluss oder Ausschluss aus der Arbeitswelt, die Bezahlung oder Verweigerung medizinischer Leistungen, die pränatale Diagnostik und die gentechnische Optimierung des Menschen.

[10] Decker/Brähler 2006.

[11] Sarrazin 2010.

[12] Im Übrigen finden sich solche Vorstellungen zur Qualitätserhöhung der Bevölkerung auch bei sozialdemokratischen Denkern. SZ 31.8.2010 und 1.9.2010.

[13] MEW 3, S. 39.

[14] MEW 26.3, S. 252. Hervorhebung im Original.

[15] MEW 3, S. 33.

[16] Iring Fetscher betont in einem Interview mit „remarx", dass dieser Punkt in der Marx'schen Utopie bis heute wichtig geblieben ist. www.remarx.de/impressum.html – 22. 3.2009, S. 13 ff.

[17] Im Folgenden MEGA I, 3 Exzerpte, S. 546 ff.

[18] MEGA I, 3 Exzerpte, S. 546 f.

[19] Grün 2007, S. 161.

[20] Zur Weiterführungen des Zusammenhangs zwischen Arbeit und Liebe siehe zum Beispiel Krebs 2002.

[21] MEW 25, S. 828.

[22] MEW 3, S. 70.

[23] Siehe auch Fetscher 1999, S. 72 ff.

[24] MEW 1, S. 370. Hervorhebung im Original.

[25] MEW 19, S. 21.

[26] Zintl 2005, S. 187 f.

[27] Ausführlich in Reheis 1996, S. 169–197.

[28] Dazu vertiefend Negt 2001.

[29] Zum Beispiel Huber 1979.

[30] Kafka 1994, S. 169.

[31] Zum Beispiel Creutz 1993, S. 179.

[32] Zum Beispiel Sik 1985 u. Vogt 1986.

[33] Korsch 1919, zit. nach Fetscher 1983, S. 848.

[34] Zur Vertiefung Cockshott/Cottrell 2006.

[35] Dieser Begriff stammt von dem Zukunftsforscher Robert Jungk.

[36] Garnreiter/Schmid/Schuhler 2008.

9. Kapitel Grundlagen des Lebens

[1] Böll 1963.

[2] Neue Zürcher Zeitung 11./12.3.1989, zit. nach Binswanger 1991, S. 13.

[3] Im Folgenden Binswanger 1991, S. 21.

[4] Maslow 1954.

[5] Nach Auskunft der UN-Konvention zum Kampf gegen die Desertifikation (UNCCD) sind in den letzten 20 Jahren in den Trockengebieten der Erde 800 Millionen Hektar Acker- und Weideland verloren gegangen, das entspricht der Fläche Australiens. Jedes Jahr verliert die Erde 12 Millionen Hektar fruchtbaren Bodens, das entspricht der Ackerfläche Deutschlands. Dieser Prozess beschleunigt sich pro Jahr um 1 Prozent. Das Parlament 32/33, 9.8.2010, S. 1.

[6] Die drei Begriffe „Mobilisierung", „Landnahme" und „Beschleunigung" entnehme ich Dörre/Lessenich/Rosa 2009, S. 13 f. Die Autoren sprechen allerdings statt von „Mobilisierung" von „Aktivierung".

[7] Vgl. Reheis 2007.

[8] Zum Beispiel war für Aristoteles ein zentrales Leitbild des Haushaltens die Sorge für gerechte Verhältnisse, letztlich als menschlicher Beitrag zur Ordnung des Kosmos. Koslowski 1993, v.a. S. 64.

[9] Das Marktmodell, dem sich auch die herrschende Umweltökonomie verpflichtet fühlt, ist prinzipiell raum- und zeitlos. Die Ressourcen werden darin als räumlich voneinander isolierte, teil- und zählbare Größen behandelt, die zu einem bestimmten Zeitpunkt einfach da sind. Haushalten vollzieht sich in der Wirklichkeit aber immer in Raum und Zeit: An mehr oder minder von der Natur festgelegten Orten und zu mehr oder minder von der Natur festgelegten Zeiten finden sich die Ressourcen, von denen der Mensch lebt, und in diesen vorgegebenen Rahmen müssen sich alle Aktivitäten des Menschen einfügen. Nun kann die Zeitdimension von der herrschenden Wirtschaftswissenschaft natürlich nicht gänzlich ignoriert werden. Im Inneren des Modells wird das Thema Zeit tatsächlich thematisiert, aber auf eine bezeichnende Art und Weise, nämlich durch Verbindung mit dem Zins. Jeder weiß: Wenn er heute schon konsumieren will, aber erst morgen oder übermorgen zahlen kann, wird es teurer. Zukünftiger Genuss gilt andererseits als weniger wertvoll als gegenwärtiger, weil mit der bis dahin vergehenden Zeit Unsicherheiten verbunden sind. Bin ich dann überhaupt noch an diesem Genuss interessiert, gibt es das Objekt der Begierde und mich selbst dann überhaupt noch? Die Zukunft ist im herrschenden Marktmodell einfach ziemlich wenig wert, deshalb kann man sie relativ bedenkenlos auch heute schon verfüttern. Genauso wie bei den Ressourcen verfährt das Marktmodell im Übrigen auch auf der anderen Seite, also bei den Konsumwünschen (Präferenzen). Für sie unterstellt es, jeder Konsument würde sie für sich von außen auf den Markt mitbringen – ohne wechselseitige Beeinflussung, ohne Entstehungsgeschichte. Die Annahmen des Modells sind also so gewählt, dass auch in jenem Prozess, der durch die isolierten und zeitlosen Ressourcen und die isolierten und zeitlosen Präferenzen in Gang kommt, die Zeit keine Rolle spielt. Zur Kritik dieses Modells vgl. Vogt 1973, Reheis 1986 und 1991, Brodbeck 1998, Ötsch 2007 und Garnreiter 2010. Zur Geschichte und Theorie des Geldes siehe Brodbeck 2009.

[10] Diesem theoretischen Unvermögen entspricht die Praxis von Wirtschaft und Politik seit den 70er Jahren des 19. Jahrhunderts. Das verzweifelte Bemühen um die Integration marktexterner Effekte aufgrund der Blindheiten der „unsichtbaren Hand" des Marktes führte zu einer die Regeln des Wirtschaftsliberalismus auf den Kopf stellenden Rundumeinmischung des Staates in nahezu alle Märkte. Sie hat in Deutschland mit Bismarcks Schutzzoll- und Sozialgesetzgebung begonnen. Heute muss selbst das Klima politisch geschützt werden. Systematisch können die Einwirkungen des Staates auf Märkte danach

unterschieden werden, ob sie entweder in der nachträglichen inhaltlichen Korrektur von Marktergebnissen oder in der vorgängigen Setzung von formalen Regeln für die Preisfindung, die Zulassung oder das Verbot von Märkten bestehen. Nach herrschender neoliberaler Überzeugung gilt der Vorzug Letzteren. Aber auch diese Regeln durchdringen immer mehr Lebensbereiche und machen sie so marktförmig.

[11] SZ 24.4.2009.

[12] MEW Ergänzungsband, S. 516.

[13] MEW 25, S. 782.

[14] MEW 25, S. 784.

[15] MEW 23, S. 185.

[16] MEW 23, S. 549.

[17] MEW 4, S. 85.

[18] Ebd.

[19] MEW Grundrisse, S. 423.

[20] SZ 30.8.2010.

[21] Reheis 2007.

[22] MEW 23, S. 529 f.

[23] MEW 23, S. 528.

[24] Reheis 2005, S. 9–39.

[25] Zur Vertiefung vgl. Reheis 2005, S. 140–154.

[26] Sieferle 1982.

[27] Altvater 2005, S. 92.

[28] Altvater 2005, S. 78.

[29] Zur Vertiefung der Diskussion der energetisch-materiellen Seite der Entropie bei Marx vgl. Burkett/Foster 2010.

[30] Schütze 1989.

[31] Kafka 1989.

[32] Scheer 1993, S. 109. Vgl. auch Scheer 2010.

[33] Kafka 1994, S. 11. Vgl. auch Dürr 2009.

[34] Zur naturwissenschaftlichen Vertiefung der Rhythmizität bzw. Kreislaufförmigkeit des Lebens und Lernens Cramer 1996. Zur sozialwissenschaftlichen Weiterführung Reheis 1996, 2003, 2005 und 2011.

[35] Prediger 2,3.

[36] Hier ergibt sich ein Anknüpfungspunkt zum neoaristotelischen Fähigkeitsansatz, wie er vor allem von Martha C. Nussbaum und Amartya Sen vertreten wird.

[37] Sennett 1998 u. Rosa 2005.

[38] Dieter Sturma spricht in diesem Zusammenhang von Zeitelastizität bzw. Zeitneutralität. Sturma 1997.

[39] Bieri 2003.

[40] Die Gleichung „Zeit = Geld“ ist im Übrigen von Grund auf falsch. Nur unter ganz bestimmten Bedingungen ist Zeit in Geld, und noch viel seltener Geld in Zeit eintauschbar, spätestens im höheren Alter und bei schweren Krankheiten kann schnell Schluss sein.

[41] Sozialwissenschaftliche Anstöße zu einer zeitbezogenen Kultur- und Gesellschaftstheorie hat Fernand Braudel mit seiner strukturalistischen Wirtschaftsgeschichte gegeben (vgl. Kapitel 1). Am Beispiel seiner „Universalgeschichte des Mittelmeerraums“ stellt er ein Konzept der Unterscheidung dreier Zeitebenen von Geschichte vor: der quasi unbeweg-

lichen Natur, der langsamen Ebene von Kultur, Ökonomie und Gesellschaft und der schnellen auf individuellem Handeln beruhenden Einzelereignisse. Wer das Schnellere verstehen will, muss das immer vor dem Hintergrund des Langsameren tun. Übertragen auf das Verhältnis von Geld und Zeit: Das schnelle Geld wird erst vor dem Hintergrund der langsamen Zeit verständlich. Ähnlich unterscheidet Oskar Negt vier „Wirklichkeitsschichten im Globalisierungszusammenhang“ in Bezug auf die Raum-Zeit-Dimension: Am weiträumigsten und schnellsten sind Finanzmärkte bzw. die Börse, am langsamsten und tiefsten verwurzelt ist das Gemeinwesen. Negt 2001, S. 60–95. Und, so wäre in Bezug auf die letzte Schicht zu ergänzen, die Ökologie und Evolution der Natur.

[42] Cramer 1996.

[43] Vgl. Herbert Schnädelbach in Anspielung auf die bekannte Marx'sche Feuerbach-These Nr. 11 („Die Philosophen haben die Welt nur verschieden interpretiert; es kommt aber darauf an, sie zu verändern“). SZ 4./5. 3. 1995.

Ausblick: Und was nun?

[1] Vgl. auch Negt 2001, S. 30.

[2] MEW 23, S. 15f.

[3] Habermas 1981, Band 2, S. 56.

[4] Rucht 2002. Soziale Bewegungen konnten in der Geschichte erst in dem Augenblick entstehen, als der Glaube an die Allmacht Gottes oder der Tradition durch die Überzeugung abgelöst wurde, dass Gesellschaft im Grunde vom Menschen selbst gestaltet wird.

[5] Der Schweriner Psychomotoriker Jörg Schröder hat ein vielversprechendes Konzept entwickelt, mit dessen Hilfe der Mensch, der sich von den Widersprüchen des Alltags im Kapitalismus, von den Verstrickungen zwischen Fremd- und Selbstherrschaft überfordert fühlt, „am eigenen Leib“ einen Leitfaden der Gesundung und des guten Lebens gewinnen kann. Schröder 2009.

[6] Als einer der Ersten hat Oskar Negt auf diese Dimension der Marx'schen Analyse aufmerksam gemacht. Negt 1987.

[7] Siehe zum gleichnamigen Projekt an der Evangelischen Akademie Tutzing zum Beispiel Geißler/Held 1995 und Geißler/Kümmerer/Sabelis 2006. Für die naturwissenschaftliche Fundierung vgl. vor allem die Projektbeiträge von Klaus Kümmerer. Zur Verbindung von Ökologie der Zeit und Kapitalismuskritik vgl. Reheis 1996, 2003 und 2005.

Literatur

1. Karl Marx und Friedrich Engels

Die Titel sind chronologisch angeordnet und größtenteils in „Marx-Engels-Werke" („MEW") enthalten. Ausnahmen: „Grundrisse der Kritik der politischen Ökonomie" und „Marx/Engels. Historisch-kritische Gesamtausgabe" („MEGA").

- Marx Karl (1843), Zur Judenfrage, in: **MEW 1**, Berlin, S. 347–377.
- Marx, Karl (1844 geschrieben), Ökonomisch-philosophische Manuskripte aus dem Jahr 1844, in: **MEW Ergänzungsband**, Berlin, S. 465–588.
- Marx, Karl (1844–1845), Exzerpte, in: **MEGA**, Erste Abteilung, Band 3, Glashütten im Taunus, S. 546 ff.
- Marx, Karl (1845 geschrieben), Thesen über Feuerbach, in: **MEW 3**, Berlin, S. 5 ff.
- Marx, Karl / Engels, Friedrich (1845/46 geschrieben), Die deutsche Ideologie. Kritik der neuesten deutschen Philosophie in ihren Repräsentanten Feuerbach, B. Bauer und Stirner, und des deutschen Sozialismus in seinen verschiedenen Propheten, in: **MEW 3**, Berlin, S. 9–530.
- Marx, Karl (1847), Das Elend der Philosophie. Antwort auf Proudhons „Philosophie des Elends". Deutsch von E. Bernstein und K. Kautsky. Mit Vorwort und Noten von Friedrich Engels, in: **MEW 4**, Berlin, S. 63–182.
- Marx, Karl / Engels Friedrich (1848), Manifest der Kommunistischen Partei, in: **MEW 4**, Berlin, S. 459–493.
- Marx, Karl (1857/58 geschrieben), **Grundrisse** der Kritik der politischen Ökonomie (Rohentwurf), Berlin.
- Marx, Karl (1858), Brief an Engels vom 8. 10., in: **MEW 29**, Berlin, S. 360.
- Marx, Karl (1859), Zur Kritik der politischen Ökonomie, in: **MEW 13**, S. 3–160, Berlin.
- Marx, Karl (1861–63), Theorien über den Mehrwert, in: **MEW 26.3**, Berlin, S. 252 f.
- Marx, Karl (1867), Das Kapital. Kritik der politischen Ökonomie, Bd. 1: Der Produktionsprozeß des Kapitals, in: **MEW 23**, Berlin.
- Marx, Karl (1875 geschrieben), Kritik des Gothaer Programms, in: **MEW 19**, Berlin, S. 11–32.
- Marx, Karl (1881 geschrieben), Brief an V. I. Sassulitsch. Dritter Entwurf, in: **MEW 19**, Berlin, S. 401–406.
- Engels, Friedrich (1884), Der Ursprung der Familie, des Privateigentums und des Staates. Im Anschluss an Lewis H. Morgans Forschungen, in: **MEW 21**, Berlin, S. 23–173.
- Engels, Friedrich (1887), Einleitung zu Sigismund Borkheims Broschüre „Zur Erinnerung für die deutschen Mordspatrioten. 1806–1807", in: **MEW 21**, Berlin, S. 346–351.
- Marx, Karl (1894 von Friedrich Engels herausgegeben), Das Kapital. Kritik der politischen Ökonomie. Bd. 3: Der Gesamtprozess der kapitalistischen Produktion, in: **MEW 25**, Berlin.

2. Weitere Literatur

Adorno, Theodor W. (1961), Zur Logik der Sozialwissenschaft, in: ders. (Hg.), Der Positivismusstreit in der deutschen Soziologie, Darmstadt – Neuwied 1972.

Alt, Franz (1994), Die Sonne schickt uns keine Rechnung. Die Energiewende ist möglich, München.

Altvater, Elmar (1992), Der Preis des Wohlstands. Oder Umweltplünderung und neue Welt(un)ordnung, Münster.

Altvater, Elmar (2005), Das Ende des Kapitalismus, wie wir ihn kennen. Eine radikale Kapitalismuskritik, 3. Auflage, Münster 2006.

Amery, Carl (1998), Hitler als Vorläufer: Auschwitz – der Beginn des 21. Jahrhunderts?, München.

Berg, Rudolf / Selbmann, Rolf (1986), Grundkurs deutsche Geschichte, Bd. 1: 1800–1918, 4. Auflage, Frankfurt/Main 1988.

Bieri, Peter (2003), Das Handwerk der Freiheit. Über die Entdeckung des eigenen Willens, Frankfurt/Main.

Binswanger, Hans Christoph (1991), Geld und Natur. Das wirtschaftliche Wachstum im Spannungsfeld zwischen Ökonomie und Ökologie, Stuttgart – Wien.

Bloch, Ernst (1954), Das Prinzip Hoffnung, Berlin.

Böhme, Hartmut (2006), Fetischismus und Kultur. Eine andere Theorie der Moderne, Reinbek.

Böll, Heinrich (1963), Anekdote zur Senkung der Arbeitsmoral, in: Werke: Romane und Erzählungen 4. 1961–1970, Köln 1994, S. 267–269.

Braudel, Fernand (1949), Das Mittelmeer und die mediterrane Welt in der Epoche Philipps II., Frankfurt/Main 1990.

Brocke, Bernhard vom (1985), Wissenschaft und Militarismus. Der Aufruf der 93 ‚An die Kulturwelt!' und der Zusammenbruch der internationalen Gelehrtenrepublik im Ersten Weltkrieg, in: Calder, William M. / Flashar, Hellmut / Lindken, Theodor (Hg.), Wilamowitz nach 50 Jahren. Symposium aus Anlass des 50. Todestages, Darmstadt, S. 649–719.

Brodbeck, Karl-Heinz (1998), Die fragwürdigen Grundlagen der Ökonomie. Eine philsophische Kritik der modernen Wirtschaftswissenschaften, Darmstadt.

Brodbeck, Karl-Heinz (2005), Buddhismus interkulturell gelesen, Nordhausen.

Brodbeck, Karl-Heinz (2009), Die Herrschaft des Geldes. Geschichte und Systematik, Darmstadt.

Bröckling, Ulrich (2007), Das unternehmerische Selbst. Soziologie einer Subjektivierungsform, Frankfurt/Main.

Bude, Heinz / Damitz, Ralf M. / Koch, André (2010) (Hg.), Marx. Ein toter Hund? Gesellschaftstheorie reloaded, Hamburg.

Burkett, Paul / Foster, John Bellamy (2010), Stoffwechsel, Energie und Entropie in Marx' Kritik der politischen Ökonomie. Jenseits des Podolinsky-Mythos, in: PROKLA 159. Zeitschrift für kritische Sozialwissenschaft (Jg. 40, Nr. 2), S. 217–240.

Chossudovsky, Michael (1997), Global brutal. Der entfesselte Welthandel, die Armut, der Krieg, Frankfurt/Main 2002.

Cockshott, W. Paul / Cotrell, Allin (2006), Alternativen aus dem Rechner, Köln.

Cramer, Friedrich (1996), Symphonie des Lebendigen. Versuch einer allgemeinen Resonanztheorie, Frankfurt/Main – Leipzig.

Creutz, Helmut (1993), Das Geldsyndrom. Wege zu einer krisenfreien Marktwirtschaft. München.

Decker, Oliver / Brähler, Elmar (2006), Vom Rand zur Mitte. Rechtsextreme Einstellungen und ihre Einflussfaktoren in Deutschland. Unter Mitarbeit von Norman Geißler, Berlin.

Demirović, Alex (2010), Struktur, Handlung und der ideale Durchschnitt, in: PROKLA 159. Zeitschrift für kritische Sozialwissenschaft (Jg. 40, Nr. 2), S. 153–176.

Dörre, Klaus / Lessenich, Stephan / Rosa, Hartmut (2009), Soziologie – Kapitalismus – Kritik. Eine Debatte. Unter Mitarbeit von Thomas Barth, Frankfurt/Main.

Dürr, Hans-Peter (2009), Warum es ums Ganze geht. Neues Denken für eine Welt im Umbruch, München.

Dux, Günter (2008), Warum denn Gerechtigkeit. Die Logik des Kapitals. Die Politik im Widerstreit mit der Ökonomie, Weilerswist.

Ehrenreich, Barbara (2010), Smile or Die. Wie die Ideologie des positiven Denkens die Welt verdummt, München.

Eicke, Ulrich (1991), Die Werbelawine. Angriff auf unser Bewusstsein, München.

Engler, Wolfgang (2005), Bürger ohne Arbeit. Für eine radikale Neugestaltung der Gesellschaft, Berlin.

Fetscher, Iring (1983), Der Marxismus. Seine Geschichte in Dokumenten. Philosophie – Ideologie – Ökonomie – Soziologie – Politik, 5. Auflage der einbändigen Ausgabe, München – Zürich 1989.

Fetscher, Iring (1999), Marx, Freiburg – Basel – Wien.

Frey, Bruno S. / Stutzer, A. (2010), Glück – die ökonomische Analyse, in: Witte, Erich H. (Hg.), Sozialpsychologie und Ökonomie. Beiträge des 25. Hamburger Symposions zur Methodologie der Sozialpsychologie, Lengerich, S. 75–93.

Fromm, Erich (1956), Die Kunst des Liebens, 60. Auflage, Frankfurt/Main 2003.

Fromm, Erich (1976), Haben oder Sein. Die seelischen Grundlagen einer neuen Gesellschaft, München 1978.

Fukuyama, Francis (1992), Das Ende der Geschichte. Wo stehen wir? Aus dem Amerikanischen von Helmut Dierlamm, München.

Garnreiter, Franz (2010), Der Markt. Theorie – Ideologie – Wirklichkeit. Eine Kritik der herrschenden Wirtschaftsideologie (= Forschungsheft 4 des Instituts für sozial-ökologische Wirtschaftsforschung), München.

Garnreiter, Franz / Schmid, Fred / Schuhler, Conrad (2008), Die Alternative: Entmachtung und demokratische Kontrolle der Energiekonzerne, in: dies. / Selinger, Helmut, Klima-Killer-Konzerne. Wie Konzerne und Marktwirtschaft das Klima kaputt machen (= Report 73 des Instituts für sozial-ökologische Wirtschaftsforschung), München, S. 51–54.

Geißler, Karlheinz A. / Held, Martin (1995), Grundbegriffe zur Ökologie der Zeit. Vom Finden der rechten Zeitmaße, in: Held, Martin / Geißler, Karlheinz A. (Hg.), Von Rhythmen und Eigenzeiten. Perspektiven einer Ökologie der Zeit, Stuttgart, S. 193–208.

Geißler, Karlheinz A. / Kümmerer, Klaus / Sabelis, Ida (2006) (Hg.), Zeitvielfalt. Wider das Diktat der Uhr, Stuttgart.

Genschel, Philipp / Nullmeier, Frank (2008), Ausweitung der Staatszone, in: Die Zeit, Nr. 46, S. 15

Giddens, Anthony (1984), Die Konstitution der Gesellschaft. Grundzüge einer Theorie der

Strukturierung. Mit einer Einführung von Hans Joas, 2., durchgesehene Auflage, Frankfurt/Main – New York 1995.

Goetze, Dieter (1983), Entwicklungspolitik 1: Soziokulturelle Grundfragen, Paderborn.

Großmann, Gustav (1927), Sich selbst rationalisieren. Mit Mindestaufwand persönliche Bestleistungen erzeugen, Stuttgart, 28. Auflage mit neuem Untertitel „Lebenserfolg ist erlernbar", Grünwald 1993.

Grün, Anselm (2007), Buch der Antworten. Antworten auf die Königsfragen des Lebens, Freiburg – Basel – Wien.

Habermas, Jürgen (1981), Theorie des kommunikativen Handelns. 2 Bände, Frankfurt/Main 1988.

Hardt, Michael / Negri, Antonio (2000), Empire. Die neue Weltordnung, Frankfurt/Main – New York 2002.

Haug, Wolfgang Fritz (1974), Vorlesungen zur Einführung ins „Kapital", Köln.

Haug, Wolfgang Fritz (2003), Historisches/Logisches, in: Das Argument 251. Zeitschrift für Philosophie und Sozialwissenschaften (Jg. 45, Heft 3), S. 378–396.

Heinrich, Michael (1999), Die Wissenschaft vom Wert. Die Marxsche Kritik der politischen Ökonomie zwischen wissenschaftlicher Revolution und klassischer Tradition, Münster.

Heinrich, Michael (2004), Kritik der politischen Ökonomie. Eine Einführung, 3. Auflage, Stuttgart 2005.

Hofmann, Werner (1984), Was ist Stalinismus? Vorwort von Frank Deppe und Gert Meyer, Heilbronn.

Huber, Joseph (1979) (Hg.), Anders arbeiten – anders wirtschaften. Dualwirtschaft: Nicht jede Arbeit muß ein Job sein, Frankfurt/Main.

Hüther, Michael / Straubhaar, Thomas (2009), Die gefühlte Ungerechtigkeit. Warum wir Ungleichheit aushalten müssen, wenn wir Freiheit wollen, Berlin.

Immel, Karl-Albrecht / Tränkle, Klaus (2007), Tatort Eine Welt. Was hat mein Handy mit dem Kongo zu tun?, Wuppertal.

Jessen, Jens (2006), Fegefeuer des Marktes, in: ders. (Hg.), Fegefeuer des Marktes. Die Zukunft des Kapitalismus, München, S. 105–120.

Kafka, Peter (1989), Das Grundgesetz des Aufstiegs. Vielfalt, Gemächlichkeit, Selbstorganisation. Wege zum wirklichen Fortschritt, München.

Kafka, Peter (1994), Gegen den Untergang. Schöpfungsprinzip und globale Beschleunigungskrise, München.

Kant, Immanuel (1784), Beantwortung der Frage: Was ist Aufklärung?, in: Berlinische Monatsschrift, Dezember, S. 481–494.

Klimenta, Harald (2001), Was Börsen-Gurus verschweigen. 12 Illusionen über die Finanzwelt. Aktualisierte Neuausgabe, München 2002.

Koslowski, Peter (1993), Politik und Ökonomie bei Aristoteles, Tübingen.

Krebs, Angelika (2002), Arbeit und Liebe. Die philosophischen Grundlagen sozialer Gerechtigkeit, Frankfurt/Main.

Kühnl, Reinhard (1975), Der deutsche Faschismus in Quellen und Dokumenten, Köln.

Kurz, Robert (2006), Marx lesen! Die wichtigsten Texte von Karl Marx für das 21. Jahrhundert. Herausgegeben und kommentiert von Robert Kurz, Frankfurt/Main.

Lemke, Thomas / Krasmann, Susanne / Bröckling, Ulrich (2000), Gouvernementalität, Neoliberalismus und Selbsttechnologien. Eine Einleitung, in: Bröckling, Ulrich / Krasmann, Susanne / Lemke, Thomas (Hg.), Gouvernementaliät der Gegenwart. Studien zur Ökonomisierung des Sozialen, Frankfurt/Main, S. 7–40.

Lenk, Kurt (1973), Theorien der Revolution, München.

Lotter, Konrad (2010), Vom Gottvertrauen zum Vertrauen in die Bewältigung der Wirtschaftskrise, in: WIDERSPRUCH 51. Münchner Zeitschrift für Philosophie (Jg. 29), S. 59–73.

Luxemburg, Rosa (1916), Die Krise der Sozialdemokratie, in: Gesammelte Werke, Bd. 4, 5. Auflage, Berlin 1990, S. 49–164.

Marcuse, Herbert (1964), Der eindimensionale Mensch. Studien zur Ideologie der fortgeschrittenen Industriegesellschaft, Neuwied – Berlin 1967.

Marx, Reinhard (2008), Das Kapital. Ein Plädoyer für den Menschen. Unter Mitarbeit von Dr. Arnd Küppers, München.

Maslow, Abraham H. (1954), Motivation und Persönlichkeit, Reinbek 1994.

Maurer, Andrea (2004), Herrschaftssoziologie, Eine Einführung, Frankfurt/Main.

Müller, Wolfgang (2009), Die großen Wirtschaftslügen. Raffgier mit System, München.

Münchau, Wolfgang (2008), Kernschmelze im Finanzsystem, München.

Negt, Oskar (1987), Lebendige Arbeit, enteignete Zeit. Politische und kulturelle Dimensionen des Kampfes um Arbeitszeit, Frankfurt/Main.

Negt, Oskar (2001), Arbeit und menschliche Würde, Göttingen.

Nutzinger, Hans G. / Wolfstetter, Elmar (2008), Einleitung zum Kapitel „Das Transformationsproblem", in: dies. (Hg.), Die Marxsche Theorie und ihre Kritik. Eine Textsammlung zur Kritik der politischen Ökonomie, Marburg, S. 231–236.

Ötsch, Walter Otto (2009), Mythos MARKT. Marktradikale Propaganda und ökonomische Theorie, Marburg.

Offe, Claus (1969), Politische Herrschaft und Klassenstrukturen. Zur Analyse spätkapitalistischer Gesellschaftssysteme, in: Kress, Gisela / Senghaas, Dieter (Hg.), Politikwissenschaft. Eine Einführung, Frankfurt/Main, S. 135–164.

Offe, Claus (1971), Spätkapitalismus – Versuch einer Begriffsbestimmung, in: ders., Strukturprobleme des kapitalistischen Staates. Aufsätze zur Politischen Soziologie, Frankfurt/Main, S. 7–25.

Ottomeyer, Klaus (2010), Vertrauen im Kapitalismus, in: WIDERSPRUCH 51. Münchner Zeitschrift für Philosophie (Jg. 29), S. 74–88.

Pohl, Kurt / Werther, Franke (1977), Die freien Gewerkschaften im Ersten Weltkrieg, in: Deppe, Frank / Fülberth, Georg / Harrer, Jürgen (Hg.), Geschichte der deutschen Gewerkschaftsbewegung, Köln, S. 94–145.

Reheis, Fritz (1986), Konkurrenz und Gleichgewicht als Fundamente von Gesellschaft. Interdisziplinäre Untersuchung zu einem sozialwissenschaftlichen Paradigma, Berlin.

Reheis, Fritz (1991a), „Bierbank" versus „Katheder". Zur Abgrenzung von Marxismus und Kathedersozialismus am Beispiel Gustav Schmollers, in: ZEITSCHRIFT FÜR WIRTSCHAFTS- UND SOZIALWISSENSCHAFTEN, Heft 3 (Jg. 111), S. 437–455.

Reheis, Fritz (1991b), Zu einigen historischen Bedingungen des Projekts von 1917, in: Backhaus, Jürgen (Hg.), Systemwandel und Reform in östlichen Wirtschaften, Marburg, S. 330–350.

Reheis, Fritz (1992), Das Bekenntnis zur herrschenden Wirtschaftsordnung als Lernziel? Kritische Bemerkungen zu einem Erlass des Bayerischen Kultusministeriums, in: GEGENWARTSKUNDE, Heft 4 (Jg. 41), S. 491–496.

Reheis, Fritz (1995), Ökologische Blindheit. Die Aporie der herrschenden Wirtschaftswissenschaft, in: Das Argument 208. Zeitschrift für Philosophie und Sozialwissenschaften, (Jg. 37, Heft 1), S. 79–90.

Reheis, Fritz (1996), Die Kreativität der Langsamkeit. Neuer Wohlstand durch Entschleunigung, 3., gegenüber der 2. um ein Vorwort ergänzte Auflage 2008, Darmstadt.

Reheis, Fritz (2003), Entschleunigung. Abschied vom Turbokapitalismus, München.

Reheis, Fritz (2005), Nachhaltigkeit, Bildung und Zeit. Zur Bedeutung der Zeit im Kontext der Bildung für eine nachhaltige Entwicklung in der Schule, Baltmannsweiler.

Reheis, Fritz (2007), Bildung contra Turboschule. Ein Plädoyer, Freiburg/Breisgau.

Reheis, Fritz (2011), Wie reift der politische Wille? Thesen zur Eigenzeitlichkeit von Identität und Willensbildung, erscheint in: ders. / Görtler, Michael (Hg.), Reifezeiten. Bildung, Politik und Zeit. Tagungsband zur gleichnamigen Tagung an der Universität Bamberg 13.–14. 04. 2010, Schwalbach/Taunus.

Reichelt, Helmut (1970), Zur logischen Struktur des Kapitalbegriffs bei Karl Marx. Mit einem Vorwort von Iring Fetscher, 4., durchgesehene Auflage, Frankfurt/Main 1973.

Rosa, Hartmut (2005), Beschleunigung. Die Veränderung der Zeitstrukturen in der Moderne, Frankfurt/Main.

Rosa, Hartmut (2009), Ohne Bremse an die Wand, in: Die Zeit, Nr. 27, S. 48.

Rucht, Dieter (2002), Anstöße für den Wandel – Soziale Bewegungen im 21. Jahrhundert. Unveröffentlichtes Typoskript. Vortrag im Rahmen der Gründungsversammlung für „Die Bewegungsstiftung – Anstöße für soziale Bewegungen", Haus der Demokratie, Berlin, 2. März.

Sarasin, Philipp (2005), Michel Foucault zur Einführung, Hamburg.

Sarrazin, Thilo (2010), Deutschland schafft sich ab. Wie wir unser Land aufs Spiel setzen, München.

Scheer, Hermann (1993), Sonnenstrategie. Politik ohne Alternative, München – Zürich.

Scheer, Hermann (2010), Der energetische Imperativ. 100 Prozent jetzt: Wie der vollständige Wechsel zu erneuerbaren Energien zu realisieren ist, München.

Schlangen, Walter (1973), Demokratie und bürgerliche Gesellschaft. Einführung in die Grundlagen der bürgerlichen Demokratie, Stuttgart.

Schröder, Jörg (2009), Besinnung in flexiblen Zeiten. Leibliche Perspektiven auf postmoderne Arbeit, Wiesbaden.

Schütze, Christian (1989), Das Grundgesetz vom Niedergang. Arbeit ruiniert die Welt, München.

Sennett, Richard (1998), Der flexible Mensch. Die Kultur des neuen Kapitalismus, Berlin 2000.

Sieferle, Rolf Peter (1982), Der unterirdische Wald – Energiekrise und industrielle Revolution, München.

Sieferle, Rolf Peter (1992), Global 2050. Auszüge aus dem Bericht des Club of Doom, in: Altner, Günter u. a. (Hg.), Jahrbuch Ökologie 1992, München, S. 63–73.

Sik, Ota (1985), Ein Wirtschaftssystem der Zukunft, Berlin – Heidelberg – New York – Tokio.

Sinn, Hans-Werner (2010), Kasino-Kapitalismus. Wie es zur Finanzkrise kam und was jetzt zu tun ist, in: Polis. Report der deutschen Vereinigung für politische Bildung, Heft 1 (Jg. 14), S. 11.

Sombart, Werner (1915), Händler und Helden. Patriotische Besinnungen, München – Leipzig.

Stiglitz, Joseph E. (2010), Im freien Fall. Vom Versagen der Märkte zur Neuordnung der Weltwirtschaft. München.

Sturma, Dieter (1997), Philosophie der Person. Die Selbstverhältnisse von Subjektivität und Moralität, Paderborn – München – Wien – Zürich.

Taylor, Charles (2006), Kapitalismus ist unser faustischer Pakt, in: Jessen, Jens (Hg.), Fegefeuer des Marktes. Die Zukunft des Kapitalismus, München, S. 9–16.

Ternes, Bernd (2008), Karl Marx. Eine Einführung, Konstanz.

Ullrich, Wolfgang (2006), Habenwollen. Wie funktioniert die Konsumkultur? Frankfurt/Main.

Ulrich, Peter (1986), Transformation der ökonomischen Vernunft. Fortschrittsperspektiven der modernen Industriegesellschaft, 2., durchgesehene Auflage, Bern – Stuttgart 1987.

Vivelo, Frank Robert (1978), Handbuch der Kulturanthropologie. Eine grundlegende Einführung, München 1988.

Vogt, Winfried (1973), Zur Kritik der herrschenden Wirtschaftstheorie, in: ders. (Hg.), Seminar: Politische Ökonomie. Zur Kritik der herrschenden Nationalökonomie, Frankfurt/Main, S. 179–205.

Vogt, Winfried (1986), Theorie der kapitalistischen und einer laboristischen Ökonomie, Frankfurt/Main.

Wagenknecht, Sahra (2008), Wahnsinn mit Methode. Finanzcrash und Weltwirtschaft, Berlin.

Wagner, Hilde (2005) (Hg.), „Rentier' ich mich noch?" Neue Steuerungskonzepte im Betrieb, Hamburg.

Wallerstein, Immanuel (1974), Aufstieg und künftiger Niedergang des kapitalistischen Weltsystems. Zur Grundlegung vergleichender Analyse, in: Senghaas, Dieter (Hg.), Kapitalistische Weltökonomie. Kontroversen über ihren Ursprung und ihre Entwicklungsdynamik, Frankfurt/Main 1979, S. 31–67.

Wallerstein, Immanuel (1990), Marx, der Marxismus-Leninismus und sozialistische Erfahrungen im modernen Weltsystem, in: Prokla 78. Zeitschrift für kritische Sozialwissenschaft (Jg. 20), S. 126–137.

Wallerstein, Immanuel (1992), Marx und die Unterentwicklung, in: Goldschmidt, Werner (Hg.), Zur Kritik der politischen Ökonomie – 125 Jahre „Das Kapital" (Dialektik. Enzyklopädische Zeitschrift für Philosophie und Wissenschaften, Heft 1992/93), S. 87–104.

Wallerstein, Immanuel (2003), Absturz oder Sinkflug des Adlers? Der Niedergang der amerikanischen Macht, Hamburg.

Wallerstein, Immanuel (2008), Die große Depression, in: Blätter für deutsche und internationale Politik, Heft 11 (Jg. 53), S. 5–7.

Weber, Jürgen (1982), Das Entscheidungsjahr 1948, 2. Auflage, München.

Weber, Max (1921), Wirtschaft und Gesellschaft. Grundriss der verstehenden Soziologie. Studienausgabe, 2 Bände, Köln – Berlin 1964.

Wehler, Hans-Ulrich (1973), Das Deutsche Kaiserreich 1871–1918. 2., durchgesehene und bibliografisch ergänzte Auflage, Göttingen 1975.

Welzer, Harald (2009), Blindflug durch die Welt. Die Finanzkrise als Epochenwandel, in: Der Spiegel, Heft 1, S. 132 f.

Wilkinson, Richard / Pickett, Kate (2010), Die verlorene Gleichheit. Wie Ungleichheit Vertrauen zerstört und die Demokratie gefährdet, in: Blätter für deutsche und internationale Politik, Heft 7 (Jg. 55), S. 39–48.
Winterhoff-Spurk, Peter (2008), Unternehmen Babylon. Wie die Globalisierung die Seele gefährdet, Stuttgart.
Ziegler, Jean (2002), Die neuen Herrscher der Welt und ihre globalen Widersacher, München.
Zielke, Andreas (2008), Bist du berühmt? Bist du sexy? Hast du gewonnen?, in: SZ 3. 11.
Zielke, Andreas (2009), In den kulturellen Tiefen der Krise, in: SZ 6. 2.
Zintl, Reinhard (2005), Privateigentum, Ausbeutung, Entfremdung: Karl Marx, in: Eckl, Andreas / Ludwig, Bernd (Hg.), Was ist Eigentum? Philosophische Positionen von Platon bis Habermas, München, S. 176–190.